먼저 이 책을 본 친구들이 강력 추천합니다

길벗의 《초등 코딩 엔트리 무작정 따라하기》 책만 있으면 집에서도, 혼자라도 문제 없을 것 같았어요. 그리고 책을 읽고나니 제가 생각했던 것만큼 코딩이 어렵지 않다는 것을 느껴서 가르치는데 자신감이 생겼어요.
— y*****4 님

아이가 책을 보면서 따라 하는데 재미있어 하네요. 처음에는 제가 알려주지만, 나중에는 혼자서 해보려고 합니다. 이 책으로 아이가 코딩에 대해서 좀 더 한 발짝 다가가게 된 것 같아요!
— 럽* 님

이 책은 아이를 위한 엔트리 코딩 책이지만, 부모도 함께 하면 더욱 좋은 것 같다. 부모와 함께 아이들의 논리적 사고와 문제해결능력이 이 책을 통해 한층 더 수준 높아지는 계기가 되었으면 한다.
— 밀****피 님

학교에서는 주당 1시간씩 1학기 수업으로 소프트웨어 교육을 진행하지만, 학교 수업만으로는 코딩 공부가 부족하겠죠? 이 책은 학교 수업보다 더 자세하고 친절하게 한 주 과정을 구성하여 예습, 복습에 철저하게 대비할 수 있어 참 좋은 것 같아요.
— d********1 님

책을 처음 받고 솔직히... 무슨 재미로 이걸 할까? 하는 생각이 들더군요. 그런.데! 아이는 저와는 완전히 다른 눈빛으로 빠져들었습니다. 주말마다 아빠와 한 챕터씩 열심히 해내고 있습니다. 놀랍습니다!
— s******y 님

우리 아이들처럼 코딩에 낯선 아이들에게 추천한다. 어렵고 생소하다고 생각하는 코딩이 이 책에서는 기초 눈높이에 딱 맞춰 꽉 채워져 있다.
— l*****4 님

이 책은 코딩 교과서 같은 느낌의 책이랍니다. 누가 가르쳐 주지 않아도 혼자서 천천히 따라해볼 수 있게 구성되어 있어서 좋았습니다.
— 해**이 님

책이 있어서 좋은 점은 아이가 체계적으로 엔트리를 공부할 수 있고, 하나의 작품을 끝낸 후에 성취감을 바로 느낄 수 있다는 점이에요. 우리 아이들은 책으로 엔트리를 배우면서 더 즐겁게 방학을 보내고 있어요.
— 깔***크 님

500만 독자 여러분께
감사드립니다!

세상이 아무리 바쁘게 돌아가더라도
책까지 아무렇게나 빨리 만들 수는 없습니다.

길벗은 독자 여러분이
가장 쉽게, 가장 빨리 배울 수 있는 책을
한 권 한 권 정성을 다해 만들겠습니다.

독자의 1초를 아껴주는
정성을 만나보세요.

미리 책을 읽고 따라해 본 2만 베타테스터 여러분과
무따기 체험단, 길벗스쿨 엄마 2% 기획단,
시나공 평가단, 토익 배틀, 대학생 기자단까지!
믿을 수 있는 책을 함께 만들어주신 독자 여러분께 감사드립니다.

혼자서도 척척!

곽혜미, 에이럭스 미래교육연구소 지음

초등코딩 엔트리

무작정 따라하기

길벗

초등 코딩 엔트리 무작정 따라하기

The Cakewalk Series-Elementary Coding by Entry

초판 발행 · 2024년 9월 30일
초판 2쇄 발행 · 2025년 9월 30일

지은이 · 곽혜미, 에이럭스 미래교육연구소
발행인 · 이종원
발행처 · ㈜도서출판 길벗
출판사 등록일 · 1990년 12월 24일
주소 · 서울시 마포구 월드컵로 10길 56(서교동)
대표 전화 · 02)332-0931 | **팩스** · 02)322-0586
홈페이지 · www.gilbut.co.kr | **이메일** · gilbut@gilbut.co.kr

기획 및 책임 편집 · 박슬기(sul3560@gilbut.co.kr), 안수빈(puffer@gilbut.co.kr)
표지 및 본문 디자인 · 박상희 | **제작** · 이준호, 손일순, 이진혁 | **영업마케팅** · 전선하, 박민영, 서현정
유통혁신 · 한준희 | **영업관리** · 김명자 | **독자지원** · 윤정아

전산편집 · 김정미 | **CTP 출력 및 인쇄** · 교보피앤비 | **제본** · 신정문화사

- 잘못된 책은 구입한 서점에서 바꿔 드립니다.
- 이 책은 저작권법에 따라 보호받는 저작물이므로 무단전재와 무단복제를 금합니다.
  이 책의 전부 또는 일부를 이용하려면 반드시 사전에 저작권자와 (주)도서출판 길벗의 서면 동의를 받아야 합니다.
- 인공지능(AI) 기술 또는 시스템을 훈련하기 위해 이 책의 전체 내용은 물론 일부 문장도 사용하는 것을 금지합니다.

ⓒ 곽혜미, 에이럭스 미래교육연구소, 2024

ISBN 979-11-407-1047-8 73000
(길벗 도서번호 007202)

정가 20,000원

독자의 1초를 아껴주는 정성 길벗출판사

(주)도서출판 길벗 · IT교육서, IT단행본, 경제경영, 교양, 성인어학, 자녀교육, 취미실용 ▶ www.gilbut.co.kr
길벗스쿨 · 국어학습, 수학학습, 주니어어학, 어린이단행본, 학습단행본 ▶ www.gilbutschool.co.kr

인스타그램 ▶ gilbut.it | **페이스북** ▶ gilbutzigy | **네이버 블로그** ▶ blog.naver.com/gilbutzigy

이 책을 지은 사람

곽혜미 선생님   이메일 · khmever8806@naver.com

교육학을 전공하면서 수업에 적용할 수 있는 코딩 교육의 방향이 무엇인지 고민해왔고 실현하기 위해 노력했습니다. 학생들을 가르친 경험과 교육학 전공의 노하우를 이번 개정판에 녹여내고자 했습니다. 책을 집필하며 가장 고민한 부분은 '거창한 결과물을 만들기보다는 재밌게 배우고 실생활에 활용할 수 있는 코딩 교육은 무엇인가?' 였습니다. 어렵다고 생각하기 쉬운 코딩을 친근하게 배우고 활용할 수 있는 책을 만들었으니, 이 책을 통해 여러분이 코딩에 흥미를 느끼고, 스스로 생각하는 힘을 기를 수 있길 바랍니다. 여러분의 코딩 멘토로서 코딩 공부의 힘을 직접 경험해 볼 수 있도록 도와주겠습니다. 더 나아가 다가올 미래를 직접 설계해 보기를 희망합니다. 마지막으로 항상 저를 믿어주는 가족과 소중한 사람들에게 감사의 말을 전합니다.

ALUX 에이럭스 미래교육연구소   홈페이지 · http://aluxonline.com | 이메일 · alux@aluxonline.com

에이럭스 미래교육연구소는 코딩을 어렵고 생소하게 생각하는 학생들에게 '느끼는 코딩 교육'을 실현하고자 학교 선생님, 교육 전문가, 컴퓨터 공학 전공자, SW 기업 직원 등이 모여 설립하였습니다. 학교와 학원 현장에서 아이들을 직접 가르치면서 어려워하거나 재밌어하는 포인트들을 골라 《초등 코딩 엔트리 무작정 따라하기》로 풀어냈으니, 이 책을 통해 학생 여러분들이 '코딩 첫 걸음'을 힘차게 출발할 수 있기를 바랍니다!

THANK ★ YOU!

**《초등 코딩 엔트리 무작정 따라하기》의
베타테스터로 참여해 준 친구들 고마워요!**

강태강(냉천초), 김민성(삼양초), 김성훈(사하초), 김어진(삼양초), 김연시(한가람초), 김융희(대기초),
김주현(중앙초), 김지아(삼양초), 김지율(양정초), 김태율(청주수성초), 김한별(금정초), 박규동(울산초),
박선우(삼양초), 송호연(삼양초), 안다온(쌍령초), 양태준(청주수성초), 윤상윤(낭정초), 이서윤(성산초),
이승훈(죽향초), 이시원(배곧해솔초), 이연우(부천초), 이유진(영신초), 이정우(대전느리울초), 이호수(청주수성초),
임우준(청주수성초), 장은서(기지초), 전채민(지행초), 정민석(신도림초), 조선아(신대림초), 주아린(인천한빛초),
천성현(옥길산들초), 최민혜(용전초), 최석현(청주수성초), 한라한(삼양초), 한수현(옥계동부초), 한태영(언남초)

* 베타테스팅은 도서가 출간되기 전 원고를 먼저 읽어보고 오류나 개선 사항 등을 알려주는 활동을 의미합니다.

머리말

초등 소프트웨어 교육 의무화, '코딩 공부'를 시작하다!

지금은 소프트웨어에 의해 모든 것이 변화하는 4차 산업혁명 시대라고 합니다. 우리 주변에서 쉽게 접할 수 있는 게임, 핸드폰 애플리케이션, 홈페이지, 온라인 쇼핑몰 등에도 모두 소프트웨어가 들어가 있으며, 소프트웨어를 작동시키는 것이 바로 '코딩'입니다. 즉, 우리가 누리고 있는 많은 서비스와 콘텐츠는 코딩에 의해 실현되고 있는 것이지요.

코딩이 중요해짐에 우리나라도 창의·융합형 인재를 키우기 위해 2015 개정교육과정부터 초등 교과에 소프트웨어 과목을 의무화하고 있습니다.

그렇다면 우리는 코딩을 왜 알아야 하고, 어떻게 공부해야 할까요?

우리가 코딩 공부를 해야 하는 이유는 단순히 프로그램을 배우는 것을 넘어, 우리 주변에 발생하는 문제를 인식하고 해결하는 과정을 통해 문제 분석력, 창의적 문제 해결력, 창의력 등 종합적인 사고력을 키우기 위해서입니다. 따라서 '어떠한 문제가 발생하면 이를 해결하기 위해 알고리즘에 따라 가장 적합한 해결 과정을 세우고 문제를 해결하는 것!'이 우리가 코딩 공부를 하는 진짜 이유랍니다.

또한 소프트웨어의 끝없는 발달로 우리가 알고 있는 현재의 직업 중 65%가 사라지고, 새로운 직업이 탄생한다고 합니다. 과연 우리는 미래에 어떤 직업을 갖게 될까요? 이제 우리는 코딩 공부를 통해 달라질 미래 사회에 대해 이해하고 미래를 직접 설계해 볼 수 있어야 합니다.

혼자서도 척척 '코딩', 알면 알수록 즐겁고 재밌다!

'코딩'을 한다는 것은 그 자체로 무엇인가를 만드는 행위예요. 주제를 선정하고, 해당 주제를 해결하거나 달성하기 위해 끊임없이 생각하여 가장 효율적인 방법을 찾는 사고력 공부의 연장선이라고도 볼 수 있죠. 어른들보다는 창의력과 상상력이 통통 튀는 아이들이 더욱 잘 할 수 있는 분야이기도 하고요.

그렇지만 아이들 혼자 컴퓨터 언어를 공부하는 것이 과연 가능할까요? 사실 기존의 컴퓨터 학습서들은 용어 자체가 너무 어렵고, 설명이 복잡해 아이 혼자 공부하기에는 어려움이 많았어요. 따라서 학원 혹은 부모님의 도움이 꼭 필요했죠. 하지만 현재는 명령어를 일일이 입력하며 코딩하는 것이 아니라 마치 레고 블록을 조립하는 것처럼 쉽게 코딩할 수 있게 되었어요. 또한 내가 조립한 캐릭터가 움직이는 모습을 바로 확인해 볼 수 있어 배우는 재미까지 더해졌죠. 하지만 즐겁게 배우는 과정에서도 체계적인 학습이 뒷받침되어야 합니다. 혼자서 하는 공부라도 옆에서 제대로 된 길로 안내하는 멘토가 필요하겠죠? 《초등 코딩 엔트리 무작정 따라하기》가 친절하고 재밌는 코딩 멘토가 되어줄게요.

— 곽혜미, 에이럭스 미래교육연구소

부모님을 위한 친절한 도움말

국영수 보다 중요한 '코딩', 부모님의 관심이 필요해요!

2019년부터 초등학교 5~6학년 학생들을 대상으로 학교에서 소프트웨어 교육이 시작되었습니다. 이에 따라 코딩 사교육 시장이 들썩이고 있지요. 하지만 주입식 혹은 암기식으로 진행되는 곳이 많아 아직 코딩을 제대로 접하지 못한 아이들에게 스트레스부터 주게 되는 것이 아닐까 우려도 됩니다. 따라서 부모님들께서는 코딩 교육에 대한 조급함 보다는 《초등 코딩 엔트리 무작정 따라하기》를 통해 코딩 교육의 진정한 목적과 필요성에 대해 제대로 인식한 후, 아이들이 코딩을 즐겁게 시작할 수 있도록 관심을 기울여 주시길 부탁드려요.

'코딩', 어렵지 않아요! 엄마, 아빠와 함께 즐길 수 있어요

"에이, 나는 컴퓨터에 관심이 없어요."
"나보다 애들이 컴퓨터를 더 잘하는데요 뭐."

학부모님들과 상담을 하다 보면 위와 같이 말씀하시는 분들이 많아요. 하지만 필자는 코딩 교육을 제대로 하고 싶다면 컴퓨터를 아이들에게 온전히 맡겨버리지 말라고 조언합니다. 컴퓨팅 사고력을 키우기 위해서는 복잡한 문제를 분해하는 능력, 추상화하는 능력, 창의적 아이디어, 도구 활용능력, 협업능력이 동반되어야 하는데 이러한 능력을 개발하기 위해 반드시 컴퓨터가 필요한 것은 아니기 때문입니다. 평소에 가족과 함께 즐겨 하는 보드게임이나 스도쿠, 미로 찾기도 부모님과 함께하는 코딩 교육이라고 할 수 있어요. 이 책에서는 엔트리 블록 코딩 외에도 부모님과 아이들이 함께할 수 있는 미니 게임을 제공해요.

《초등 코딩 엔트리 무작정 따라하기》 이렇게 지도해 주세요!

이 책은 **WEEK 01**부터 **WEEK 04**까지 소프트웨어에 대한 이해와 엔트리 가입 과정을, **WEEK 05**부터는 코딩 명령에 대한 작품 만들기와 재미있는 퀴즈를 담았습니다. **WEEK 13**부터는 코딩 실력을 업그레이드할 수 있는 레벨 업 예제가 제공되고요. 《초등 코딩 엔트리 무작정 따라하기》의 예제는 혼자 따라할 수 있을 만큼 친절하게 구성되어 있지만, 코딩에 대한 자신감은 부모님과 함께할 때 더욱 빛을 발한답니다. 아이들이 작품을 만들고 나면 예제를 따라하면서 어떤 부분이 재미있었는지 꼭 피드백을 해 주세요!

한눈에 펼쳐보는 학습 구성

코딩 활용 퀴즈
재미있고 간단한 퀴즈를 풀어보며 코딩 개념을 더 단단히 다져요.

코딩 개념 이해 쏙쏙
이번 WEEK에서 배울 핵심 단어나 개념들을 간단한 설명과 그림을 통해 이해할 수 있어요.

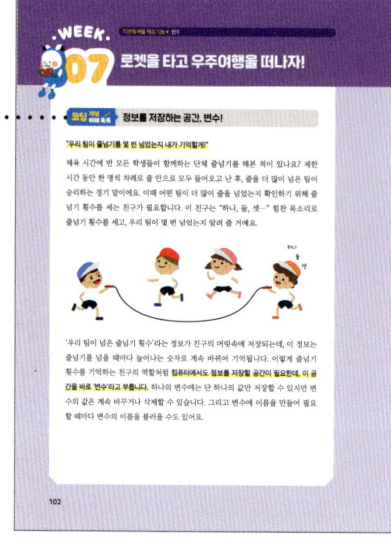

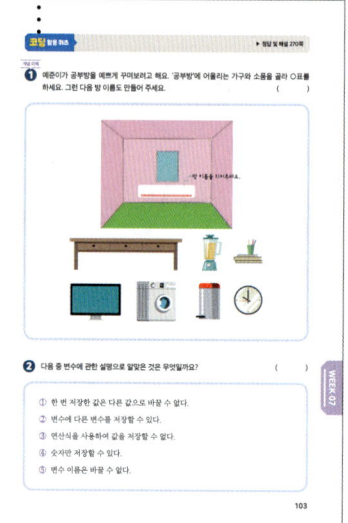

코딩 준비 READY!
코딩을 시작하기 전, 작품을 미리 볼 수 있어요. QR코드로 완성 작품을 실행해 볼 수도 있답니다.

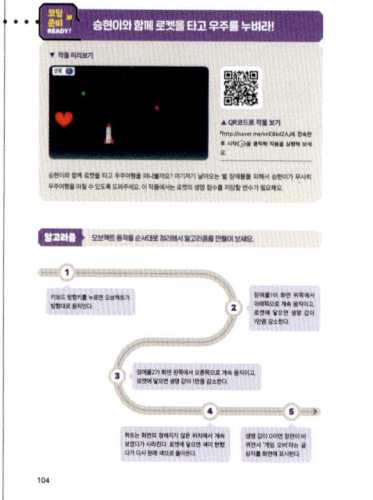

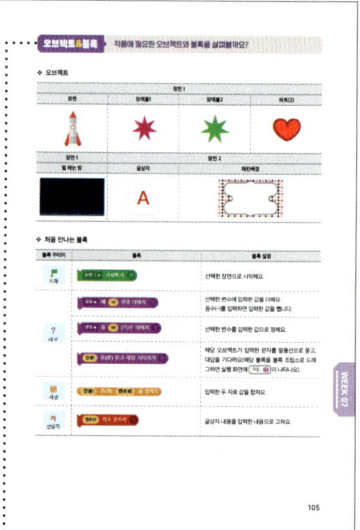

오브젝트&블록
이번 WEEK에서 사용되는 오브젝트와 처음 만나는 블록들을 살펴보세요.

무작정 따라하기

엔트리 명령 블록과 오브젝트를 이용해서 작품을 만들어요. 순서대로 차근차근 따라하다 보면 나만의 코딩 작품이 완성된답니다.

잠깐만요

본문에 나온 내용 이외에 알아두면 좋은 추가 개념이나 기능을 설명해줘요.

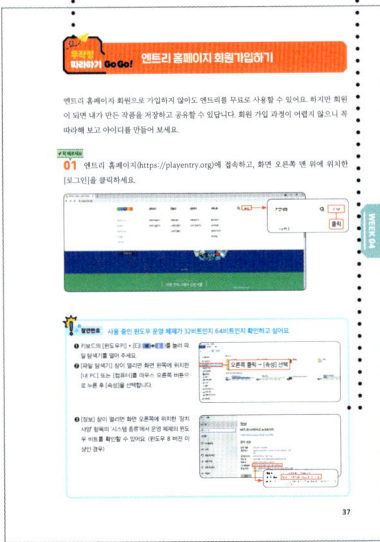

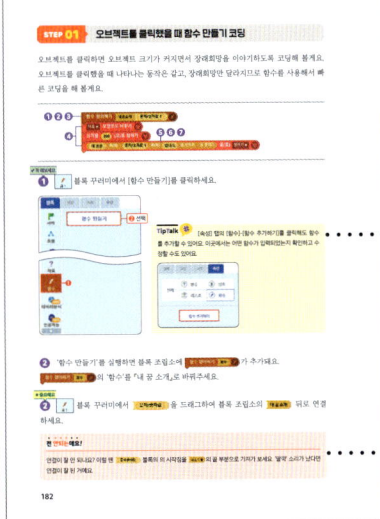

TipTalk

예제를 따라하는 동안 놓칠 수 있는 내용을 친절하게 알려줘요.

전 안되는데요!

예제를 따라하는 동안 실수하거나 헷갈리기 쉬운 부분을 알려줘요.

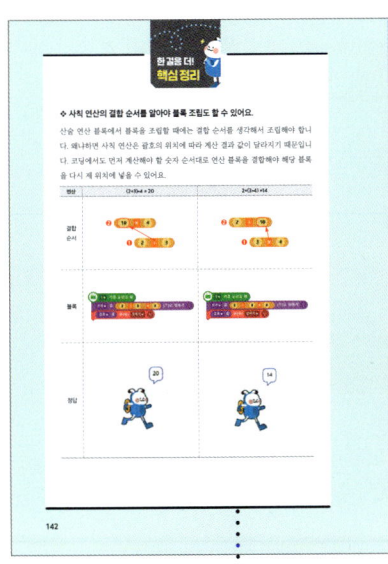

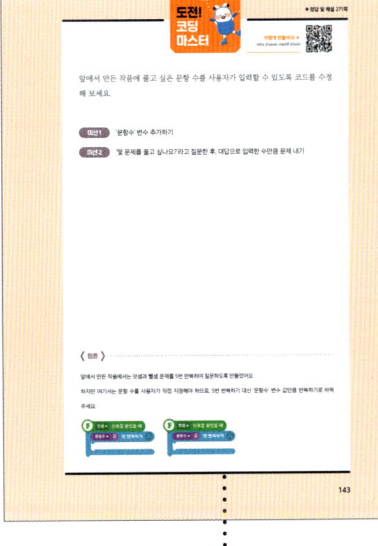

전체 코드 CHECK!

이번 WEEK에서 실습한 작품의 전체 코드를 한눈에 확인할 수 있어요.

한 걸음 더! 핵심 정리

앞에서 배운 내용 또는 미처 설명하지 못했던 내용의 핵심만 정리하여 알려줍니다. 코딩 관련 지식을 업그레이드할 수 있어요.

도전! 코딩 마스터

배운 내용을 활용하여 응용 작품을 만들 수 있어요.
나만의 멋진 작품을 완성하여 코딩 마스터로 거듭나세요!

목차

- 이 책을 지은 사람 · · · · · · · · · · · · · 03
- 머리말 · 04
- 부모님을 위한 친절한 도움말 · · · · · · 05
- 한눈에 펼쳐보는 학습 구성 · · · · · · · · 06
- 완성 파일 다운로드 받기 · · · · · · · · · 14
- 기적의 공부방에서 함께 공부해요! · · · 15

코딩 준비! 소프트웨어와 친해져요

WEEK 01 출발, 소프트웨어 세상 속으로!
핵심 기능 ▶ 소프트웨어

[코딩 개념 이해 쏙쏙] '소프트웨어'의 뜻을 정확하게 알아두자! · · · · · 18
[코딩 개념 이해 쏙쏙] 개인 정보 보호하기 · · · · · · · · · · · · · · · · · · 21
[코딩 개념 이해 쏙쏙] 저작권은 왜 보호해야 할까? · · · · · · · · · · · · 23

WEEK 02 AI(인공지능), 너는 누구니?
핵심 기능 ▶ AI

[코딩 개념 이해 쏙쏙] AI란 무엇이고, 어떤 원리일까? · · · · · · · · · · 26
[코딩 개념 이해 쏙쏙] AI(인공지능)의 미래는 어떻게 될까? · · · · · · 28

WEEK 03 알쏭달쏭! 알고리즘 제대로 알기
핵심 기능 ▶ 알고리즘

[코딩 개념 이해 쏙쏙] 컴퓨터로 문제를 해결해 보자! · · · · · · · · · · · 30

| WEEK 04 | 어서 와! 엔트리는 처음이지? | 핵심 기능 ▶ 엔트리 |

[코딩 개념 이해 쏙쏙]	엔트리는 무엇이고, 어떻게 쓰일까?	34
[무작정 따라하기 GO GO!]	온라인에서 엔트리 사용하기	35
[무작정 따라하기 GO GO!]	오프라인에서 엔트리 사용하기	36
[무작정 따라하기 GO GO!]	엔트리 홈페이지 회원가입하기	37
[무작정 따라하기 GO GO!]	엔트리 홈페이지의 첫 화면 꼼꼼하게 살펴보기	41
[무작정 따라하기 GO GO!]	엔트리 작품 만들기 화면 살펴보기	44
[무작정 따라하기 GO GO!]	오브젝트 삭제하기	49
[무작정 따라하기 GO GO!]	오브젝트 추가하기	50
[무작정 따라하기 GO GO!]	오브젝트 편집하기	53

코딩 출발! 시작해요. 엔트리

| WEEK 05 | 야구 연습 기계 만들기 | 핵심 기능 ▶ 순차, 반복 |

[코딩 개념 이해 쏙쏙]	순서대로 차례차례, 원하는 만큼 반복해보자!	58
[코딩 준비 READY!]	정해진 횟수만큼 야구 연습을 해요	61
[무작정 따라하기 GO GO!]		64
전체 코드 CHECK		77
한 걸음 더! 핵심 정리		78
도전! 코딩 마스터		80

| WEEK 06 | 친구들에게 줄 빵을 만들어보자 | 핵심 기능 ▶ 신호, 복제 |

| [코딩 개념 이해 쏙쏙] | 신호를 받으면 오브젝트가 복제되어요! | 82 |

[코딩 준비 READY!]	친구들에게 줄 빵을 만들어요!	84
[무작정 따라하기 GO GO!]		87
전체 코드 CHECK		99
한 걸음 더! 핵심 정리		100
도전! 코딩 마스터		101

WEEK 07 로켓을 타고 우주여행을 떠나자!   핵심 기능 ▶ 변수

[코딩 개념 이해 쏙쏙]	정보를 저장하는 공간, 변수!	102
[코딩 준비 READY!]	승현이와 함께 로켓을 타고 우주를 누벼라!	104
[무작정 따라하기 GO GO!]	장면 1의 오브젝트 만들기	106
[무작정 따라하기 GO GO!]	장면 2의 오브젝트 만들기	108
전체 코드 CHECK		121
한 걸음 더! 핵심 정리		123
도전! 코딩 마스터		125

WEEK 08 어떤 계산이든 빠르게 척척!   핵심 기능 ▶ 산술연산

[코딩 개념 이해 쏙쏙]	사칙연산을 정확하고 빠르게 처리하기	126
[코딩 준비 READY!]	수학이 재밌어지는 계산왕 게임!	127
[무작정 따라하기 GO GO!]		129
전체 코드 CHECK		140
한 걸음 더! 핵심 정리		142
도전! 코딩 마스터		143

WEEK 09 장바구니에 물건을 넣고 빼기   핵심 기능 ▶ 리스트

[코딩 개념 이해 쏙쏙]	비슷한 특성을 가진 것끼리 순서에 맞게 정리하기	144
[코딩 준비 READY!]	엄마와 마트에 왔어요!	146
[무작정 따라하기 GO GO!]		148
전체 코드 CHECK		154

| 한 걸음 더! 핵심 정리 | 156 |
| 도전! 코딩 마스터 | 157 |

WEEK 10 누가누가 가장 크게 부나?
핵심 기능 ▶ 조건, 비교연산

[코딩 개념 이해 쏙쏙] 두 가지 상황을 비교하여 조건에 맞는 명령을 실행해 보자!	158
[코딩 준비 READY!] 풍선을 터뜨리지 않고 가장 크게 불어보자!	160
[무작정 따라하기 GO GO!]	162
전체 코드 CHECK	173
한 걸음 더! 핵심 정리	175
도전! 코딩 마스터	176

WEEK 11 명령어 어벤져스 모여라!
핵심 기능 ▶ 함수

[코딩 개념 이해 쏙쏙] 나에게 필요한 명령어를 한 곳으로 모으기	178
[코딩 준비 READY!] 내 꿈을 소개해보자!	179
[무작정 따라하기 GO GO!]	181
전체 코드 CHECK	186
도전! 코딩 마스터	187

WEEK 12 이번 달엔 어떤 노래가 인기 있을까?
핵심 기능 ▶ 데이터

[코딩 개념 이해 쏙쏙] 데이터를 활용하여 내가 원하는 정보 알아보기	188
[코딩 준비 READY!] 월별로 인기있는 음악 장르를 알아보자!	190
[무작정 따라하기 GO GO!]	192
[무작정 따라하기 GO GO!] 코딩에 사용할 데이터 준비하기	193
전체 코드 CHECK	205
한 걸음 더! 핵심 정리	206
도전! 코딩 마스터	207

목차

코딩 레벨 UP! 멋진 작품을 만들어요

WEEK 13 외계인으로부터 지구를 지켜라!

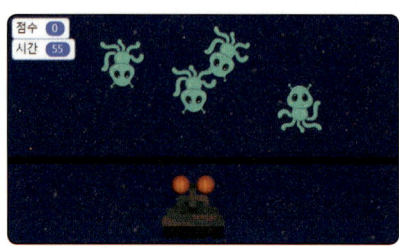
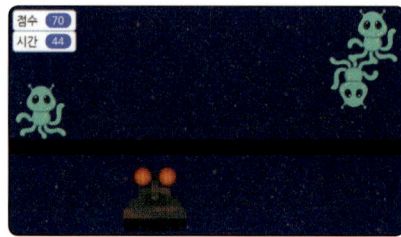

[코딩 준비 READY!] 키보드 방향키로 조종하는 게임 만들기	210
[무작정 따라하기 GO GO!]	212
전체 코드 CHECK	227
도전! 코딩 마스터	229

WEEK 14 나에게 어울리는 옷을 골라줘!

[코딩 준비 READY!] 선택한 값에 따라 오브젝트 모양을 바꾸기	230
[무작정 따라하기 GO GO!] 장면 1의 오브젝트 만들기	233
[무작정 따라하기 GO GO!] 장면 2의 오브젝트 만들기	234
[무작정 따라하기 GO GO!] 장면 3의 오브젝트 만들기	236
도전! 코딩 마스터	246

WEEK 15 똑똑한 AI로 색깔을 분류해 보자!

 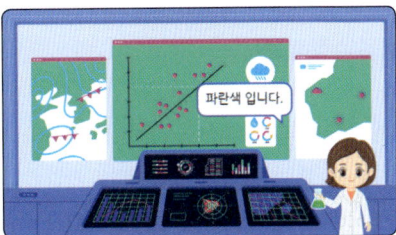

[코딩 개념 이해 쏙쏙] 스스로 학습하는 능력, 인공지능! ········· 248
[코딩 준비 READY!] 사진의 색을 맞춰주는 신기한 AI 로봇! ········· 250
[무작정 따라하기 GO GO!] ········· 252
[무작정 따라하기 GO GO!] AI가 학습할 이미지 준비하기 ········· 253
[무작정 따라하기 GO GO!] 색깔을 구분하는 인공지능 모델 학습하기 ········· 256
전체 코드 CHECK ········· 264
한 걸음 더! 핵심 정리 ········· 265
도전! 코딩 마스터 ········· 266

부록

정답 및 해설 ········· 267

QR 코드로 완성 작품을 미리 만나보세요!

1 [코딩 준비 READY!]에서 QR 코드를 찾습니다.

2 스마트폰 카메라를 실행하고 QR 코드를 비춰 보세요.

3 링크가 나타나면 터치해 완성 작품을 살펴봅니다.

완성 파일 다운로드 받기

길벗출판사 홈페이지(www.gilbut.co.kr)에서는 《초등 코딩 엔트리 무작정 따라하기》에 나오는 모든 작품의 완성 파일을 엔트리 오프라인 버전에서 열어볼 수 있도록 제공하고 있어요. 책에서 설명하는 대로 따라했는데도 작품이 완성되지 않는다면, 여기에서 제공하는 완성 파일과 비교해 보면서 코딩 블록을 수정해 보세요.

❶ 길벗출판사 홈페이지(www.gilbut.co.kr)에 접속하세요. 홈페이지 회원이 아니라도 파일을 다운로드할 수 있지만, 만약 회원으로 가입하고 싶다면 화면 오른쪽 상단의 [회원가입]을 클릭하고 가입 절차에 따라 아이디를 만드세요.

❷ 로그인을 완료했다면, 검색 창에 「초등 코딩 엔트리 무작정 따라하기」를 입력하세요. 그런 다음 [자료실]을 클릭해 '실습예제'를 다운로드하세요. 도전! 코딩 마스터의 완성 파일도 함께 제공합니다.

❸ 엔트리 오프라인 버전 프로그램이 컴퓨터에 설치되어 있다면, 완성 파일을 클릭만 해도 작품이 바로 실행됩니다. 만약 엔트리 오프라인 버전을 설치하지 않았다면 온라인에서 엔트리를 실행하고, → [오프라인 작품 불러오기]를 클릭한 후 다운로드 받은 완성 파일을 찾아 열어보세요

코딩, 무엇이든 물어보세요!

《초등 코딩 엔트리 무작정 따라하기》를 따라하다가 헷갈리는 부분이 나오면 길벗출판사 홈페이지의 [고객센터]-[1:1 문의] 게시판에 질문을 등록해 보세요. 지은이와 길벗 독자지원팀에서 친절하게 답변해 드립니다.

[문의 방법]

길벗출판사 홈페이지 (www.gilbut.co.kr) 회원 가입 후 로그인하기 → [고객센터] → [1:1 문의] → [도서이용]에서 책 제목 검색하기 → 이미 등록된 질문 검색 또는 새로운 질문 등록하기

기적의 공부방에서 함께 공부해요!

길벗스쿨 공식 카페 『기적의 공부방』에 방문해 보세요.
책 기획 과정 참여부터 꾸준한 학습 관리까지 엄마표 학습을 위한 다양한 노하우와 학습 자료를 제공합니다.

길벗스쿨 공식 카페
기적의 공부방 ▶ http://cafe.naver.com/gilbutschool

지금 가입하면 누릴 수 있는 3가지!

1. 꾸준한 학습이 가능해요!

스케줄 관리를 통해 책 한 권을 끝낼 수 있는 **학습단**에 참여해 보세요!

도서 관련 **학습 자료**와 **선배 엄마들의 노하우**를 확인할 수 있어요!

궁금한 것이 있다면 **Q&A 서비스**를 통해 카페지기와 선배 엄마들의 답변을 들을 수 있어요!

2. 책 기획 과정에 참여해요!

독자기획단을 통해 전문 편집자와 함께 아이템 선정부터 책의 목차, 책의 구성 등을 함께 만들어가요!

출간 전 도서를 체험해 보는 **베타테스트**를 통해 도서의 장/단점을 파악하여 더 나은 도서를 만드는 데 기여해요!

3. 재미와 선물이 팡팡 터져요!

매일 새로운 주제로 엄마들과 **댓글 이야기**를 나누고 간식도 받아요!

매주 카페 **활동왕**을 선정하여 푸짐한 상품을 드려요!

사진 콘테스트 등 매번 색다른 **친목 이벤트**로 재미와 선물을 동시에 잡아요!

기적의 공부방은
엄마표 학습을 응원합니다!

준비 마당

코딩 준비!
소프트웨어와
친해져요

여러분이 배울 엔트리는 컴퓨터에게 명령하는 소프트웨어가 있어야 작동할 수 있어요. 그러므로 우리는 엔트리 작품을 본격적으로 만들기 전에 소프트웨어란 무엇이고, 엔트리는 어떤 프로그램인지 살펴봐야 합니다.

혹시 '나는 빨리 작품 만들기로 넘어가고 싶은데…'라고 생각하고 있다면, 바로 작품 만들기인 '기초탄탄마당'부터 시작해도 됩니다.

하지만 '준비마당'에서 엔트리에 대한 기본 지식을 익히고 다음 마당으로 넘어간다면 작품을 만들 때 작업 화면이 익숙지 않아서 당황할 일이 없을 거예요. 또 자주 사용하는 기능들을 눈에 익혀 미리 알고 있기 때문에 만들기 속도는 점점 빨라지겠죠? 따라서 책의 순서대로 '준비마당'부터 꼼꼼히 읽어보기를 권장합니다.

WEEK 01

이번에 배울 핵심 기능 ▶ 소프트웨어

출발, 소프트웨어 세상 속으로!

> **코딩 개념 이해 쏙쏙** '소프트웨어'의 뜻을 정확하게 알아두자!

❖ 소프트웨어란?

요즘 소프트웨어를 모르면 생활하기 불편하다고 하던데, 대체 소프트웨어가 무엇이길래 이렇게 많은 사람들이 관심을 가지고 이용하게 된 것일까요? 우리가 평소 편리하게 사용하는 수많은 정보기기들의 안을 들여다보면 모두 소프트웨어가 들어 있어요. 그렇기 때문에 사람들은 기계가 알아듣는 언어로 어렵게 명령할 필요 없이 버튼 한 번만 톡 하고 누르면, 혹은 말 한마디로 간단하게 정보기기를 사용할 수 있어요.

▶ 기기와 사람이 터치만으로 이어지는 세상이죠!

우리는 버스 정류장의 안내판이나 건물의 커다란 광고 화면, 다리미, 청소기, 텔레비전, 스마트폰 등 많은 곳에서 소프트웨어를 만나고 있어요. 또 컴퓨터로 문서를 작성할 때나, 사진을 찍거나 보정할 때, 인터넷을 이용할 때, 세탁기를 작동시킬 때, 전기밥솥에 취사를 예약할 때도 소프트웨어를 이용하고 있지요.

컴퓨터, 스마트폰, 세탁기, 전기밥솥처럼 **사람이 직접 만질 수 있는 것이 하드웨어라면 기계를 작동시키는 기능을 소프트웨어라고 해요. 사람이라고 가정하면 몸이 '하드웨어'고, 생각이 '소프트웨어'라고 할 수 있어요.**

소프트웨어는 우리의 삶을 매우 편리하게 바꾸어 주었어요. 예를 들면 과거에는 누군가에게 마음을 전하고 싶을 때 책상 앞에 앉아 편지지에 내용을 적은 후 우체통에 편지를 넣어 보내야만 했어요. 그러면 상대방은 일주일 후에나 편지를 받을 수 있었답니다. 하지만 오늘날에는 언제 어디서나 스마트폰 메시지나 이메일을 통해 실시간으로 내 마음을 전달할 수 있게 되었어요.

스마트폰으로 문자나 이메일을 실시간으로 확인하고 보낼 수 있어요!

정류장 전광판에서 교통 정보를 실시간으로 알 수 있어요!

또한 정류장 전광판이나 스마트폰의 앱(애플리케이션의 줄임말이에요)을 이용해 내가 타야 할 버스나 지하철의 도착 시각은 물론 사람이 얼마나 타고 있는지도 알 수 있답니다.

이처럼 소프트웨어를 사용하면 시간을 절약하고 일도 매우 빨리 처리할 수 있어요.

잠깐만요 애플리케이션(앱)이 뭐예요?

우리가 사용하는 스마트폰과 태블릿에는 다양한 기능을 가진 프로그램이 들어 있어요. 또 내가 원하면 언제든지 추가 프로그램을 다운받아서 사용할 수 있지요. 이러한 프로그램을 애플리케이션(Application)이라고 하며, '앱' 또는 'App'으로 줄여 쓰기도 해요. 예전에는 컴퓨터에서 프로그램을 일일이 다운로드 하거나, CD를 구입해서 설치했지만, 스마트폰이 생기고 앱 사용이 쉬워지면서 요즘은 쇼핑이나 정보, 게임, 사진 등 다양한 카테고리의 앱을 즐길 수 있어요. 내가 원하는 정보에 따라 앱을 검색하고, 설치할 수 있게 된 것이죠. 앱은 유료와 무료로 나뉘는데, 유료로 제공되는 앱은 돈을 내는 대신, 질 좋은 서비스를 제공해요. 무료로 제공되는 앱은 돈이 들지 않는 대신에 원하지 않는 광고를 봐야 한다는 단점이 있지요.

코딩 활용 퀴즈

▶ 정답 및 해설 268쪽

❶ 우리의 삶이 소프트웨어를 사용하기 전과 후로 비교했을 때 어떻게 달라졌을까요?

> **보기**
>
> 과거에는 시장에 가서 물건을 샀어요. / 은행에 가서 은행 업무를 보았어요.
> 현재는 인터넷 쇼핑으로 집에서 물건을 주문해요. / 스마트폰에 은행 어플을 설치해 은행 업무를 봐요.

- 소프트웨어를 사용하기 전 :

- 소프트웨어를 사용한 후 :

미래직업찾기

❷ 소프트웨어로 인해 우리의 생활에 많은 변화가 찾아 왔어요. 이러한 변화는 직업세계에도 찾아 왔답니다. 소프트웨어의 발달과 사용으로 인해 새롭게 생긴 직업과 앞으로 생기게 될 직업에는 어떤 것들이 있을까요? 아래에 적힌 직업 말고도 여러분이 생각한 미래의 직업들을 적어보세요.

> 인공지능 행동 분석가, 로봇 매니저, 사물인터넷개발자, 스마트 팜 구축가,

개인 정보 보호하기

여러분은 개인 정보와 저작권에 대해서 잘 알고 있나요?

먼저 **개인 정보란 다른 사람과 나를 구별해주는 나만의 특별한 정보를 말해요**. 개인 정보에는 얼굴, 이름, 지문, 나이, 학력, 주민등록번호, 주소, 아이디, 비밀번호, 목소리, 직업, 위치, 학년/반/번호 등이 있어요. 우리가 인터넷을 사용하다 보면 웹사이트에 회원가입 할 때 개인 정보를 입력해야 하는데요. 안전하지 않은 웹사이트에 무심코 가입하게 될 경우 내 개인 정보가 모르는 사람에게 전달될 가능성도 있습니다. 이렇게 전달된 **개인 정보는 범죄에 이용되어 우리를 위험에 빠뜨리거나 금전적인 손해를 입힐 수 있어요. 따라서 컴퓨터를 이용할 때는 반드시 개인 정보를 지키는 규칙을 알아두고 실천하도록 해요.**

소중한 내 개인 정보, 이렇게 하면 지킬 수 있다!

❶ 웹사이트에 가입할 경우 반드시 부모님 허락을 받아요!
대부분의 안전한 웹사이트들은 미성년자가 가입할 경우 부모님 허락을 받도록 되어 있어요. 부모님 동의를 구하지 않는 웹사이트에는 절대 개인 정보를 입력하지 마세요!

❷ 개인 정보 보호·처리 방침을 확인해요!
웹사이트에 개인 정보를 제공해야 할 때에는 '개인 정보 보호·처리 방침'이 안내되어 있는지 꼭 확인하고, 없는 경우 절대 가입하지 마세요!

❸ 나의 개인 정보 뿐만 아니라 다른 사람의 정보도 지켜주세요!
다른 사람의 정보 또한 나의 정보만큼 소중해요. 인터넷 게시판, 블로그와 같은 곳에 다른 사람의 정보를 함부로 올리지 마세요!

❹ 공용 컴퓨터 사용은 조심히!
학교나 PC방, 도서관 등 여러 사람이 함께 사용하는 컴퓨터에 아이디와 비밀번호를 저장하면 위험해요. 그리고 사용한 후에 꼭 로그아웃하세요!

❺ 비밀번호를 만들 때에는 나만 알아볼 수 있도록 만들어야 해요!
생일이나 전화번호, 연속된 숫자 등 알아내기 쉬운 숫자로 비밀번호를 만들면 개인 정보가 유출되기 쉬워요. 이때, 여러 웹사이트마다 같은 비밀번호를 동일하게 사용하지 마세요. 또한 웹사이트나 메신저의 비밀번호는 주기적으로 바꿔 주는게 좋아요.

❻ 아무에게나 알려주지 마세요!
절대로 집 주소, 전화번호, 이름과 같은 개인 정보를 아무에게나 가르쳐 주지 마세요!

❼ 만약 개인 정보가 유출되었다면!
주기적으로 검색 포털에 나의 개인 정보를 검색해 보세요. 만약 개인 정보가 유출되었다면 해당 웹사이트 또는 포털 사이트에 삭제를 요청하세요!

* 출처 : 한국인터넷진흥원, 방송통신위원회 인터넷윤리 교육 자료집

코딩 활용 퀴즈 ▶ 정답 및 해설 268쪽

❶ 다음에 제시한 다양한 정보 중에서 개인 정보에 해당하는 것들을 찾아 동그라미로 표시해 보세요.

이름   손 모양   주민등록번호   직업   옷 색깔   반려동물 종류   목소리

개인정보보호

❷ 다음 그림과 같은 웹사이트에 개인 정보를 입력해야 할지 하지 말아야 할지 동그라미로 표시하고, 이유를 적어보세요.

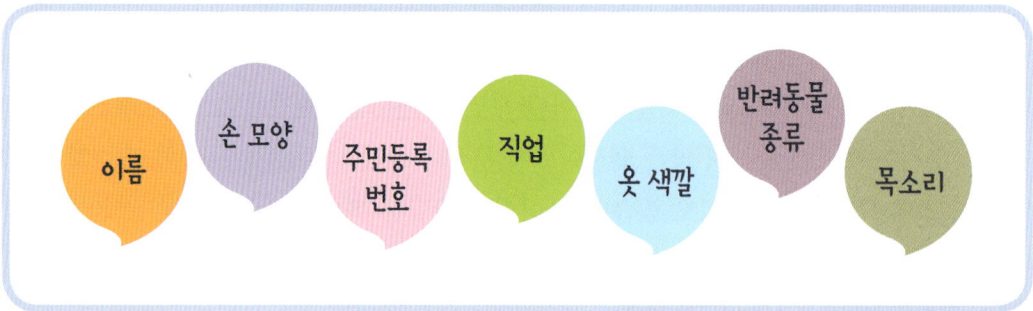

가입한다   가입하지 않는다

• 이유 :

코딩 개념 이해 쏙쏙 저작권은 왜 보호해야 할까?

우리가 보호해야 하는 것에는 개인 정보 말고도 '저작권'이라는 것이 있어요. 이번에는 저작권에 대해 알아볼게요. 사람은 자신의 감정, 생각들을 다양한 방법으로 표현하며 살아갑니다. 말이나 표정으로 표현할 수도 있고, 글이나 노래, 춤, 영상 등 다양한 매체를 사용하여 표현하기도 합니다.

사람의 생각이나 감정을 표현한 창작물을 저작물이라고 하고, 저작물을 창작한 사람에게 주는 권리를 저작권이라고 합니다. 위에서 말한 것과 같이 세상에는 글, 노래, 춤, 영화, 게임 등 매우 많은 종류의 저작물이 있고, 저작권은 저작물을 창작한 순간 자동으로 생겨나 창작물에 일일이 저작권 표시를 하지 않아도 저작물을 만든 사람의 소유가 됩니다.

그러므로 반드시 알아두어야 할 사항! **저작물을 사용할 때는 반드시 저작자의 허락을 받아야 합니다.** 저작자의 허락을 받지 않고 저작물을 마음대로 사용하는 것은 남의 물건을 훔치는 일과 같기 때문에 허락 없이 저작물을 사용했을 경우 법적인 책임을 져야 합니다.

> **TipTalk #** 일상생활에서 자주 쓰이는 간단한 문장, 사건 보도를 위해 사실을 그대로 정리한 글, 이름 순서대로 정리한 전화번호부, 저작자가 사망한지 70년이 지난 저작물이나 공표한 시점으로부터 70년이 지난 저작물, 저작권의 보호기간이 끝난 저작물의 경우에는 저작권의 보호를 받을 수 없어요. 우리가 영상을 만들 때 클래식 음악을 자유롭게 사용할 수 있는 이유도 이 때문이랍니다. 이처럼 저작권의 보호 기간이 끝난 저작물은 누구나 자유롭게 사용할 수 있답니다.

그렇다면 저작권은 왜 보호해야 할까요? 저작물의 권리를 침해하는 것은 저작자의 경제적 수입에 타격을 주게 됩니다. 수입이 감소한 저작자는 새로운 것을 만들 의지가 떨어지게 되고, 문화나 예술품을 만들 사람이 줄어들 수 있습니다. 여러분도 상상해 보세요. 내가 애써 만든 게임을 누군가 마음대로 사용하면서 자기가 만들었다고 주장한다면 어떤 기분일까요? 저작권을 보호하는 행동은 저작자뿐만 아니라 우리의 문화 산업 발전에도 도움을 주며, 나아가 국가 발전과 경제적 이익에도 큰 영향을 미치게 되므로 꼭 보호해야 합니다.

컴퓨터를 사용하기 전에,
꼭 알아두어야 하는 중요한 내용이야.
지루하더라도 꼭 읽어보도록!

 **잠깐만요** 저작권 사용 전 알아두어야 할 팁

01 저작물 이용 절차 알아보기

1단계	2단계	3단계	4단계	5단계
어떤 저작물을 이용할 것인지 결정한다.	저작물이 보호받고 있는 것인지 확인한다.	저작물 이용 방식이 저작권법상 허용되는 방식인지 확인한다.	저작권자에게 저작물 제목과 이용하려는 방법 등을 자세히 알리고 이용에 대한 허락을 받는다.	저작권자의 의사에 따라 저작자표시, 출처표시를 명확히 하고, 허락 받은 범위 내에서만 사용한다.

* 출처 : 한국저작권위원회 교육포털

02 저작물 사용 허가 표시(CCL : Creative Commons License) 알아보기

표시	설명	표시	설명
CC	저작물을 공유함	$	비영리 저작물을 영리목적으로 이용할 수 없음
i	저작자 표시 저작자 이름, 출처 등 저작자에 대한 사항을 반드시 표시해야 함	=	2차 변경 금지 저작물을 변경하거나 저작물을 이용한 2차적 저작물 제작을 금지함
◯	동일 조건 변경 허락 동일한 라이선스 표시 조건하에서의 저작물을 활용한 다른 저작물 제작을 허용		

03 6가지 유형의 표준 라이선스 알아보기

표시	설명	표시	설명
CC BY	저작자 표시(CC BY) 원저작자를 밝히면 자유롭게 사용할 수 있음	CC BY ND	저작자 표시-변경금지(CC BY ND) 원저작자를 밝히면 자유롭게 사용할 수 있지만 변경 없이 그대로 이용해야 함
CC BY NC	저작자 표시-비영리(CC BY NC) 원저작자를 밝히면 자유롭게 사용할 수 있지만 영리목적으로 사용할 수 없음	CC BY NC SA	저작자 표시-비영리-동일조건변경허락 (CC BY NC SA) • 원저작자를 밝히면 자유롭게 사용할 수 있지만 영리목적으로 이용 불가 • 2차적 저작물에는 원저작물과 동일한 CCL 적용
CC BY SA	저작자 표시-동일조건변경허락 (CC BY SA) • 원저작자를 밝히면 자유롭게 사용할 수 있고 저작물 변경도 가능 • 2차적 저작물에는 원저작물과 동일한 CCL 적용	CC BY NC ND	저작자 표시-비영리-변경금지 (CC BY NC ND) • 원저작자를 밝히면 자유롭게 사용할 수 있음 • 영리목적 이용이 불가하며 변경 없이 이용해야 함

저작권을 보호하는 방법, 꼭 알아두기!

❶ 음악이나 영화 등을 함부로 불법 다운로드하지 않아요!
내가 좋아하는 가수의 노래는 앨범을 구입해서 듣거나 안전한 사이트에서 스트리밍/다운로드 받아요. 보고 싶은 영화가 있을 때에는 영화관에서 보거나, 합법 사이트에서 돈을 주고 구입해요!

❷ 다른 사람의 사진이나 글을 사용할 때는 반드시 저작자의 허락을 받아요!
블로그나 웹사이트에 올라온 다른 사람의 사진이나 글을 사용할 때는 저작자에게 꼭 허락을 받고 사용해요!

❸ 사진, 동영상 등을 함부로 공유하지 않아요!
공유 사이트에 노래, 동영상, 사진 등을 함부로 공유하거나 게시판, 블로그 등에 올리지 않아요!

❹ 내가 만든 저작물을 공유하고 싶을 때는 CCL을 사용해요!
내가 직접 창작한 창작물을 공유하고 싶을 때는 CCL(저작물 사용 허가 표시)을 사용하여 다른 사람이 이 저작물을 어떻게 사용해야 하는지 알려줘요!

❺ 모든 창작물에는 주인이 있어요!
모든 문화, 예술 작품에는 주인이 있다는 것을 잊지 말고, 저작권을 지키지 않았을 때 일어나는 문제점에 대해 알아야 해요!

* 출처 : 한국인터넷진흥원, 방송통신위원회 인터넷윤리 교육 자료집

 ▶ 정답 및 해설 268쪽

① 다음 중 저작권을 침해하지 않은 경우는 무엇일까요?　　　　(　　　)

① 다른 사람의 사진을 허락받지 않고 내 블로그에 게시했다.
② 드라마의 화면을 캡처하여 인터넷에 올린다.
③ 영화관에서 영화를 캠코더로 녹화해 공유 사이트에 올렸다.
④ 인터넷 기사를 간직하고 싶어 주소만 복사해서 가지고 있었다.
⑤ 인터넷에서 본 내용을 그대로 베껴 숙제를 했다.

AI(인공지능), 너는 누구니?

코딩 개념 이해 쏙쏙 AI란 무엇이고, 어떤 원리일까?

❖ AI(인공지능)란?

AI(인공지능)는 Artificial Intelligence의 약자로, 인간이 지닌 지적 능력의 일부나 전체 또는 그렇게 생각되는 능력을 인공적으로 구현하는 것을 의미해요. 우리는 옛날부터 인간의 뇌에 대한 관심이 아주 많았어요. 하지만 인간의 뇌 말고는 정보를 처리할 수 있는 능력을 가진 특별한 기계가 존재하지 않았기 때문에 정보를 활용하고 처리하는 일은 모두 사람의 몫이었죠.

▶ AI 기술은 다양한 영역과 분야에서 우리의 생활을 편리하게 해주고 있어요.

그러다 20세기 중반부터 컴퓨터 기술이 빠르게 발달하면서 많은 과학자들이 '인간의 뇌를 대신할 기계를 만들어 인간의 삶을 편하게 만들면 어떨까?' 하는 생각을 하게 되었어요. 그 결과, 사람처럼 생각하고 행동할 수 있는 AI(인공지능) 기술을 만들게 되었답니다.

인공지능이라는 말은 1956년 존 매카시라는 과학자가 처음 사용했어요. **인공지능, 즉 AI는 인간의 지적능력을 컴퓨터로 구현하는 과학기술이에요.** AI 기술은 우리 주변에 일어나는 상황을 인지하고 이성적, 논리적으로 판단하고 행동하며 창의적인 기능을 수행하는 능력까지 모두 포함해요.

컴퓨터는 인간과 비교할 수 없을 정도로 빠른 계산 속도와 정확성을 가지고 있어요. 게다가 기억능력도 좋고 성능도 매우 뛰어나서 엄청나게 큰 수를 기억할 수도 있고, 많은 양의 데이터를 빠르게 검색할 수도 있답니다.

그렇지만 이렇게 엄청난 능력을 가지고 있음에도 불구하고 컴퓨터는 인간이 하는 모든 행위를 완벽하게 할 수는 없어요. 컴퓨터에게 라면을 끓여달라고 명령하면 아마 컴퓨터는 어떻게 해야 할지 몰라서 가만히 있을 거예요.

이런 상황이 발생하는 이유는 컴퓨터에게 지능이 존재하지 않기 때문이에요. 컴퓨터는 인간이 설계한 알고리즘을 초고속으로 처리하고 지시에 맞게 데이터를 기억하고 기억해내는 것은 가능하지만, 인간처럼 데이터의 의미를 이해하고, 행동하고, 새로운 결과를 만들어내는 일을 할 수는 없어요. 단지 명령한 내용을 빠르게 처리하는 것에 능숙한 기계일 뿐이니까요.

TipTalk '알고리즘'은 어떠한 문제를 해결하기 위해 세우는 절차나 방법을 의미해요. 수학 문제를 풀거나 심부름을 할 때 어떻게 하면 빨리 끝내고 놀 수 있을지 계획을 세우는 것도 알고리즘이라고 할 수 있어요. 알고리즘에 대해서는 **WEEK 03**에서 자세하게 알려줄게요.

하지만 컴퓨터가 대중화되고 정보 기술이 발달하면서 인간만이 할 수 있는 일들을 컴퓨터에게 시키기 시작했어요. 어떻게 가능했을까요? 컴퓨터가 인간과 같은 높은 수준의 지적 능력을 가지게 된 것일까요? 사실 그렇지 않아요.

우리가 흔히 보는 주차장의 주차 차단기, 과속 카메라 등에서 쓰이는 인공지능을 떠올려 봅시다. 이 인공지능은 차량 번호판을 인식하기 위해서 카메라로 번호판 사진을 찍은 뒤 사진을 이리저리 잘 분석해 제대로 된 번호를 얻기만 하면 되겠죠?

인간의 방대한 지적 능력 중 일부만 좁게 제한하여 컴퓨터에 해당 능력을 습득시킨다면 충분히 처리 가능한 작업이 될 수 있어요. 이러한 개념으로 만들어지고 활용되는 것들이 바로 인공지능이에요.

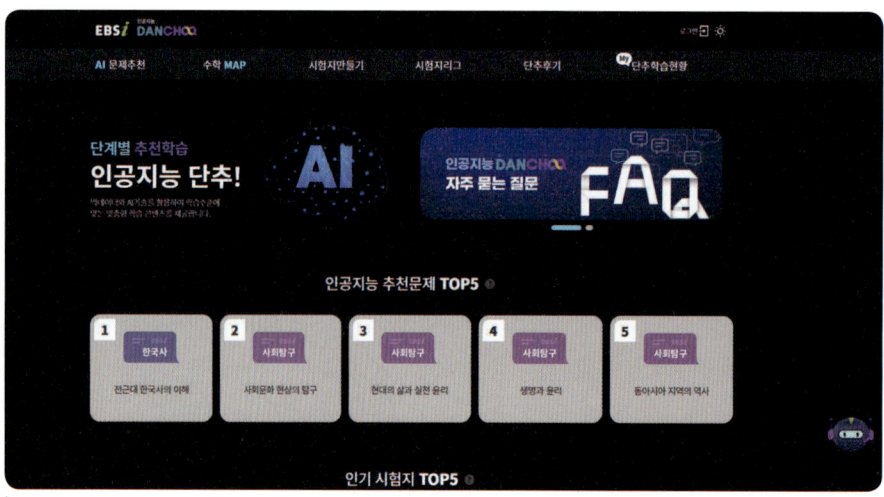

▸ 인공지능을 활용한 EBS학습 사이트(ai.ebsi.co.kr)

 **AI(인공지능)의 미래는 어떻게 될까?**

❖ 빠르게 발전하는 AI(인공지능) 기술

AI(인공지능) 기술이 발전함에 따라 사회적·산업적 발전이 빠르게 이루어지고 있어요. 사람이 직접 가기 힘든 산악 지대나 재해 현장에 인공지능을 탑재한 무인 항공기를 활용하거나, 독거노인 가정에 인공지능 스피커를 보급하여 외로움을 달래고 인공지능 스피커에 탑재된 사물인터넷 기기를 통해 독거노인의 건강 상태를 수시로 확인할 수도 있게 되었죠.

인공지능은 서비스 분야에서도 뛰어난 활약을 하고 있어요. 개인에게 맞는 맞춤형 정보 제공을 통해 필요한 물건이 떨어질 때를 예상해서 알려주거나 대신 주문해주기도 하고 사용자의 취향에 맞는 다양한 상품을 추천해주기도 해요.

❖ AI(인공지능)가 해결해야 할 숙제

하지만 이렇게 똑똑한 인공지능 기술도 문제를 일으킬 수 있어요. 인공지능 기술이 빠르게 발전함에 따라 사회·윤리적으로 예상하지 못한 문제가 발생하기도 해요. 인공지능 기술을 잘못 사용하거나 너무 무분별하게 사용해 좋지 않은 결과가 발생하고, 이는 개인 및 사회적 피해로 돌아올 수 있어요.

사람은 이성과 판단력을 가진 동물이기 때문에 존엄한 가치를 가지고 있어요. 하지만 인공지능이 사람의 지능을 뛰어넘었다고 했을 때, 사람과 같은 가치를 지닐 수 있을까요? 지금과 같은 인간 중심의 사회에서 인명 피해나 재산 손실과 같은 피해가 발생했을 때는 책임을 질 대상이 분명하지만, 인공지능이 인명이나 재산에 피해를 끼쳤을 때 책임의 대상이 불분명해질 수 있어요.

만약 인공지능이 운전하는 자율 주행 자동차가 사고를 낸다면 누가 책임을 져야 할까요? 인공지능이 대신 투자해주는 시스템에서 잘못된 투자로 고객의 자산을 모두 잃었다면 이것은 누구의 책임으로 보아야 할까요?

이처럼 인공지능이 발달할수록 미처 생각하지 못한 문제가 발생할 가능성이 높아져요. 이러한 문제를 해결하기 위해서는 인공지능과 관련된 제도나 법규가 만들어져야 해요. 현재는 관련 법이 없기 때문에 문제가 발생하면 해결하기가 힘들어요. 그렇기 때문에 **인공지능의 개발 단계부터 사용까지 윤리적인 문제를 해결할 수 있는 제도와 법규가 꼭 필요합니다.**

또한, 인공지능을 개발하고 사용하는 사람들이 스스로 윤리적 기준을 분명히 해야해요. "나는 절대 불법적인 용도의 인공지능을 개발하지 않겠다.", "나는 불법적인 용도로 인공지능을 사용하지 않겠다."와 같은 윤리적인 가치 판단이 반드시 동반되어야 해요.

> **잠깐만요** 로봇과 인공지능은 같은 것일까요?
>
> 요즘에 개발되는 많은 로봇들이 인공지능 기술을 탑재한 상태로 개발되기 때문에 로봇공학과 인공지능을 혼동하는 사람들이 있는데, 로봇공학과 인공지능은 전혀 다른 분야이기 때문에 우리는 구분해서 이해해야 할 필요가 있어요.
> **인공지능**은 특정 정보를 받아서 해석하고 어떤 결과를 출력하는지, 그 결과가 어떤 의미를 갖고 있는지, 결과를 얼마나 정확하게 예측할 수 있는지, 결과를 어떻게 이용할 수 있는지와 같은 정보를 처리하는 문제를 중요하게 생각해요. 반면에, **로봇공학**은 로봇의 용도를 고려해서 어떤 분야에 어떻게 이용하면 좋을지, 로봇이 어떻게 움직이는 것이 가장 효율적인지와 같은 기계적인 문제를 중요하게 생각하는 학문이라고 할 수 있어요.
> 로봇을 움직이고 로봇에게 새로운 기술을 알려주는 학문이 로봇공학이라면, 로봇이 어떠한 일을 수행할 수 있도록 알려주는 기술을 인공지능이라고 생각하면 쉽게 이해할 수 있을 거예요.

WEEK. 03 알쏭달쏭! 알고리즘 제대로 알기

이번에 배울 핵심 기능 ▶ 알고리즘

코딩 개념 이해 쏙쏙 | 컴퓨터로 문제를 해결해 보자!

❖ 문제 해결 과정 알아보기

우리는 일상생활 속에서 수학 문제를 푸는 일, 심부름으로 마트에 가는 일, 반려동물의 산책 코스를 정하는 일, 짜장면을 먹을지 짬뽕을 먹을지 결정하는 일 등 크고 작은 문제를 만나고 해결하면서 살아가고 있어요. 주변에서 일어나는 문제를 해결하기 위해 어떠한 과정을 거치는지 확인해 볼까요?

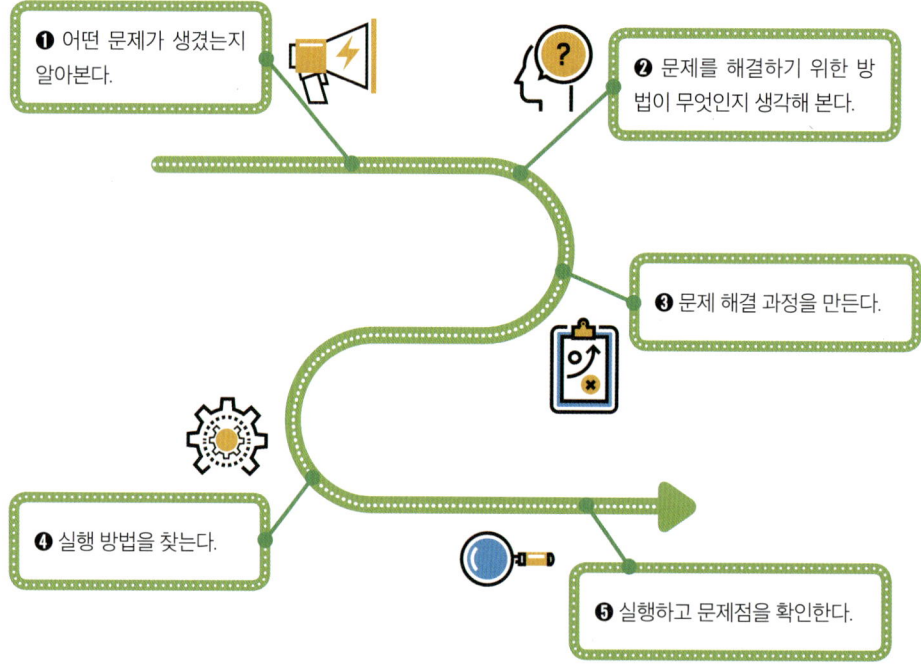

❶ 어떤 문제가 생겼는지 알아본다.
❷ 문제를 해결하기 위한 방법이 무엇인지 생각해 본다.
❸ 문제 해결 과정을 만든다.
❹ 실행 방법을 찾는다.
❺ 실행하고 문제점을 확인한다.

컴퓨터로 문제를 해결하는 과정도 일상생활 속 문제 해결 과정과 무척 비슷해요. 다만 컴퓨터로 문제를 해결하기 위해서는 **컴퓨터에게 문제 해결 과정이나 절차를 순서대로 자세히 설명해 줘야 하는데 이를 '알고리즘'이라고 부릅니다.**

알고리즘을 표현하는 방법에는 국어, 영어와 같은 자연어와 명령의 흐름을 표준화된 기호로 표현한 순서도, 프로그래밍 언어, 의사 코드까지 총 4가지가 있는데 우리는 순서도에 대해서 배워 볼거예요.

알고리즘에 대해 이해하기 쉽게 버스에 타는 과정을 문제 해결 절차에 따라 알고리즘으로 만들어 볼게요. ① 정류장에서 버스를 기다려요. ② 버스가 도착합니다. ③ 내가 가려는 목적지를 지나가는 버스인지 확인해 봅니다. ④ 내가 타려는 버스가 맞다면 탑승하고, 다른 곳으로 가는 버스라면 ① 과정으로 돌아가 버스를 다시 기다립니다. ⑤ 버스가 출발합니다.

버스타기 알고리즘을 순서도로 만들어 볼까요?

알고리즘을 순서도로 표현하니까 간단하고 명확하게 이해되죠? 빨래하는 과정이나 물건을 구입하는 과정도 오른쪽 그림과 같이 순서도로 정리할 수 있답니다.

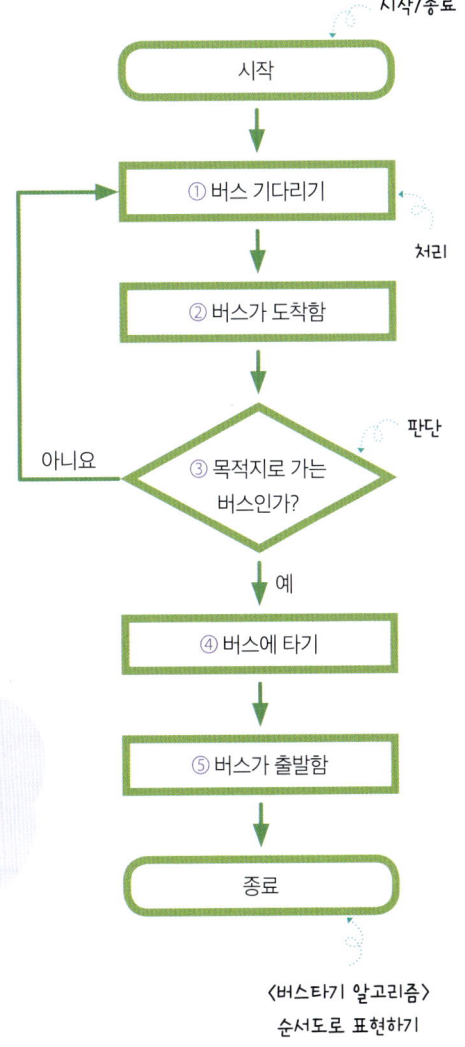

〈버스타기 알고리즘〉
순서도로 표현하기

알고리즘을 만들 때는 입력부터 출력까지 일의 순서와 조건이 정말 중요해!

 ▶ 정답 및 해설 268쪽

1 문제를 해결하려면 문제를 자세하게 살펴보고 원하는 결과가 무엇인지 정확하게 찾아야 해요. 30쪽에서 배운 문제 해결 과정에 따라 친구들과 함께하는 주말 계획표를 세워보세요.

솔빈이는 주말에 친구들과 12시에 만나서 저녁 5시까지 함께 놀 예정이에요. 친구들을 만나자마자 점심 식사를 하고, 볼링장에서 볼링을 한 게임 친 후, 극장에서 새로 개봉한 '엔트리봇의 모험' 영화를 보고 헤어지기로 했어요. 영화는 3시에 상영하는데 반드시 15분 전에는 도착해야 한다고 해요. 주어진 조건과 일정 순서에 따라 계획표를 완성해 보세요.

항목	계획 세우기
① 문제	친구들과 주말 계획 세우기
② 해야 할 일	점심 식사, 볼링치기, 영화 관람
③ 해결 방법	시간 순서대로 계획 짜기
④ 해결 과정 및 실행 방법	(　)시에 친구들과 만나기 ↓ 점심 식사하기 ↓ (　　)으로 이동하기 ↓ (　시　분)까지 영화관에 도착하기 ↓ (　　) 관람하기 ↓ 친구들과 헤어져 집으로 가기
⑤ 생각해 볼 문제	☑ 점심 메뉴 ☑ 점심 식사를 하는데 소요되는 시간 ☑ 볼링장 예약 가능 여부 ☑ 볼링장에서 영화관까지 걸리는 시간 ☑ 영화 상영 시간

앞에서 배운 순서도를 사용하여 일정표를 만들어 볼 수도 있어. 단, 문제 해결 과정의 순서는 꼭 지켜줘!

❷ 유빈이가 목적지에 도착할 수 있도록 문제를 해결하는 과정을 순서에 맞게 빈칸을 채워보세요.

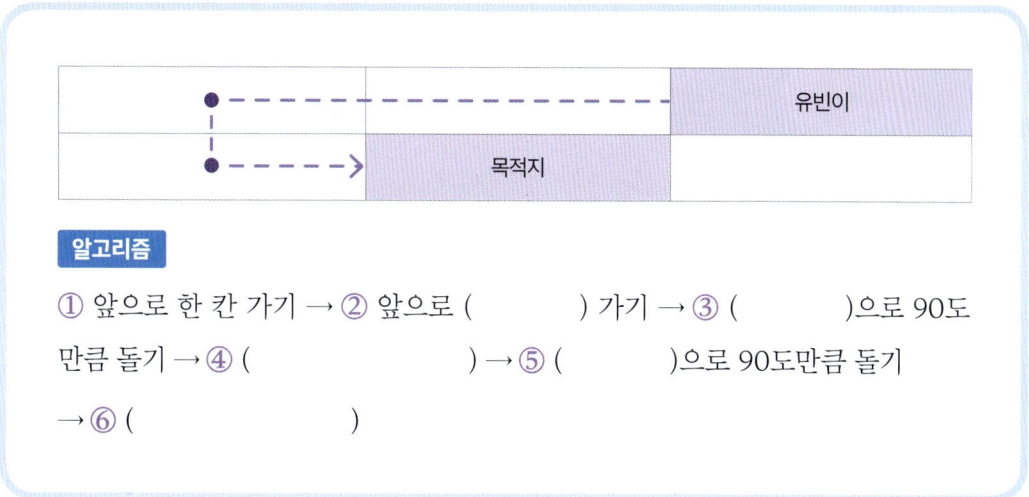

알고리즘

① 앞으로 한 칸 가기 → ② 앞으로 (   ) 가기 → ③ (   )으로 90도 만큼 돌기 → ④ (   ) → ⑤ (   )으로 90도만큼 돌기 → ⑥ (   )

개념 응용

❸ ❷ 문제의 해결 과정을 순서도로 표현해 보세요.

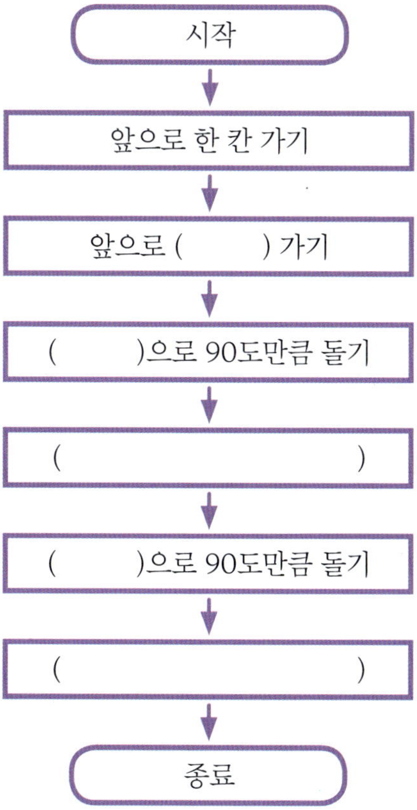

```
시작
  ↓
앞으로 한 칸 가기
  ↓
앞으로 (    ) 가기
  ↓
(    )으로 90도만큼 돌기
  ↓
(            )
  ↓
(    )으로 90도만큼 돌기
  ↓
(            )
  ↓
종료
```

WEEK 04

이번에 배울 핵심 기능 ▶ 엔트리

어서 와! 엔트리는 처음이지?

코딩 개념 이해 쏙쏙 | 엔트리는 무엇이고, 어떻게 쓰일까?

❖ **엔트리란?**

엔트리(Entry)는 소프트웨어 교육을 누구나 쉽게 무료로 받을 수 있도록 개발된 교육용 프로그래밍 언어(Educational Programming Language)예요. 프로그래밍을 하기 위해 어려운 명령 기호나 문법을 몰라도 <mark>조작하기 쉬운 명령어 블록을 순서대로 연결해 조립하면서</mark> 누구나 쉽게 자신만의 게임 및 애니메이션, 미디어아트와 같은 멋진 <mark>작품을 만들고 공유</mark>할 수 있습니다.

▶ AI 기술은 다양한 영역과 분야에서 우리의 생활을 편리하게 해주고 있어요.

엔트리로 만들 수 있는 다양한 게임들

온라인에서 엔트리 사용하기

엔트리는 인터넷에 접속할 수만 있다면 컴퓨터에 프로그램을 설치하지 않아도 사용할 수 있어요. MS Edge나 네이버 웨일과 같은 브라우저에서도 사용할 수 있지만, 되도록 구글에서 만든 크롬(Chrome) 브라우저에서 사용하기를 권장해요. 여기에서는 크롬에서 설치하는 방법부터 알려줄게요.

★중요해요

01 최신 버전의 크롬을 설치하기 위해 주소창에 『http://www.google.com/chrome』을 입력하고 Enter 를 클릭합니다. 화면에 보이는 [Chrome 다운로드]를 클릭해 컴퓨터에 크롬을 설치하세요. 사용 중인 컴퓨터에 이미 최신 버전의 크롬이 설치되어 있다면 **02** 과정부터 따라해 보세요.

02 설치한 크롬을 실행하고 주소창에 『https://playentry.org』를 입력합니다. Enter 를 클릭해 엔트리 홈페이지를 방문해 보세요.

TipTalk 주소창에 영문 주소를 입력하는 것이 어렵다면 구글 검색 창에 『엔트리』를 입력해 보세요. 가장 첫 번째로 나타나는 링크를 클릭하면 엔트리 홈페이지가 자동으로 열립니다.

오프라인에서 엔트리 사용하기

엔트리 오프라인 버전을 사용하면 인터넷에 접속하지 않아도 프로그램을 사용할 수 있어요.

01 엔트리 홈페이지(https://playentry.org)에 접속하고, 화면 왼쪽 위에 위치한 엔트리 로고(entry)에 마우스 포인터를 올려 보세요. 엔트리 로고 아래로 메뉴가 표시되면 [다운로드]를 클릭하고, 엔트리 오프라인 버전 설치 화면으로 이동합니다.

> **TipTalk** 엔트리 홈페이지 회원으로 가입하지 않아도 엔트리 오프라인 버전 설치 파일을 다운로드 받을 수 있어요. 회원가입 방법은 37쪽에서 설명합니다.

02 사용 중인 컴퓨터의 운영체제에 맞는 설치 파일을 선택하여 엔트리 설치 파일을 다운로드 하세요. 만약 내 컴퓨터 운영체제에 대해 잘 모르겠다면 37쪽을 참고하세요.

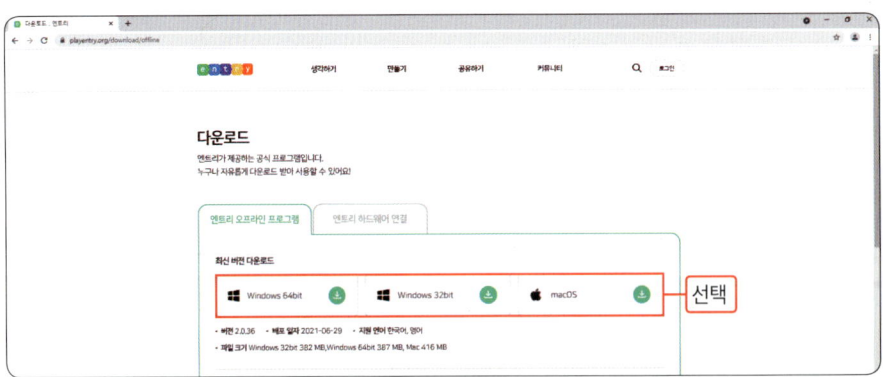

> **TipTalk** 이 책에서는 앞으로 배울 엔트리 예제의 완성 파일을 제공해요. 컴퓨터에 엔트리 오프라인 버전을 설치해 놓으면 완성 파일을 클릭만 해도 엔트리가 자동으로 실행됩니다.

엔트리 홈페이지 회원가입하기

엔트리 홈페이지 회원으로 가입하지 않아도 엔트리를 무료로 사용할 수 있어요. 하지만 회원이 되면 내가 만든 작품을 저장하고 공유할 수 있답니다. 회원 가입 과정이 어렵지 않으니 꼭 따라해 보고 아이디를 만들어 보세요.

✓ 꼭 해보세요

01 엔트리 홈페이지(https://playentry.org)에 접속하고, 화면 오른쪽 맨 위에 위치한 [로그인]을 클릭하세요.

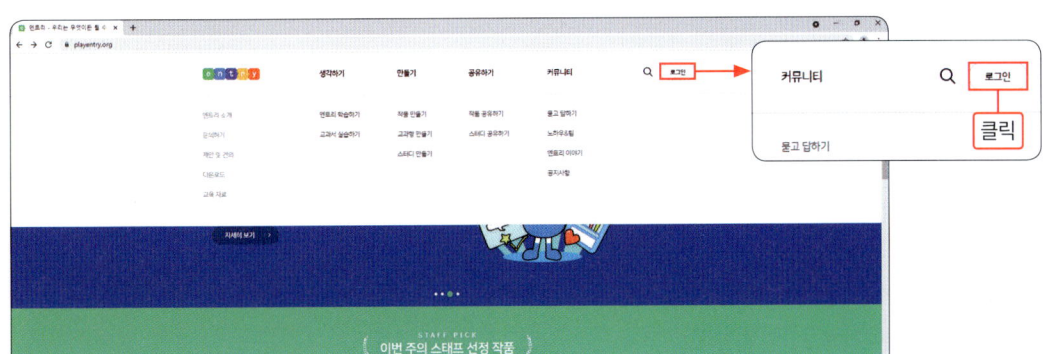

> **잠깐만요** 사용 중인 윈도우 운영 체제가 32비트인지 64비트인지 확인하고 싶어요.
>
> ❶ 키보드의 [윈도우키] + [E](▦ + E)를 눌러 파일 탐색기를 열어 주세요.
> ❷ [파일 탐색기] 창이 열리면 화면 왼쪽에 위치한 [내 PC] 또는 [컴퓨터]를 마우스 오른쪽 버튼으로 누른 후 [속성]을 선택합니다.
>
>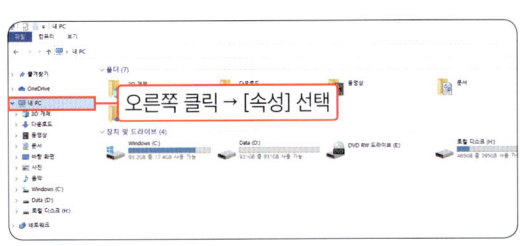
>
> ❸ [정보] 창이 열리면 화면 오른쪽에 위치한 '장치 사양' 항목의 '시스템 종류'에서 운영 체제의 윈도우 비트를 확인할 수 있어요. (윈도우 8 버전 이상인 경우)
>
>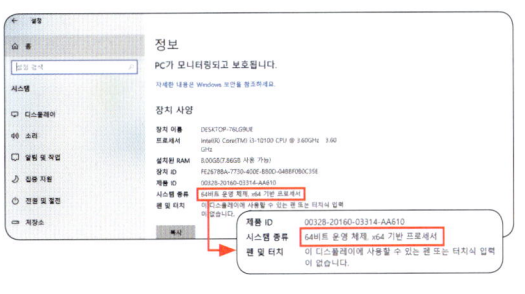

WEEK 04

02 아래와 같은 화면이 열리면 오른쪽 하단의 [회원가입하기]를 클릭하세요.

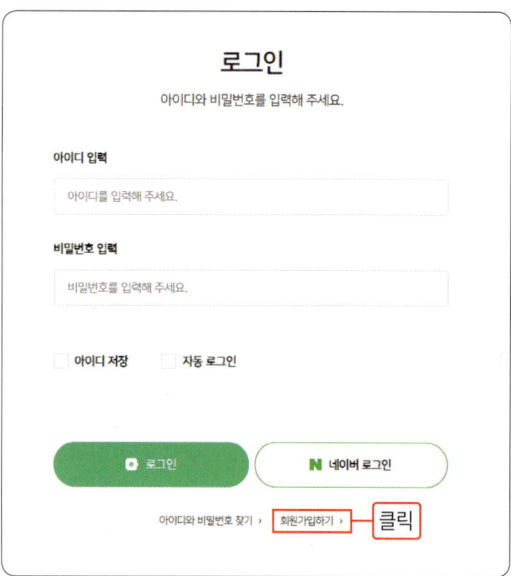

03 회원가입 창이 열리면 이용약관과 개인정보 수집 및 이용 동의에 체크한 후 [아이디로 회원가입]을 클릭하세요.

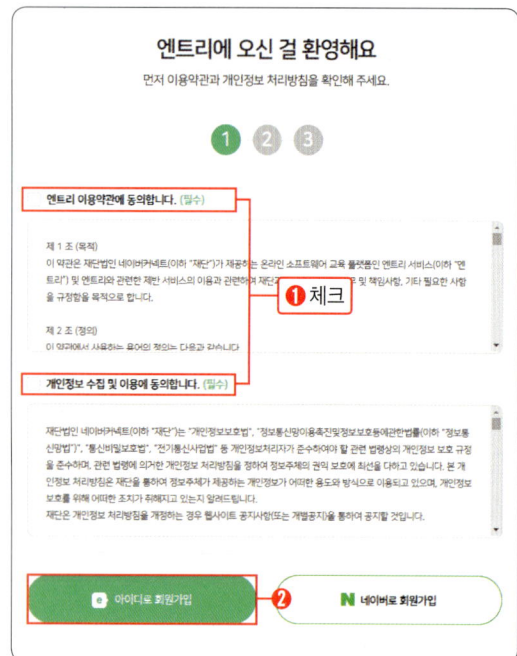

04   아이디와 비밀번호를 입력하고 [다음]을 클릭하세요. 아이디와 비밀번호는 잊지 않도록 잘 기억해 두세요.

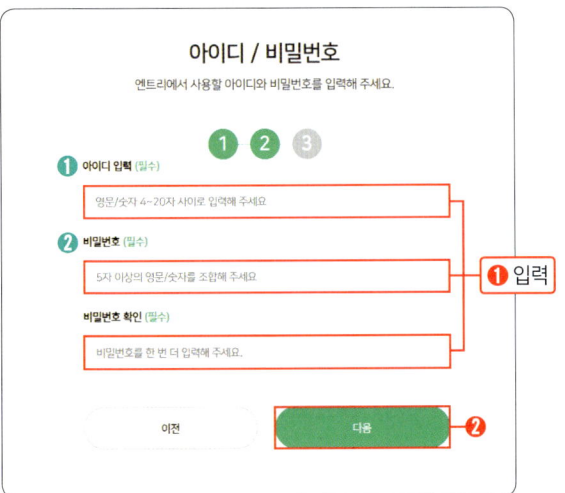

❶ **아이디** : 영문과 숫자를 조합해서 4~20 글자까지 입력할 수 있어요. 숫자만 입력하거나 이미 가입한 기존 회원의 아이디와 중복되면 만들 수 없으니 주의하세요.

❷ **비밀번호** : 영문과 숫자를 조합하여 5자 이상으로 만들어 입력하세요. 비밀번호 확인을 위해 한 번 더 입력합니다.

05   회원 유형을 일반으로 선택한 뒤 성별, 닉네임, 작품을 공유하고 싶은 학년, 이메일을 입력하고 [확인]을 클릭하면 회원가입이 완료됩니다. 이메일 주소는 선택사항이지만, 아이디와 비밀번호가 생각나지 않을 때 입력한 이메일 주소로 도움을 받을 수 있어요.

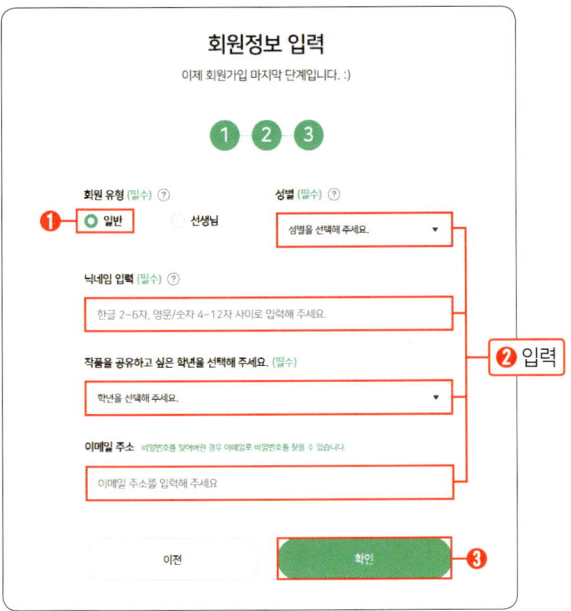

06 회원가입이 완료되면 엔트리 홈페이지 오른쪽 위에 위치한 [로그인]을 클릭하세요. [로그인] 창이 열리면 **04**과정에서 만든 아이디와 비밀번호 입력한 후 [로그인]을 클릭합니다.

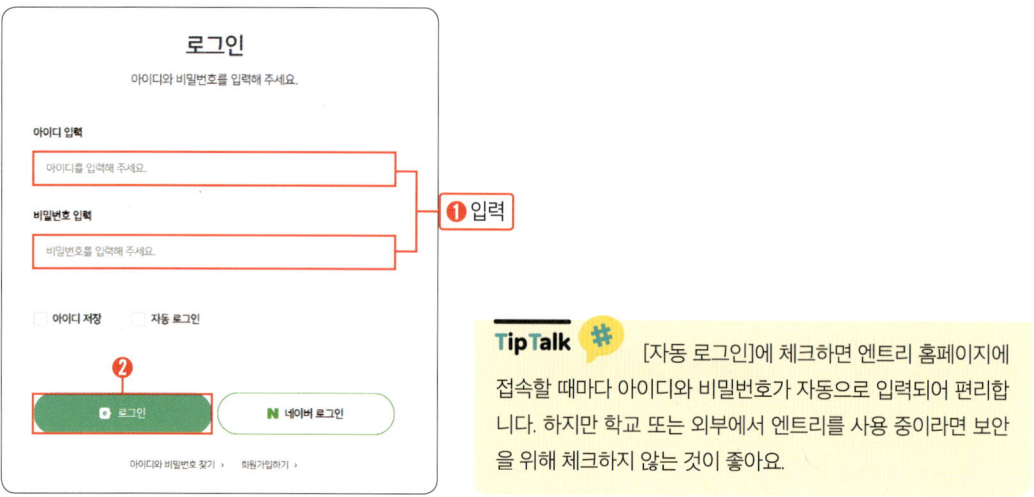

TipTalk [자동 로그인]에 체크하면 엔트리 홈페이지에 접속할 때마다 아이디와 비밀번호가 자동으로 입력되어 편리합니다. 하지만 학교 또는 외부에서 엔트리를 사용 중이라면 보안을 위해 체크하지 않는 것이 좋아요.

07 엔트리 홈페이지의 화면 오른쪽에 내가 만든 아이디가 보이나요? 회원가입과 로그인이 모두 성공적으로 완료되었습니다.

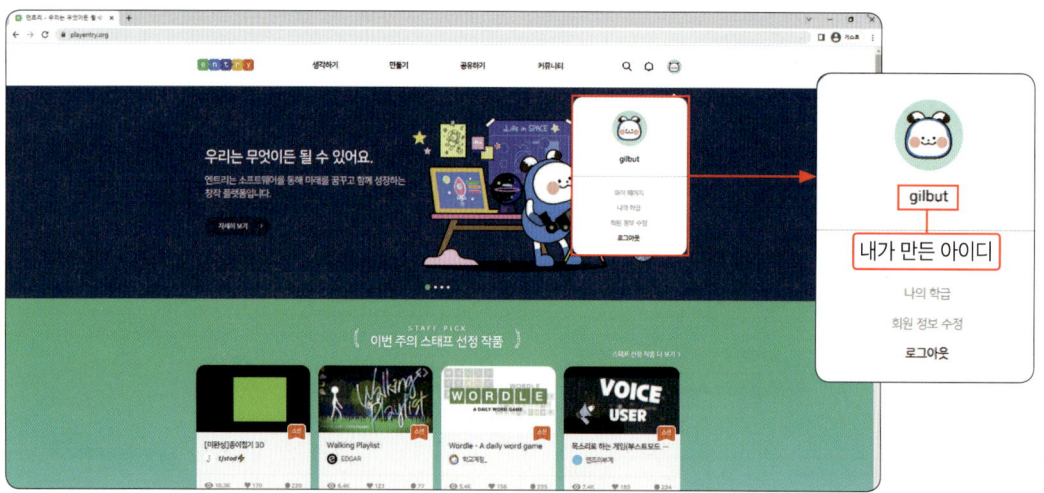

TipTalk 회원가입을 완료하였다면 이제 엔트리 화면에 대해 자세히 소개해 줄 거예요. 엔트리 코딩을 배우기 위해 알아두면 좋은 내용이지만, 예제를 직접 따라해 보면서 엔트리 기능을 자연스럽게 익히고 싶다면 바로 **WEEK 05**(58쪽)로 넘어가도 괜찮아요.

 **엔트리 홈페이지의 첫 화면 꼼꼼하게 살펴보기**

37쪽에서 배운 대로 엔트리 사이트 회원으로 가입한 후 로그인해 보세요. entry 위에 마우스 포인터를 올려두면 다음 그림과 같은 메뉴가 아래로 펼쳐집니다.

◀ 엔트리 메인 화면

1 entry : 로고를 클릭하면 홈페이지 첫 화면으로 이동합니다.

> ❶ **엔트리 소개** : 엔트리를 소개하는 화면으로 이동할 수 있어요.
> ❷ **문의하기** : 엔트리에 관해 궁금한 대표 질문을 볼 수 있어요. 도움말처럼 필요할 때마다 찾아보세요.
> ❸ **제안 및 건의** : 엔트리에 제안하고 싶은 새로운 기능이나 건의하고 싶은 내용을 작성할 수 있어요.
> ❹ **다운로드** : 36쪽에서 설명한 엔트리 오프라인 프로그램을 다운받을 수 있어요.
> ❺ **교육 자료** : 학년별, 난이도별 자료 및 교사용 자료, 학술 자료 등을 다운로드 받을 수 있어요.

2 생각하기 : 엔트리에서 제공하는 학습 화면으로 이동합니다.

> ❻ **엔트리 학습하기** : 첫걸음, 발견 등 나에게 맞는 학습 단계나 주제를 선택하여 엔트리를 배울 수 있어요.
> ❼ **교과서 실습하기** : 초등 교과서에 나온 내용을 그대로 학습할 수 있어요. 각 출판사별 도움자료, 활동지 등을 다운로드 할 수 있어요.

3 만들기 : 창의적인 작품을 만들 수 있는 엔트리 작업 화면이 열립니다.

> ❽ **작품 만들기** : 엔트리로 새로운 작품을 만드는 화면으로 이동합니다. [블록], [모양], [소리], [속성] 탭을 사용하여 다양한 작품을 만들 수 있어요. 해당 화면에 대한 자세한 설명은 44쪽에서 다룹니다.
> ❾ **교과형 만들기** : 엔트리의 모든 기능을 사용하지 않고 교과서에 나오는 내용만 학습할 수 있도록 일부 기능만 제공해요.
> ❿ **스터디 만들기** : 선생님 회원이 어떻게 블록 코딩으로 작품을 만드는지 알려주는 학습 콘텐츠예요.

4 공유하기

- ⓫ **작품 공유하기** : 내가 만든 작품을 다른 사람에게 공유할 수 있는 공간이에요. 또한, 다른 사람들이 올린 작품도 살펴볼 수 있습니다.
- ⓬ **스터디 공유하기** : 선생님 회원들이 올린 스터디를 공유하는 공간이에요. 여기서 학년별이나 난이도에 따라 학습 콘텐츠를 선택할 수 있어요.

5 커뮤니티

- ⓭ **묻고 답하기** : 엔트리 운영자에게 궁금한 점을 질문하고 답을 얻을 수 있는 공간이에요. 엔트리를 사용하다 궁금한 점이 생겼을 때 이용해 보세요.
- ⓮ **노하우&팁** : 엔트리를 이용할 때 자신만의 노하우 또는 팁을 다른 사람과 공유할 수 있는 공간이에요. 내가 몰랐던 많은 정보를 얻을 수 있어요.
- ⓯ **엔트리 이야기** : 엔트리를 사용하는 사용자들의 공간으로 자유게시판과 같은 곳이에요.
- ⓰ **공지사항** : 엔트리의 새로운 기능 업데이트나 라이브 방송에 대한 안내를 받을 수 있어요.

6 이번 주의 스태프 선정 작품 : 엔트리 운영진이 다양한 작품 소개를 목적으로 독창성, 창의성, 발전 가능성을 고려하여 매주 작품을 선정합니다.

7 인기 작품 : 최근 엔트리 사용자의 주목을 받고 있는 작품을 선정하여 소개합니다.

8 새로운 주제에 도전해 보세요! : 지금까지와는 다른 주제로 작품을 만들었을 때 선정되어 소개됩니다.

9 엔트리 HOT 키워드 : 최근 엔트리 사용자들이 가장 많이 검색하는 키워드를 보여줍니다. 키워드를 클릭하면 작품을 확인할 수 있습니다.

10 새로운 학습 콘텐츠 : 상단 메뉴의 [만들기]-[엔트리 학습하기]로 연결됩니다. [엔트리 학습하기]의 '첫걸음'과 '발견'에서는 엔트리 운영진이 미리 만들어둔 미션을 수행하면서 엔트리를 배울 수 있습니다.

11 함께해요, 엔트리 라이프 : 엔트리 운영진이 주제별로 꼽은 작품을 모아 두었습니다. 자신의 이야기를 들려주고 싶은 엔트리 사용자들의 인터뷰도 실릴 예정입니다.

엔트리 작품 만들기 화면 살펴보기

엔트리 홈페이지의 첫 화면에서 [만들기]-[작품 만들기] 메뉴를 클릭하면 명령 블록을 쌓아 작품을 만들 수 있는 작업 화면으로 이동합니다.

> **TipTalk** 사용 중인 엔트리의 버전에 따라 실행 화면의 모습이 조금씩 다를 수 있어요. 그렇지만 예제를 따라하는 데는 문제없으니 안심하세요!

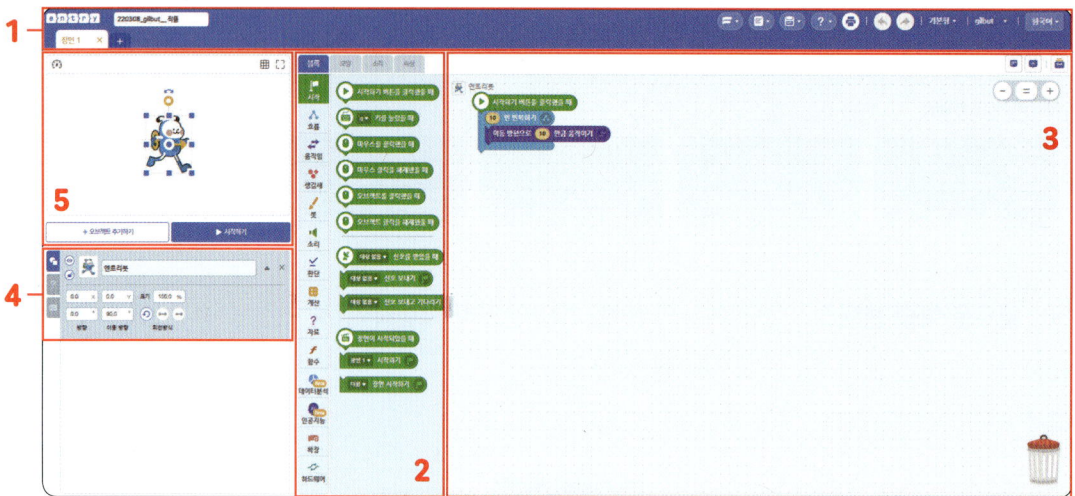

▲ 엔트리 작업 화면

 **엔트리 작업 화면이 열리면서 다른 안내 창이 나타나요.**

'작품 만들기' 메뉴를 처음 선택한다면 작품 만들기를 도와주는 안내 창이 나타나요. 엔트리봇이 각 메뉴에 대해 자세하게 설명해 두었으니, 메뉴에 대한 설명을 꼼꼼히 읽고 작품 만들기를 시작해 봅시다. 더욱 쉽게 따라할 수 있을 거예요.

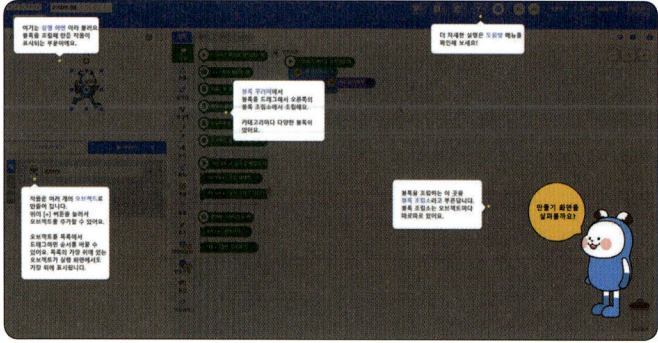

1 상단 메뉴 : 작품 이름과 로그인, 저장, 도움말 단추 등이 표시되어 있어요.

- ❶ **entry** : 엔트리 로고를 클릭하면 홈페이지 첫 화면으로 이동합니다.
- ❷ **작품 이름** : 작품 이름은 자동으로 만들어져요. 여기서는 `220308_gilbut 작품` 으로 작품 이름이 자동으로 만들어졌는데, 해당 이름을 클릭하면 원하는 작품 이름으로 수정 및 변경할 수 있습니다.
- ❸ **모드 변경** : 블록 코딩을 엔트리파이썬으로 변환하거나 엔트리파이썬을 블록 코딩으로 바꾸어 작성할 수 있어요.
- ❹ **새로 만들기** : 작품을 새로 만들거나 오프라인으로 작업한 작품을 불러올 수 있어요.
- ❺ **저장** : 현재 작업 중인 작품을 내 컴퓨터에 저장하거나 복사본으로 저장할 수 있어요.
- ❻ **도움말** : 블록에 대한 도움말을 보거나 엔트리 위키에서 궁금한 내용을 찾아볼 수 있어요.
- ❼ **인쇄** : 작업한 작품을 프린트로 출력할 수 있어요. 출력 전 작품을 꼭 저장하세요.
- ❽ **이전 작업/다음 작업** : 진행 중인 작업을 이전 작업으로 되돌리거나 다음 작업으로 이동시킬 수 있어요.
- ❾ **블록형태 선택** : 엔트리의 모든 블록을 사용하여 작품을 만드는 '기본형'과 교과서에 나오는 블록으로만 작품을 만드는 '교과형'을 선택할 수 있어요.
- ❿ **계정** : 로그인 상태에서 아이디를 클릭하면 내가 저장한 작품을 조회할 수 있어요. 또한 내 정보를 수정하거나 로그아웃할 수 있어요.
- ⓫ **언어** : 작품 만들기 화면에 표시되는 언어를 바꿀 수 있어요. 한국어, 영어 중에 선택하세요.

잠깐만요 엔트리파이썬이 무엇인가요?

원래 프로그램을 만들 때는 컴퓨터 언어로 텍스트 명령문을 직접 입력해서 작성해야 해요. 하지만 컴퓨터 언어인 텍스트 명령문의 구조와 문법을 이해하는 것이 쉽지는 않아요. 따라서 엔트리에서는 블록 코딩으로 소프트웨어의 작동 원리나 논리적인 이해력을 키워주는 것이죠.

이 책을 끝까지 잘 따라했다면 텍스트 언어에 익숙해지도록 엔트리파이썬을 사용해 보세요. 초보자도 사용하기 쉬운 문법으로 되어 있어, 블록코딩보다 빠르고 편하게 프로그램을 만들 수 있어요. 단, 엔트리파이썬은 파이썬 기본 문법을 따르고는 있지만, 파이썬의 모든 기능과 문법을 지원하지는 않기 때문에 사용에 제약이 있을 수도 있어요.

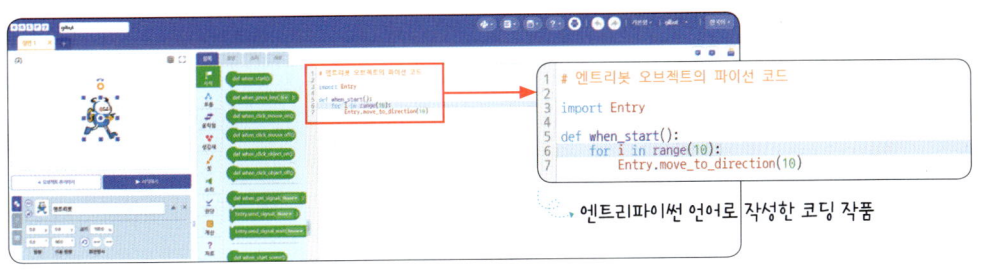

엔트리파이썬 언어로 작성한 코딩 작품

2 블록 꾸러미 : 엔트리 블록 꾸러미는 [블록], [모양], [소리], [속성]의 4개의 탭으로 구성되어 있어요. 단, ➕오브젝트 추가하기 를 클릭해 [글상자]를 추가하면 블록 꾸러미의 [모양] 탭이 [글상자] 탭으로 변경됩니다.

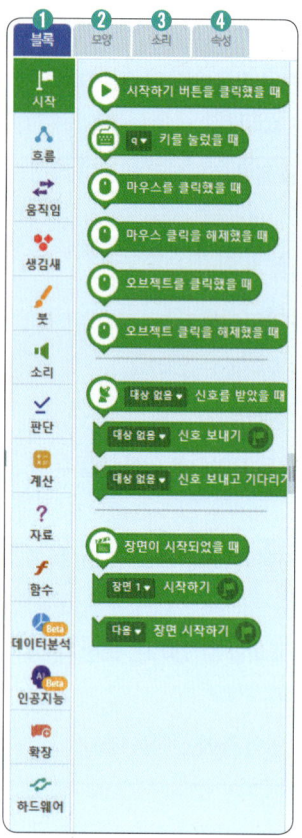

▲ 블록 꾸러미 기본 화면

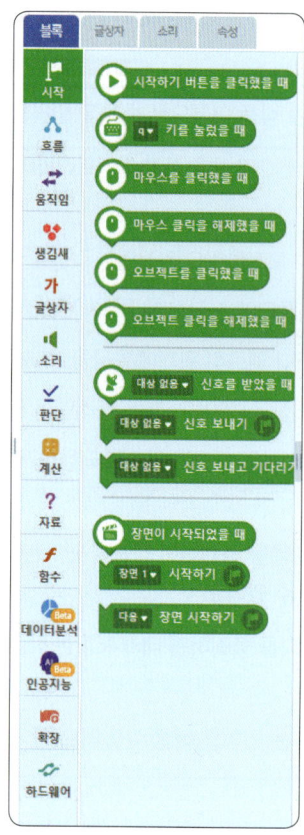

▲ 글상자를 선택했을 때 [모양] 탭이 [글상자] 탭으로 바뀌어요

TipTalk ➕오브젝트 추가하기 를 클릭해 [글상자]를 추가하면 🖋 블록이 [가] 블록으로 변경돼요.

❶ **[블록] 탭** : 오브젝트를 움직이기 위해 필요한 명령 블록들이 모여 있어요. 시작, 흐름, 움직임 등 총 14개의 블록 꾸러미와 140여개의 블록들로 구성되어 있으며, 각 블록 꾸러미는 서로 다른 색으로 구분되어 있어요.

❷ **[모양] 탭** : 오브젝트의 모양을 추가하거나 복제, 편집 및 삭제할 수 있어요. 여기서는 엔트리에 있는 이미지를 내 컴퓨터에 저장하거나 내 컴퓨터에 있는 이미지를 불러올 수도 있답니다.

❸ **[소리] 탭** : 오브젝트에 소리를 추가하거나 삭제할 수 있어요. 엔트리에서 제공하는 기본 소리 파일을 추가해도 되고, 내 컴퓨터에 저장된 소리 파일을 업로드하여 추가할 수도 있어요. 또한 삽입한 소리 파일을 재생해서 들어볼 수도 있답니다.

❹ **[속성] 탭** : 변수, 신호, 리스트, 함수를 추가하거나 작성할 수 있어요. 엔트리 초보자에게는 약간 어려운 탭이지만, [속성] 탭을 사용하면 더욱 재미있는 프로그램을 만들 수 있답니다. 이 책에서는 **WEEK 06**(82쪽)부터 해당 내용을 다룹니다.

3 블록 조립소 : 블록 조립소는 블록 꾸러미에서 명령 블록을 드래그하여 조립하는 공간이에요. 오브젝트마다 각각의 블록 조립소가 만들어지며, 블록은 드래그하여 조립하고 필요 없는 블록은 휴지통으로 드래그하여 삭제할 수 있어요.

4 오브젝트 목록 : 명령 블록으로 움직일 수 있는 캐릭터, 배경, 글상자를 '오브젝트'라고 불러요. 오브젝트 목록에서는 작품에 사용된 오브젝트의 이름, 위치, 방향, 이동 방향, 회전방식 등의 기본 정보를 확인할 수 있으며 각각의 값을 입력해 오브젝트를 수정하거나 ⓧ를 클릭하여 오브젝트를 삭제할 수도 있어요.

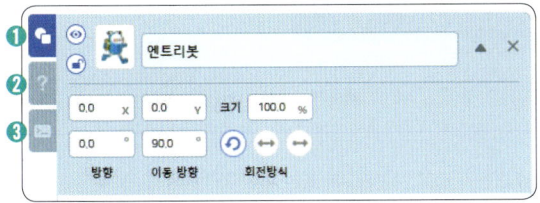

❶ **[오브젝트] 탭** : 오브젝트의 이름, 좌표, 크기, 방향, 이동 방향, 회전방식 등의 정보를 확인할 수 있어요.
- 보이기(,) : 오브젝트를 숨기거나 보이게 할 수 있어요.
- 잠그기(,) : 선택된 오브젝트의 속성과 실행 창의 오브젝트를 변경할 수 없도록 잠금 설정을 하거나 풀 수 있어요.
- 삭제(ⓧ) : 오브젝트를 삭제할 수 있어요.
- 회전방식( ) : '모든 방향 회전', '좌우 회전', '회전 없음'으로 선택할 수 있어요.

❷ **[도움말] 탭** : [도움말] 탭을 클릭하고, 명령 블록을 선택하면 해당 명령 블록의 설명을 확인할 수 있어요.

❸ **[콘솔] 탭** : 엔트리파이썬 모드로 변경하여 실행 내용을 콘솔 창에서 확인할 수 있어요.

5 실행 화면 : 블록 조립소에서 조립한 명령 블록들을 실행하여 움직이는 오브젝트를 확인할 수 있는 창이에요. 오브젝트는 중앙(0,0)을 기준으로, 가로 방향으로 -240~240, 세로 방향으로 -135~135 범위까지 움직일 수 있어요.

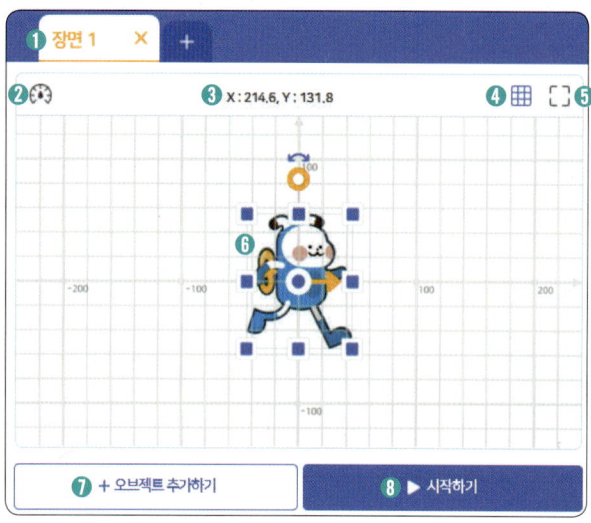

> **TipTalk** 엔트리 초보자라면 오브젝트의 위치를 정확하게 좌표로 지정하기보다는 마우스로 드래그하여 적당한 위치에 놓고 작업하는 것이 훨씬 더 편해요.

❶ **장면** : 장면의 이름을 표시할 수 있어요. ⓧ를 클릭하면 장면을 삭제할 수 있고, ➕를 클릭하면 장면을 추가할 수 있어요.

❷ **속도 조절** : ▶시작하기 를 클릭하여 오브젝트가 움직일 때 속도를 조절하여 천천히 또는 빠르게 움직이게 만들 수 있어요. 눈금을 오른쪽으로 옮길수록 실행 속도가 빨라집니다.

❸ **마우스 포인터의 좌표** (X : 117.4, Y : 32.8) : 실행 화면 위에 마우스 포인터를 놓으면 해당 위치의 좌표가 표시돼요.

❹ **모눈종이** : 를 클릭하면 실행 화면에 모눈종이가 표시되고, 다시 한 번 클릭하면 모눈종이 표시가 사라져요. 모눈종이 한 칸의 가로, 세로값은 '20'입니다.

❺ **전체화면** : 실행 화면의 크기를 최대로 확대할 수 있어요.

❻ **오브젝트** : 실행 화면에 보이는 오브젝트로, 현재 선택된 오브젝트입니다.

❼ **오브젝트 추가하기** : 새로운 오브젝트를 추가할 수 있어요. '오브젝트 추가하기' 창이 열리면 원하는 오브젝트를 선택해 보세요.

❽ **시작하기** ▶시작하기 , **정지하기** ■정지하기 : 조립한 명령 블록을 실행하거나 멈출 수 있어요. ■정지하기 를 클릭하면 실행하기 전 오브젝트의 위치와 모양으로 다시 돌아갑니다.

오브젝트 삭제하기

오브젝트 추가하기보다 삭제를 먼저 배우는 이유는 엔트리 메뉴의 [만들기]-[작품 만들기]를 선택하면 이미 실행 화면에 기본 오브젝트가 추가되어 있기 때문이에요. 따라서 오브젝트를 삭제한 후 내가 원하는 오브젝트를 삽입해 봅시다.

01 엔트리 홈페이지 메뉴에서 [만들기]-[작품 만들기]를 클릭한 후 실행 화면 또는 오브젝트 목록에서 표시된 '엔트리봇' 오브젝트를 선택하세요.

✔꼭 해보세요

02 오브젝트 목록에서 ⓧ를 클릭하거나 오브젝트를 마우스 오른쪽 버튼을 눌러 [삭제하기]를 선택하면 오브젝트가 삭제됩니다.

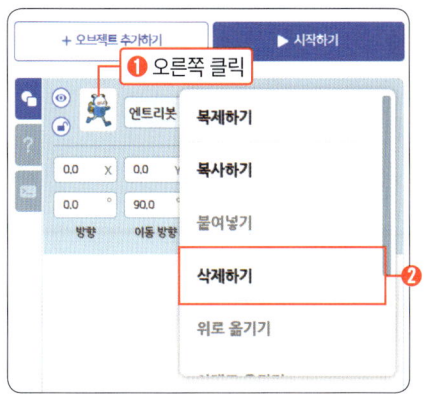

TipTalk 실행 화면의 오브젝트가 이미 선택되어 있을 수도 있어요. 만약 여러 개의 오브젝트가 삽입된 상태라면 선택된 오브젝트만 사각형 박스로 표시됩니다.

오브젝트 추가하기

이제 내가 원하는 오브젝트를 골라 실행 화면에 추가해 볼까요? 우선 엔트리에서 제공하는 오브젝트부터 추가해 보고, 나만의 오브젝트를 만들어 추가해 보세요.

01 오브젝트를 추가하기 위해 실행 화면의 [+ 오브젝트 추가하기]를 클릭하세요.

★중요해요
02 '오브젝트 추가하기' 창이 열리면 왼쪽 카테고리에서 **[동물]**을 선택하고 **[하늘]**을 클릭합니다. 여기서는 **[나비(1)]**을 선택해 볼게요. '나비(1)' 오브젝트가 창 오른쪽의 목록에 나타나면 **[추가하기]**을 클릭하세요.

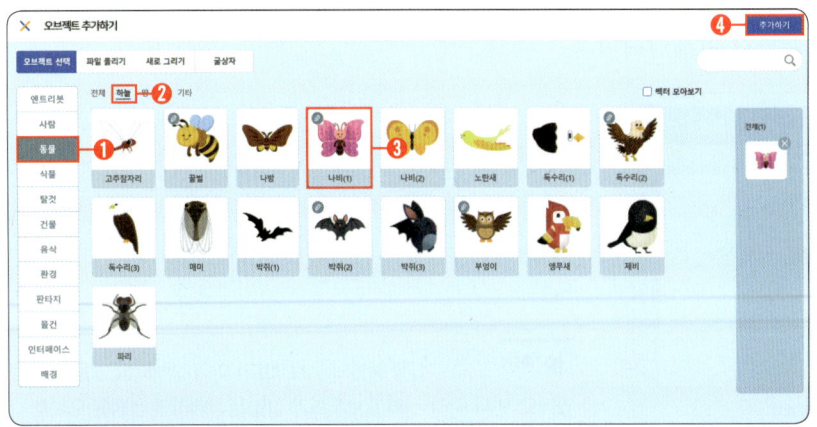

Tip Talk 만약 카테고리에서 '나비(1)' 오브젝트를 못 찾겠다면, 오른쪽 위 검색 창에 『나비』를 검색하여 원하는 오브젝트를 선택하면 됩니다. 한 번에 여러 개의 오브젝트를 선택하여 실행 화면에 동시에 삽입할 수도 있어요.

03 실행 화면과 오브젝트 목록에 나비 오브젝트가 추가되었습니다.

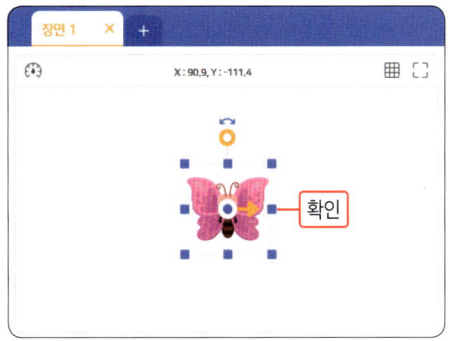

잠깐만요   나만의 오브젝트를 만들고 싶어요!

엔트리에서 기본적으로 제공하는 이미지 이외에 나만의 오브젝트를 만들고 싶다면 내 컴퓨터에 저장된 이미지 파일을 직접 추가하거나 직접 그려서 만들 수 있어요. 또 [글상자] 탭에서 원하는 글자를 입력할 수도 있습니다.

01 내 컴퓨터에 저장된 이미지 파일 업로드하여 추가하기

'오브젝트 추가하기' 창에서 [파일 올리기] 탭을 선택하고 [파일 올리기]를 클릭하세요. '열기' 창이 열리면 내가 추가하고자 하는 이미지가 저장된 위치를 찾아 선택하고 [열기]를 클릭합니다.

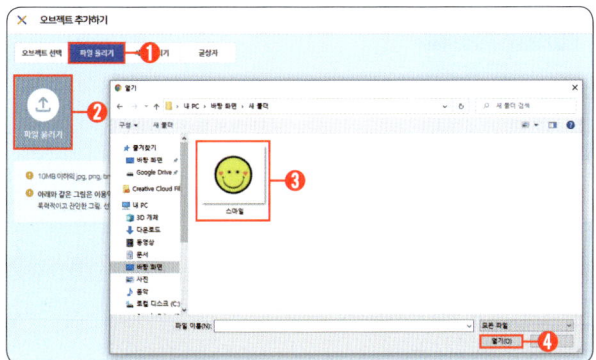

TipTalk 추가하려는 이미지가 저장된 장소가 모두 다르니 이미지가 어디에 있는지 꼭 확인하고 추가하세요!

선택한 이미지 파일이 추가되면 화면에 적용될 수 있도록 이미지를 선택하고 [추가하기]를 클릭하세요.

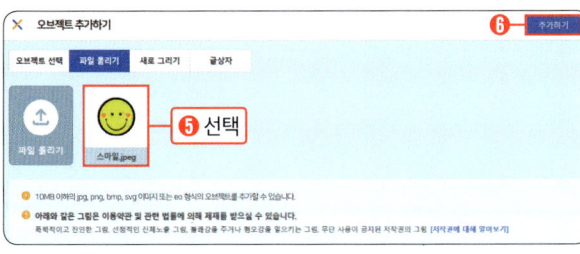

TipTalk 이 책에서는 스마일 이미지를 따로 제공하고 있지 않아요. 여러분이 갖고 있는 다양한 이미지 파일을 활용해 보세요.

02 그림판에서 이미지 그려서 추가하기

'오브젝트 추가하기' 창에서 [새로 그리기] 탭을 선택하면 새로 그리기 페이지로 이동할지 묻는 안내 창이 열려요. 여기서 [이동하기]를 클릭하면 블록 조립소가 그림판으로 변경돼요. 다양한 도구를 이용해 그림을 그린 후 [저장하기]-[저장하기]를 클릭하면 내가 그린 그림이 오브젝트 목록에 표시됩니다.

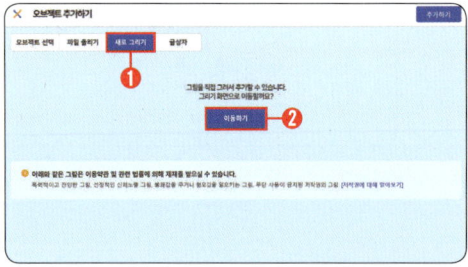

03 글상자 오브젝트 추가하기

'오브젝트 추가하기' 창에서 [글상자] 탭을 선택하고 '글상자의 내용을 입력해주세요.'에 원하는 내용을 입력한 다음, [추가하기]를 클릭하면 '블록 꾸러미'의 [모양] 탭이 [글상자] 탭으로 변경돼요. 여기서 다양한 서식을 적용하여 텍스트를 꾸며 보세요.

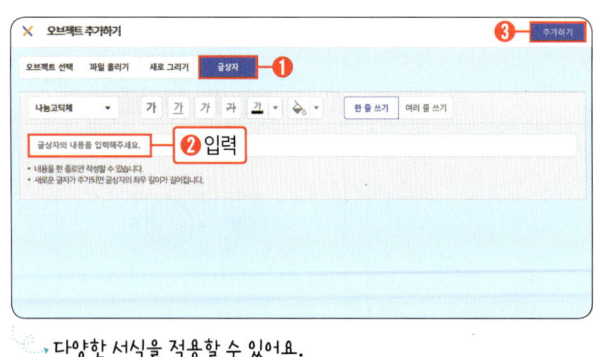
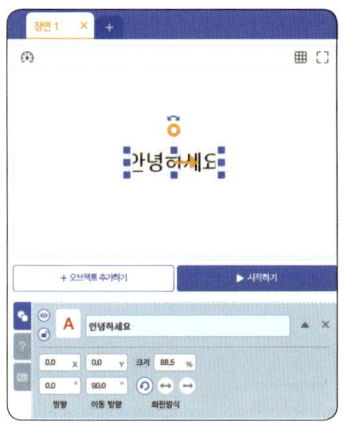

다양한 서식을 적용할 수 있어요.

오브젝트 편집하기

실행 화면에 추가한 오브젝트는 내가 원하는 형태로 크기를 조절하거나 이름을 바꿀 수 있어요. 또한 오브젝트를 똑같은 모양으로 복사하여 다른 장면에 추가하고 오브젝트에 지정한 명령 블록까지도 똑같이 복제할 수 있습니다.

★중요해요

01 엔트리 작품 만들기 첫 화면에 등장하는 엔트리봇 오브젝트의 크기를 바꿔 볼게요. 오브젝트를 선택하면 주변에 점이 생겨요. 이 크기 조절점(■) 위에 마우스 포인터를 놓고 원하는 방향으로 드래그하면 오브젝트의 크기가 바뀝니다. 오브젝트를 회전시키고 싶을 때는 방향 조절점(🔄)을 클릭한 상태에서 원하는 방향으로 드래그하세요.

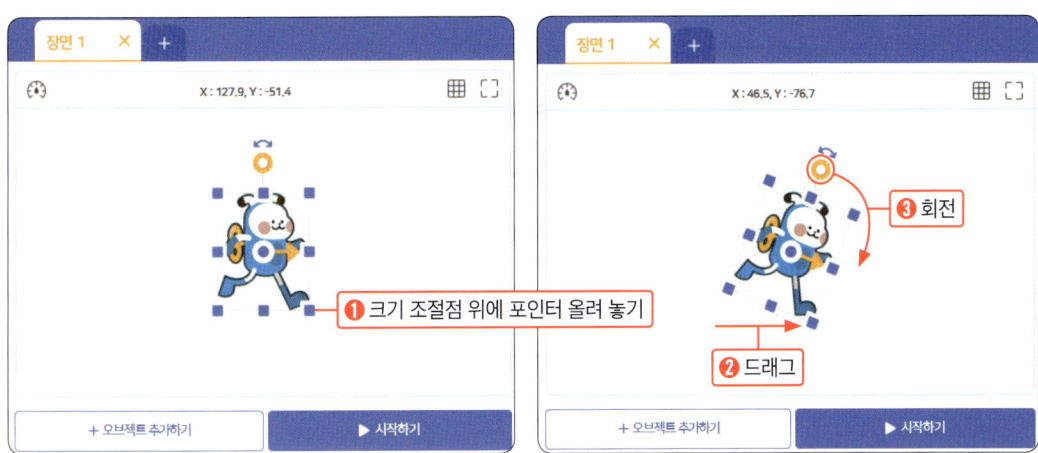

TipTalk 50쪽에서 선택한 오브젝트나 51쪽~52쪽에서 직접 만들어 추가한 오브젝트로 작업해도 됩니다. 여기는 첫 화면을 기준으로 실습을 진행했어요.

02 오브젝트의 크기를 정확하게 지정하고 싶다면 오브젝트 목록의 '크기' 항목에 숫자를 입력하세요.

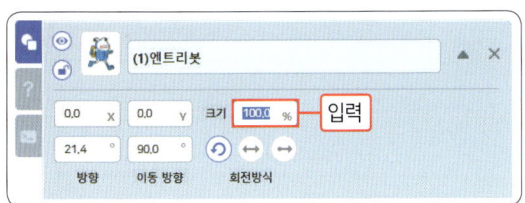

✓ 꼭 해보세요

03 이번에는 오브젝트의 이름을 바꿔 볼게요. 오브젝트 목록의 '엔트리봇'이 입력된 상자에 원하는 이름을 입력합니다. 여기서는 『걷는 엔트리봇』을 입력했어요.

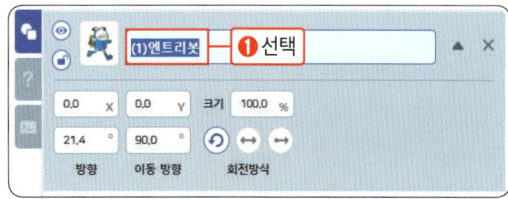 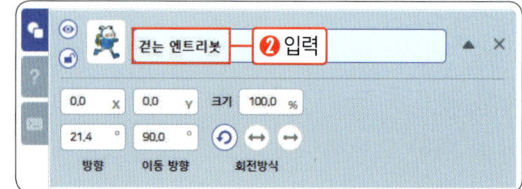

04 오브젝트를 마우스 오른쪽 버튼으로 눌러보면 다양한 설정 메뉴가 나타납니다. 여기에서는 오브젝트를 복사하거나 삭제할 수도 있어요. [**복제하기**]를 선택하면 오브젝트에 지정된 명령 블록까지 모두 복사됩니다.

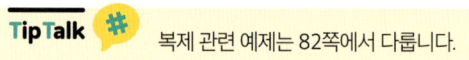
TipTalk 복제 관련 예제는 82쪽에서 다룹니다.

💡 잠깐만요 나의 엔트리 실행 화면이 책에 나온 것과 달라요!

사용하는 엔트리의 버전에 따라 실행 화면의 모양이 조금씩 다를 수도 있어요. 그렇지만 당황할 필요 없답니다! 모양이 조금 바뀌었을 뿐, 오브젝트와 블록은 전부 같기 때문에 예제를 따라하는 데는 문제없어요.

 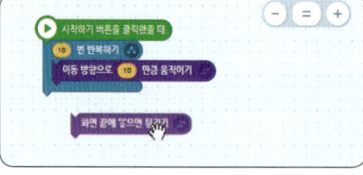

▶ 화면의 모양은 다르지만 기능에는 차이가 없어요

또 홈페이지의 엔트리 오프라인 버전 설치 페이지에서 원하는 버전의 프로그램을 다운로드 받을 수 있어요. 여기서 버전별 업데이트 내용도 확인할 수 있답니다. 설치 페이지에 접속하는 방법이 기억나지 않는다면 36쪽을 살펴보세요.

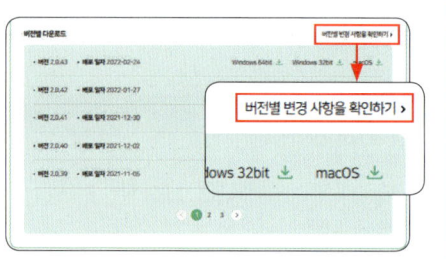

 **잠깐만요** 엔트리 자격증에 도전해 보세요!

한국생산성본부에서는 디지털 시대의 인재라면 누구나 컴퓨팅 사고력을 가져야 한다고 평가하고, 이를 위해 'SW코딩자격'이라는 자격증을 발급하고 있어요. 이 자격증 시험에 쓰이는 언어가 바로 엔트리죠. 또 다른 블록 코딩 언어인 스크래치로도 시험을 볼 수 있어요.

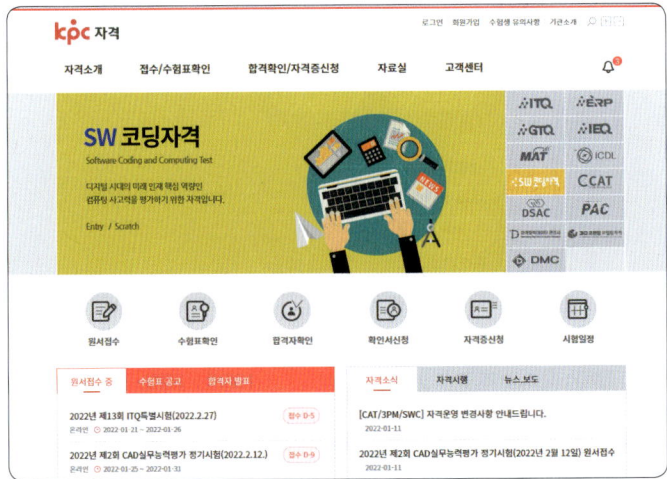

'SW코딩자격' 시험은 나이에 상관없이 누구나 응시할 수 있어요. 1, 2, 3급으로 나누어져 있어 자신의 실력에 맞는 시험을 선택하면 돼요. 시험시간은 1급은 60분, 2, 3급은 45분이며, 100점 만점에 70점 이상을 받아야 합격할 수 있어요. 시험을 보기 전에 미리 문제를 풀어보고 싶다면 한국생산성본부 자료실에서 샘플문제를 다운로드 받아보세요.

'SW코딩자격' 시험은 아직 민간 자격증이지만, 코딩을 공부하는 여러분에게 많은 도움이 될 자격증이에요. 시험은 1급은 5월, 11월의 정기시험이 있고, 2, 3급은 2월, 5월, 8월, 11월에 정기시험이 있지만 일정이 달라지거나 시험이 개편될 수도 있으니 홈페이지(https://license.kpc.or.kr/)에서 꼭 확인하세요.

한국생산성본부 외에 다양한 민간 기관에서도 엔트리를 사용하여 시험을 치르고 관련 자격증을 발급하고 있으니 열심히 공부해서 엔트리 자격증 시험에 도전해 봅시다.

기초 탄탄 마당

코딩 출발!
시작해요.
엔트리

이제 엔트리로 무언가를 만들 준비가 되었나요?
여기서는 엔트리의 필수 코딩에 대해 살펴보고, 실제로 내가 컴퓨터에 명령을 내리면 어떻게 반응하는지 눈으로 익혀 봅니다.

처음 경험하는 프로그램이기 때문에 실습하면서 생길 수 있는 궁금증들을 예상하여 따라하기 과정마다 상세하게 설명하고 있어요. 또 재밌는 퀴즈도 풀면서 엔트리 코딩 개념에 대해 확실하게 익혀보고, '도전 코딩 마스터' 코너를 통해 코딩 실력을 쑥쑥 키워보세요. 이번 마당의 작품 만들기를 열심히 따라한다면 '실력쑥쑥마당'의 응용 작품도 쉽게 만들 수 있을 거예요.

자, 이제 책에 안내된 과정에 따라 끝까지 포기하지 않고 차근차근 실습해 보세요.

WEEK 05 야구 연습 기계 만들기

이번에 배울 핵심 기능 ▶ 순차, 반복

코딩 개념 이해 쏙쏙 순서대로 차례차례, 원하는 만큼 반복해보자!

❖ 순차란?

종이접기를 해본 경험이 있나요? 종이접기는 순서대로 접어야 원하는 결과물을 완성할 수 있어요. 만약 종이접기 순서의 앞, 뒤를 바꿔 접거나 단계를 빼먹는다면 원하는 작품을 만들 수 없어요. 이렇게 **순서대로 차례차례 진행하는 것을 '순차'**라고 하는데, 컴퓨터도 항상 순서대로 일을 처리하기 때문에 명령어를 순서대로 넣어야만 원하는 결과를 얻을 수 있어요.

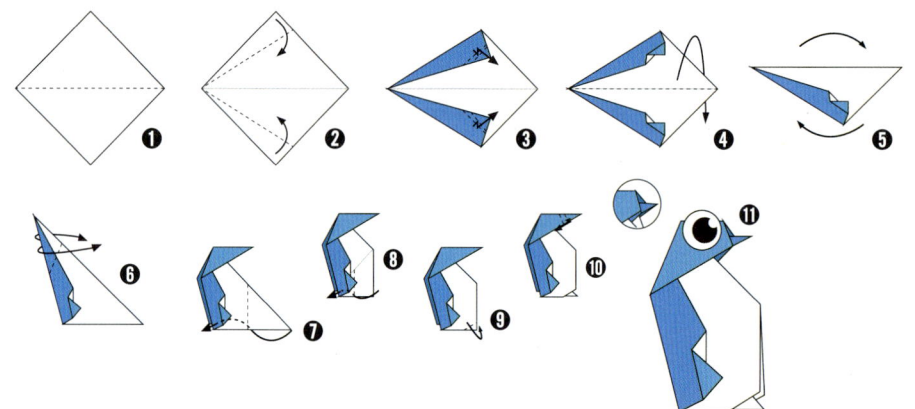

❖ 반복이란?

사람이 시키는 일만 하는 컴퓨터에게도 아주 뛰어난 능력이 있답니다. 그것은 바로 '**반복**' 작업이에요. 사람은 같은 일을 반복적으로 하다보면 집중력이 떨어져 실수를 할 수도 있어요. 하지만 **컴퓨터는 시간이 오래 걸리는 많은 양의 일도 빠르고 정확하게 실행할 수 있는 능력**을 가지고 있어요. 따라서 우리는 컴퓨터에게 차례대로 수행해야 하는 일을 지정한 횟수만큼, 혹은 조건을 만족할 때까지 반복하도록 명령할 수 있답니다.

코딩 활용 퀴즈 ▶ 정답 및 해설 269쪽

1 다음 그림에 보이는 채원이의 아이스크림처럼 주문하려면 어떻게 말해야 할까요? (   )

채원이가 아이스크림 가게에 갔어요. 여기에서는 세 가지 맛의 아이스크림을 고를 수 있는데, 선택한 순서대로 차곡차곡 아이스크림을 쌓아준다고 하네요.

① 딸기 맛 → 우유 맛 → 초콜릿 맛

② 초콜릿 맛 → 우유 맛 → 딸기 맛

③ 딸기 맛 → 우유 맛

④ 초콜릿 맛 → 딸기 맛 → 우유 맛 → 바닐라 맛

2 배가 고픈 치타가 드디어 사냥감을 발견했어요. 치타가 멈춰있는 사냥감을 잡으려면 점프를 몇 번 해야 할까요? ( )

지구에서 단거리 달리기를 가장 잘 하는 동물인 치타는 한 번 점프할 때마다 10m를 이동합니다.

100m
사냥감은 치타로부터 100m 떨어져 있습니다.

① 5번 ② 8번 ③ 10번 ④ 12번

개념 이해

3 다음 설명 중 순차에 대한 내용에는 '순차'를, 반복에 대한 내용에는 '반복'이라고 써넣으세요.
( )

- 나는 라면을 끓일 때 라면봉지 뒤에 있는 설명서를 보고 차례대로 따라서 끓여! 그래야 맛있거든! ( )

- 어제 학교에서 줄넘기 2단 뛰기를 배웠어. 오늘부터 한 달 동안 하루에 30개씩 줄넘기 2단 뛰기 연습을 할 거야. ( )

- 내가 좋아하는 가수의 노래와 춤을 배우고 싶어서 TV를 보고 열심히 연습했어. 처음엔 어려워 보였는데 연습하다 보니까 같은 동작이 계속 나와서 금방 익힐 수 있었어. ( )

- 과학 실험을 하는데 결과가 책이랑 계속 다르게 나오는 거야. 이상해서 실험 과정을 다시 살펴보니 내가 빠트린 부분이 있더라고. 역시 중간에 빠트리는 부분 없이 실험을 해야 성공적인 결과가 나오는 것 같아. ( )

정해진 횟수만큼 야구 연습을 해요

▼ 작품 미리보기

▲ QR코드로 작품 보기

『http://naver.me/xDMDmNPj』에 접속한 후 시작(▶)을 클릭해 작품을 실행해 보세요.

지호는 오늘도 정해진 시간에 정해진 횟수만큼 야구 연습을 하려고 해요. 내가 만약에 지호라면 하루에 몇 번씩 연습을 하고 싶은가요? 차례에 맞게 명령을 실행하고 반복 수행하는 작품을 만들어 보세요.

단계별 코딩 미리보기

1단계 오브젝트 추가

작품을 만드는데 필요한 오브젝트를 추가해요.

2단계 야구공 오브젝트 코딩

공이 날아갈 수 있게 코딩해요.

3단계 타자 오브젝트 코딩

야구선수가 시간에 맞춰 야구 방망이를 휘두를 수 있도록 코딩해요.

4단계 작품 저장

완성한 작품을 엔트리 공간 또는 내 컴퓨터에 저장해요.

알고리즘 공이 날아오는 시간에 맞춰 야구 방망이를 휘두르는 알고리즘을 만들어 보세요.

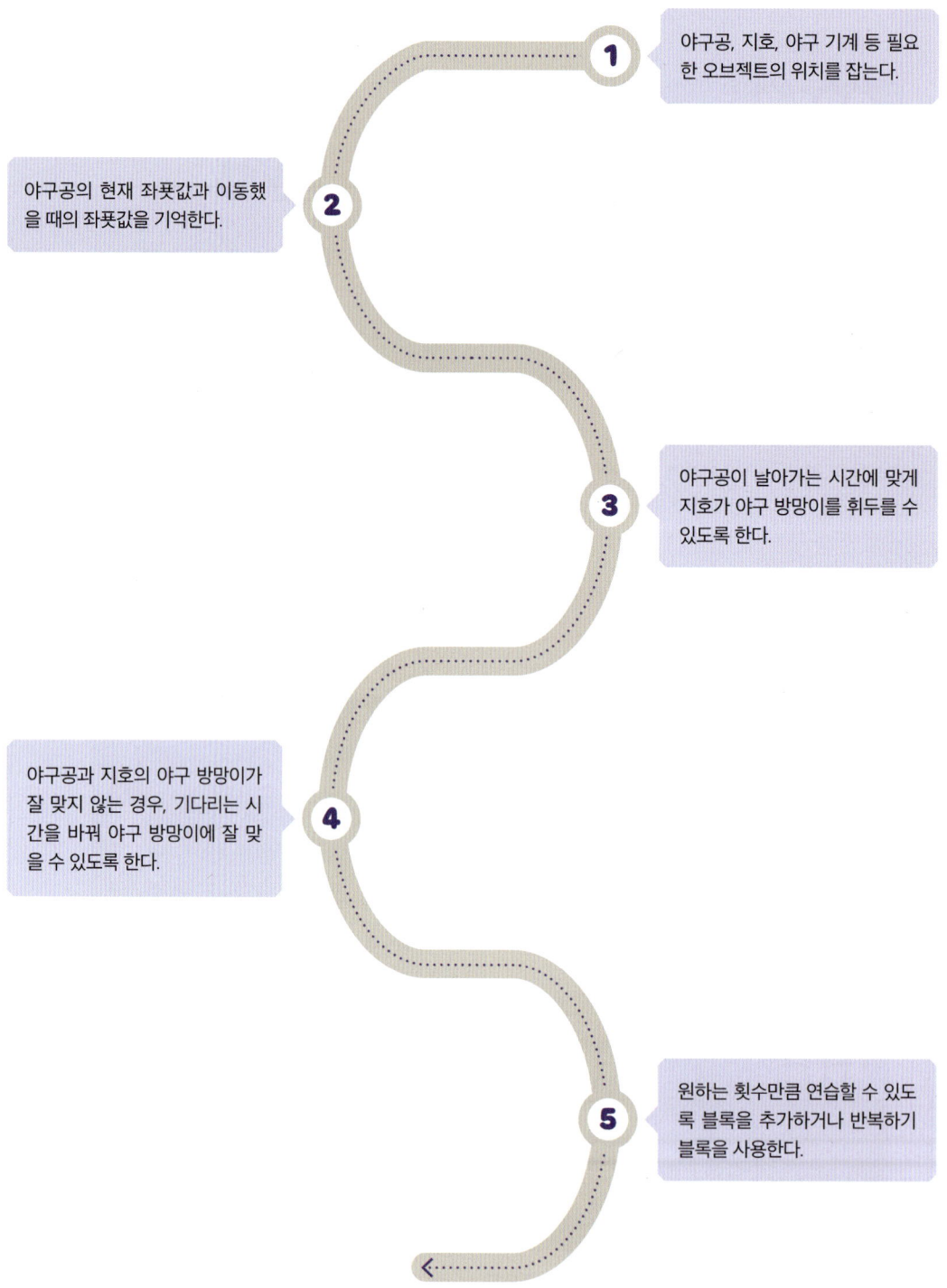

1. 야구공, 지호, 야구 기계 등 필요한 오브젝트의 위치를 잡는다.

2. 야구공의 현재 좌푯값과 이동했을 때의 좌푯값을 기억한다.

3. 야구공이 날아가는 시간에 맞게 지호가 야구 방망이를 휘두를 수 있도록 한다.

4. 야구공과 지호의 야구 방망이가 잘 맞지 않는 경우, 기다리는 시간을 바꿔 야구 방망이에 잘 맞을 수 있도록 한다.

5. 원하는 횟수만큼 연습할 수 있도록 블록을 추가하거나 반복하기 블록을 사용한다.

오브젝트&블록 작품에 사용할 오브젝트 이미지와 블록 이미지를 함께 살펴보아요.

❖ **오브젝트**

야구장	타자	나팔
총알	야구공	

❖ **처음 만나는 블록**

블록 꾸러미	블록	블록 설명
시작	시작하기 버튼을 클릭했을 때	시작 블록에 연결된 블록들의 명령을 실행해요.
흐름	2 초 기다리기	입력한 시간만큼 기다린 후 다음 블록의 명령을 실행해요.
	10 번 반복하기	입력한 횟수만큼 반복 실행해요.
움직임	x: 0 y: 0 위치로 이동하기	오브젝트가 입력한 x, y좌표로 움직여요.
	2 초 동안 x: 10 y: 10 위치로 이동하기	입력한 시간 동안 오브젝트가 입력한 x, y좌표로 움직여요.
생김새	모양 숨기기	해당 오브젝트를 화면에서 숨겨줘요.
	타자_1 모양으로 바꾸기	오브젝트의 모양이 여러 가지일 때, 다른 모양으로 바꿀 수 있어요.
	모양 보이기	숨겨져 있던 오브젝트를 화면에 다시 보여줘요.

WEEK 05

완성파일 | 야구연습(순차와 반복).ent

01 엔트리 홈페이지(playentry.org)의 첫 화면에서 [만들기]-[작품 만들기] 메뉴를 클릭해 작품을 만들 수 있는 작업 화면으로 이동하세요.

02 실행 화면에서 필요 없는 엔트리봇 오브젝트부터 삭제해 볼게요. 엔트리봇 오브젝트를 선택하고 오브젝트 목록에서 ✕를 클릭하고 오브젝트를 추가하기 위해 실행 화면의 + 오브젝트 추가하기 를 클릭하세요.

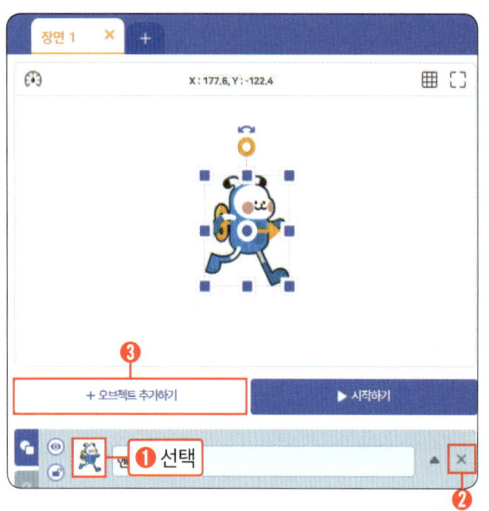

TipTalk 엔트리에서는 엔트리봇 캐릭터가 주인공이기 때문에 항상 작품 만들기 첫 시작 페이지에 오브젝트 목록으로 들어가 있어요.

03 '오브젝트 추가하기' 창이 열리면 오른쪽 상단에 있는 검색 창에 『야구장』, 『나팔』, 『야구공』, 『총알』, 『타자』를 검색하여 오브젝트를 선택하고 추가하기 를 클릭하세요.

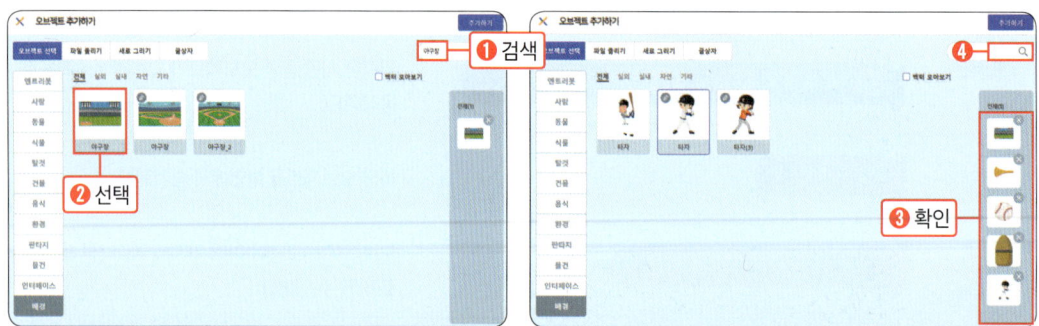

TipTalk 왼쪽의 카테고리에서 오브젝트를 선택할 수도 있지만, 검색 창에 키워드를 입력하면 더 쉽게 원하는 오브젝트를 찾을 수 있어요.

04 03 과정에서 선택한 네 개의 오브젝트가 실행 화면 가운데로 겹쳐 보이죠? 오브젝트를 하나씩 드래그하여 아래의 그림처럼 적당한 위치로 이동시켜 주세요.

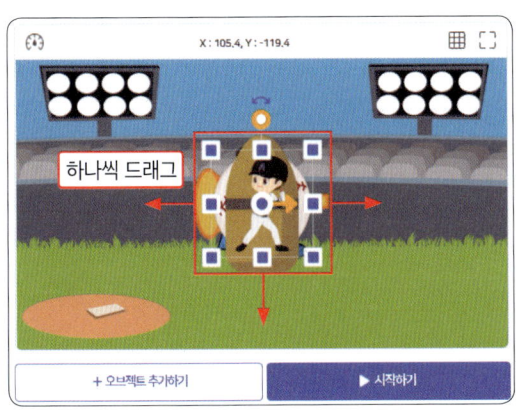 

★ 중요해요

05 이제 오브젝트의 크기를 바꾸고 회전시켜 줍시다. 먼저 크기를 바꿔 볼게요. '타자' 오브젝트를 선택하면 크기 조절점인 파란색 네모점 8개와 방향 조절점인 노란색 동그라미점 1개가 보일 거예요. 크기 조절점을 드래그하면 원하는 만큼 크기를 바꿀 수 있어요.

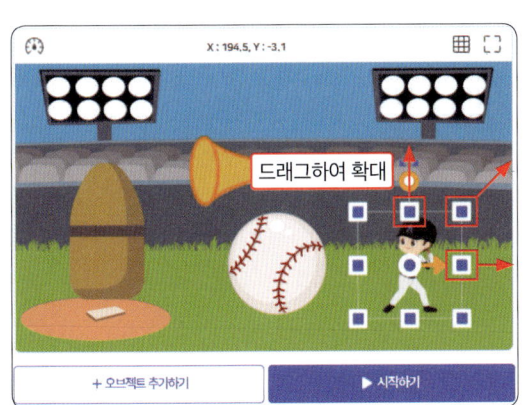 

 잠깐만요 **오브젝트의 가로 크기와 세로 크기를 각각 늘릴 수 있나요?**

오브젝트를 선택하면 보이는 크기 조절점 8개를 활용하면 가로 크기와 세로 크기를 각각 따로 늘릴 수도, 한 번에 같이 늘릴 수도 있어요.

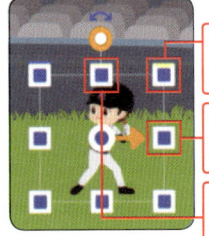

마우스로 클릭한 채 드래그하면 오브젝트의 **가로, 세로 크기를 한꺼번에** 늘릴 수 있어요.

마우스로 클릭한 채 드래그하면 **가로 크기만** 늘릴 수 있어요.

마우스로 클릭한 채 드래그하면 **세로 크기만** 늘릴 수 있어요.

06 이번에는 오브젝트를 회전시켜 봅시다. '총알' 오브젝트를 선택하고 오브젝트 위쪽에 있는 방향 조절점을 클릭한 채로 움직이면 오브젝트가 마우스가 움직이는 방향으로 회전해요.

▶반복 작업
07 05~06 과정을 반복하여 추가한 오브젝트의 위치와 크기, 방향을 아래의 그림처럼 바꿔 보세요.

08 이제 추가한 오브젝트의 이름을 바꿔볼까요? 오브젝트 목록에서 오브젝트를 클릭하면 오브젝트의 이름을 바꿀 수 있어요. '총알'은 『공 던지는 기계』로, '나팔'은 『받침대』로 바꿔 주세요.

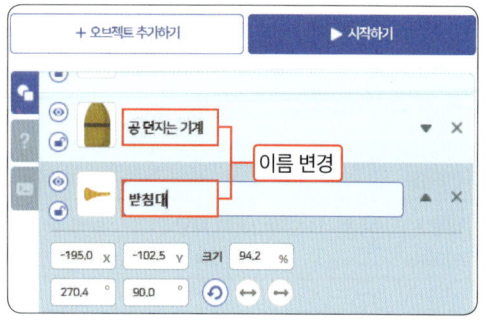

TipTalk # 오브젝트 이름은 내 마음대로 정해도 괜찮아요.

잠깐만요 가려진 오브젝트를 맨 앞으로 오게 할 수 있나요?

오브젝트는 추가한 순서대로 오브젝트 목록에 쌓여요. 목록에서 가장 위에 놓인 오브젝트가 화면에서 제일 앞쪽에 보인다고 생각하면 됩니다. 만약 오브젝트 순서를 바꾸고 싶다면 오브젝트 목록에서 원하는 순서대로 드래그하여 바꾸면 됩니다. 오브젝트 목록에서 그림 부분을 클릭한 채로 위, 아래로 움직이면 순서를 바꿀 수 있어요. 여기서 주의할 점은 실행 화면에서 오브젝트를 드래그하는 것이 아니라 '오브젝트 목록'에서 순서를 바꿔야 한다는 점이지요.

STEP 01 연습하는 타자 코딩

오브젝트 배치가 완성되었으면 알고리즘을 토대로 타자가 야구 방망이를 휘두를 수 있도록 블록을 조립해 볼게요.

❶ '타자' 오브젝트를 선택하세요.  블록 꾸러미에서  블록을 찾아 블록 조립소의 빈 곳으로 드래그하세요.

TipTalk 명령 블록을 조립하기 전에, 오브젝트 목록에서 오브젝트가 제대로 선택되었는지 반드시 확인해야 합니다. 다른 오브젝트를 선택하여 명령 블록을 조립한다면 '타자' 오브젝트는 원하는 명령을 수행할 수 없어요. '타자' 오브젝트가 선택되어 있는지 다시 한 번 확인해 보세요.

블록 조립소의 왼쪽 위를 보면 내가 어떤 오브젝트를 선택한 상태인지 쉽게 알 수 있어요.

잠깐만요 블록이 제대로 연결되었는지 어떻게 알 수 있나요?

이제부터 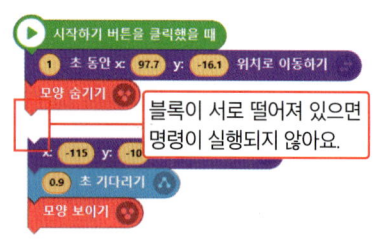 블록에 다양한 블록들을 연결할 거예요. 이때 '딸깍' 소리가 나도록 블록끼리 꼭 붙여주세요. 그래야 명령어가 순서대로 실행될 수 있답니다. 블록이 서로 떨어지지 않도록 주의하세요.

블록이 서로 떨어져 있으면 명령이 실행되지 않아요.

★중요해요

❷ 〔흐름〕 블록 꾸러미에서 〔2 초 기다리기〕를 드래그하여 ❶과정 아래로 연결하세요. 블록을 드래그해서 다른 블록 가까이 붙이면 '딸깍' 소리가 나면서 붙어요. 숫자가 쓰여 있는 노란색 부분을 클릭하면 내용을 바꿀 수 있어요. 타자의 모양이 0.3초에 한 번씩 다음 모양으로 변할 수 있도록 노란색 '2'를 클릭하여 『0.3』으로 바꿔 주세요.

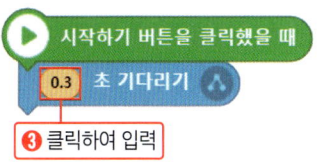

TipTalk 〔#〕 〔흐름〕을 한 번 더 클릭하면 블록 꾸러미 창이 닫히고 블록 조립소 영역이 넓어져요. 블록을 선택할 때 창이 닫히지 않도록 주의하세요.

❸ 〔생김새〕 블록 꾸러미에서 〔타자_1▼ 모양으로 바꾸기〕를 드래그하여 ❷과정 블록 아래로 연결하세요. 0.3초 후에 타자의 모양을 '타자_2' 모양으로 바꿔줘야 하기 때문에 '타자_1' 옆의 ▼ 버튼을 눌러 [타자_2]를 선택하세요.

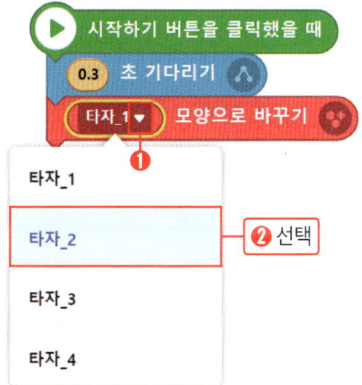

▶ 반복 작업

4 ❷과정과 같은 방법으로 [흐름] 블록 꾸러미에서 [2 초 기다리기]를 가져와 이번에는 '2'를 『0.5』로 바꿔 주세요. ❸과정과 같은 방법으로 [생김새] 블록 꾸러미에서를 [타자_1▼ 모양으로 바꾸기] 가져와 [타자_3]으로 바꿔 주세요.

▶ 반복 작업

5 ❹과정과 같은 방법으로 타자의 모양이 0.5초마다 '타자_4'와 '타자_1'로 바뀔 수 있도록 블록을 조립하여 '타자' 오브젝트의 코딩을 마무리합니다.

TipTalk 처음 블록만 0.3초를 기다리고 그 다음부터는 0.5초씩 기다려야 한다는 점을 잊지 마세요.

STEP 02 움직이는 야구공 코딩

이번에는 야구공이 타자를 향해 날아갈 수 있도록 블록을 조립해 볼게요.

❶ '야구공' 오브젝트를 선택하세요. 　　 블록 꾸러미에서 　　　　　　　　　　 를 찾아 블록 조립소의 빈 곳으로 드래그하세요.

❷ 　　 블록 꾸러미에서 　　　　　　　　　　　　　　　 를 드래그하여 ❶과정 블록 아래로 붙여 넣으세요. '타자'를 코딩했던 것처럼 블록의 노란색 부분을 클릭하여 내용을 바꿀 수 있어요. '2'라고 쓰여 있는 부분을 클릭하여 『1』로 바꿔 주세요.

★중요해요

❸ 'x:10 y:10'이라고 쓰인 곳에는 야구공이 도착하게 될 부분의 좌푯값을 넣어 줄 거예요. 야구공이 기계에서 나와 타자의 야구 방망이에 맞으려면, 타자가 언제 방망이를 휘두르는지 알아야 해요.

'타자' 오브젝트를 선택하고 [모양] 탭을 클릭하면 타자가 야구 방망이를 휘두르는 모습이 순서대로 나와 있어요. 방망이에 야구공이 닿는 위치를 파악하기 위해 야구 방망이를 쭉 뻗은 '타자_3' 모양으로 바꿔 주세요. 야구공을 야구 방망이 위치로 드래그하여 옮긴 후 오브젝트 목록을 보면 현재 야구공의 좌푯값을 확인할 수 있어요.

이 좌푯값을 　　　　　　　　　　　　　　　 의 'x:10 y:10' 부분에 그대로 입력하세요. 위의 그림에서는 x좌표가 97.0이고 y좌표가 -16.0이니까 『x:97.0 y:-16.0』을 입력하면 되겠죠?

> **!주의해요**
> ❹ 좌푯값을 입력했으면 야구공은 원래 있던 자리로 되돌려 주세요. 그리고 앞 과정에서 배운대로 타자의 모양도 다시 '타자_1' 모양으로 바꿔 주세요.

❺ 이제 다시 야구공을 코딩해 볼까요? 야구공이 타자의 야구 방망이로 이동한 후에는 화면에서 사라져야 하기 때문에 생김새 블록 꾸러미에서 모양 숨기기 를 가져와 ❷과정 아래로 연결해주세요.

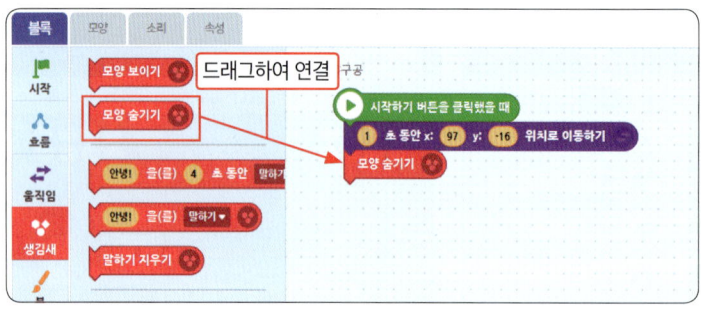

❻ 움직임 블록 꾸러미에서 x: 0 y: 0 위치로 이동하기 를 드래그하여 ❺과정 아래로 연결하세요.

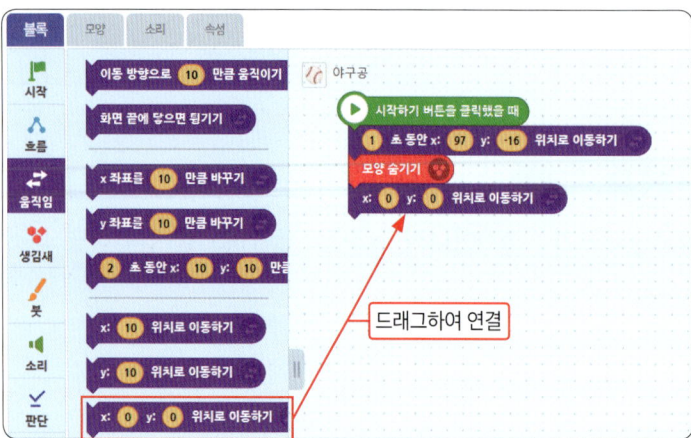

❼ 화면에서 사라진 야구공은 다시 맨 처음 위치로 돌아가야 해요. 그래야 다시 기계에서 타자에게로 날아갈 수 있으니까요. 그럼 원래 자리의 야구공 좌푯값을 알아야겠죠? 야구공을 선택하고 좌푯값을 확인하여 `x: 0 y: 0 위치로 이동하기` 를 노란색 부분에 입력해주세요.

❽ 흐름 블록 꾸러미에서 `2 초 기다리기` 를 드래그하여 ❻과정 아래로 연결하세요. 화면에서 숨겨져 있던 야구공은 원래의 자리로 돌아와서 0.9초 동안 기다렸다가 다시 화면에 나타나야 해요. '2'초를 『0.9』초로 바꿔 주세요.

❾ 이제 야구공이 다시 화면에 나타나야겠죠? 생김새 블록 꾸러미에서 `모양 보이기` 를 드래그하여 ❽과정 아래로 연결해주세요.

STEP 03 원하는 횟수만큼 야구 연습하기

이렇게 타자가 공을 치는 연습을 한 번 끝냈어요. 하지만 야구선수들이 연습을 한 번만 하진 않겠죠? 공치는 연습을 10번 해야 한다면 우리가 지금까지 코딩한 블록들을 전부 10번씩 추가해야 하고, 100번 연습해야 한다면 모든 블록을 100번 추가해야 해요.

생각만 해도 너무 귀찮고 힘든 일인데, 어떻게 하면 쉽고 빠르게 원하는 만큼 연습을 할 수 있을까요? 여기서 사용하는 블록이 바로 반복하기 블록이에요.

✔ 꼭 해보세요

① 먼저 '야구공' 오브젝트를 선택하고 [흐름] 블록 꾸러미에서 [10 번 반복하기]를 블록 조립소의 빈 곳으로 가져오세요. 앞서 코딩한 블록들을 반복하기 블록 안에 넣어줄 거예요.

[1 초 동안 x: 97 y: -16 위치로 이동하기]의 앞부분을 클릭한 채로 드래그하면 아래에 붙어있는 블록들이 다 같이 움직일 거예요. 그 블록들을 [10 번 반복하기] 안쪽에 쏙 넣어주세요.

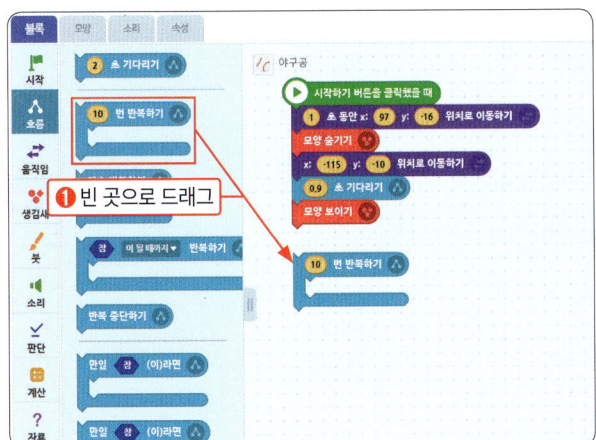
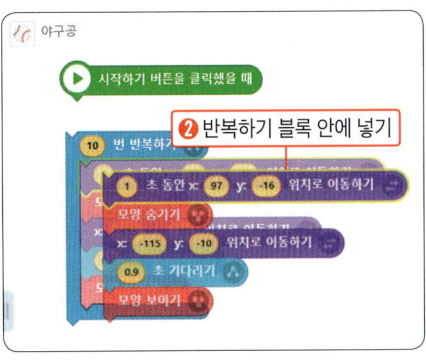

② [10 번 반복하기] 안에 다른 블록들이 잘 들어갔나요? 그럼 [10 번 반복하기]의 앞부분을 클릭한 채로 드래그하여 [시작하기 버튼을 클릭했을 때] 아래에 붙여주세요.

```
시작하기 버튼을 클릭했을 때
  10 번 반복하기
    1 초 동안 x: 97 y: -16 위치로 이동하기
    모양 숨기기
    x: -115 y: -10 위치로 이동하기
    0.9 초 기다리기
    모양 보이기
```

TipTalk 시작하기 블록에 '딸깍' 소리가 나게 잘 연결해주세요.

▶ 반복 작업

③ 위와 같은 방법으로 '타자' 오브젝트를 선택하고 [10 번 반복하기] 안에 다른 블록들을 쏙 넣은 후 [시작하기 버튼을 클릭했을 때] 아래에 붙여보세요.

❹ 이제 코딩을 모두 마쳤으니, 제대로 작동하는지 봐야겠죠? 실행 화면의 ▶시작하기 버튼을 클릭하여 작품을 실행해 보세요.

STEP 04 작품 저장

작품을 완성했으면 제목을 클릭해 원하는 제목으로 바꾸세요. 여기서는 『야구연습(순차와 반복)』이라고 입력했어요. 📁을 클릭한 후 [저장하기]를 선택하세요.

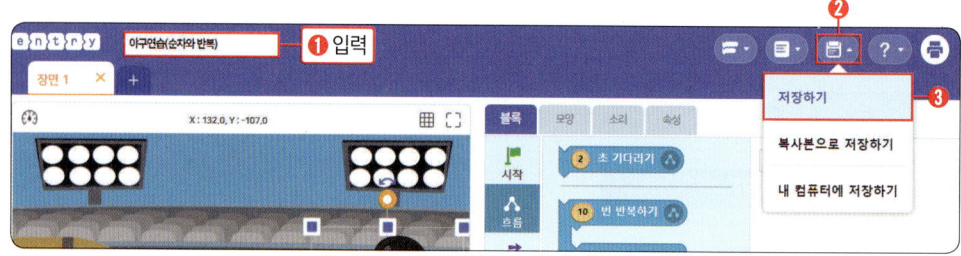

잠깐만요 | 작품을 저장하는 세 가지 방법

작품 만들기 화면의 오른쪽 위에 위치한 📁을 클릭하면 작품을 저장할 수 있는 다양한 방법이 표시돼요. 원하는 저장 형식에 따라 항목을 선택하세요.

❶ **저장하기** : 현재 작품을 저장합니다. 열린 작품이 있다면 이전 작업물에 덮어 씌워 저장해요.

❷ **복사본으로 저장하기** : 열린 작품은 그대로 두고 복사된 작품으로 저장해요.

❸ **내 컴퓨터에 저장하기** : 사용 중인 컴퓨터에 저장되어 오프라인 상태에서도 작품을 열어볼 수 있어요.

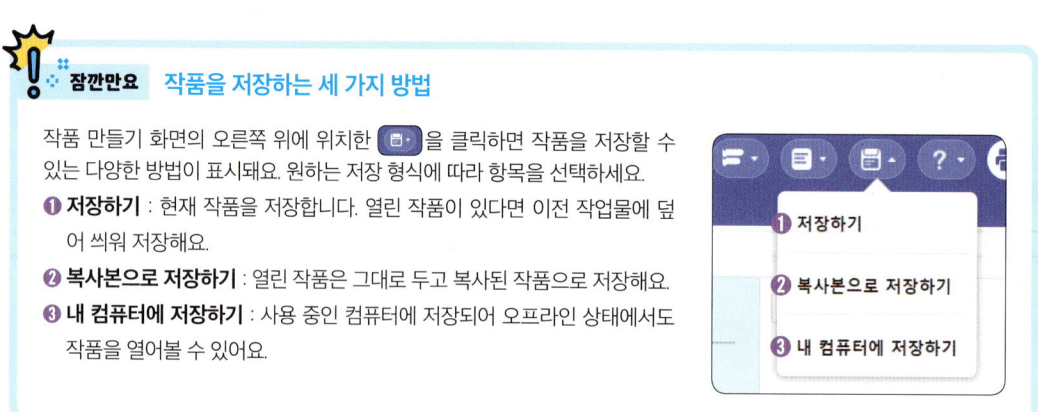

전체 코드 CHECK!

타자 스프라이트

```
시작하기 버튼을 클릭했을 때
10 번 반복하기
    0.3 초 기다리기
    타자_2 ▼ 모양으로 바꾸기
    0.5 초 기다리기
    타자_3 ▼ 모양으로 바꾸기
    0.5 초 기다리기
    타자_4 ▼ 모양으로 바꾸기
    0.5 초 기다리기
    타자_1 ▼ 모양으로 바꾸기
```

야구공 스프라이트

```
시작하기 버튼을 클릭했을 때
10 번 반복하기
    1 초 동안 x: 97 y: -16 위치로 이동하기
    모양 숨기기
    x: -115 y: -10 위치로 이동하기
    0.9 초 기다리기
    모양 보이기
```

WEEK 05

❖ **코딩에서는 순서가 중요하다는 것을 알게 되었죠?**

앞에서 만든 작품에서 블록 순서를 한번 바꿔 보세요. 오브젝트가 제대로 동작하지 않아 우리가 원하는 작품을 만들 수 없어요. 컴퓨터는 가장 처음 조립한 블록부터 순서에 따라 위에서 아래로 실행합니다. 다시 말해서, 조립한 명령 블록의 순서가 곧 컴퓨터가 명령을 수행하는 순서라는 것이죠. 컴퓨터는 매우 똑똑해 보이지만, 사람이 시키는 일 이외에는 아무 것도 할 수 없기 때문에 **우리가 계획한 순서대로 차례차례 명령 블록을 컴퓨터에게 알려줘야 합니다.**

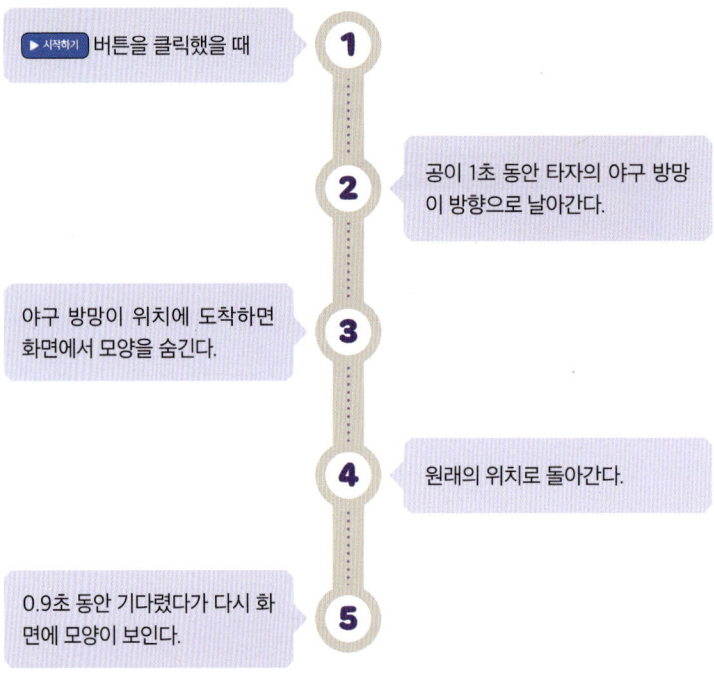

❖ **반복 블록만 잘 활용해도 코딩 작업 시간을 확 줄일 수 있어요.**

같은 동작의 명령 블록들이 반복될 때마다 똑같은 블록을 계속해서 복사하고 붙여넣기를 한다면, 엄청나게 긴 시간이 필요할 뿐만 아니라 코드도 점점 더 길어지고 복잡해져요. 이럴 때는 <mark>일정하게 반복되는 명령 블록들을 간단하게 만들 수 있는 반복 블록을 사용하는 것이 좋아요.</mark> 반복 블록은 [흐름] 블록 꾸러미에 있어요.

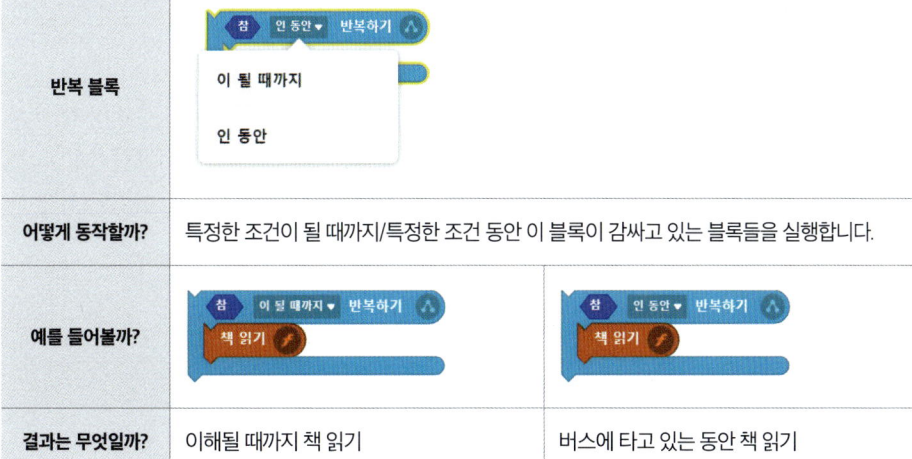

*정답 및 해설 269쪽

이렇게 만들어요! ▶
http://naver.me/GNB1dWlp

앞서 만든 작품에서 연습 횟수를 변경하고 타자의 모양을 바꾸는 과정에 반복하기 블록을 사용해 보세요.

미션1 야구선수가 타자 연습을 50번 할 수 있도록 코딩해 보세요.

미션2 야구선수의 모양이 바뀌는 블록을 반복하기 블록을 사용하여 코딩해 보세요.

〈 힌트 〉

1. `10 번 반복하기` 블록에서 횟수를 바꿀 수 있는 부분이 있어요.

2. `다음▼ 모양으로 바꾸기` 블록과 `10 번 반복하기` 블록을 활용해 보세요. 야구선수의 모양이 몇 번 바뀌는지 확인하면 쉽게 풀릴 거예요.

3. 앞서 만들었던 예제와는 `2 초 기다리기` 블록에 들어가는 시간이 달라요. 야구공 오브젝트는 『0.8』초, 타자 오브젝트는 『0.43』초를 기다리도록 수정해 보세요.

엄마, 아빠와 함께하는 즐거운 빙고 게임

빙고는 두 명 이상만 모이면 할 수 있는 쉽고 간단한 보드게임이에요. 준비물도 종이와 연필뿐이라 언제든지 간단하게 즐길 수 있지요. 코딩 공부를 하다가 잠깐 쉬고 싶다면 엄마나 아빠 또는 친구와 함께 빙고 게임을 즐겨보세요.

게임방법

1. 가로와 세로 각각 5칸씩 총 25칸이 그려진 네모난 빙고판에 1~25까지 숫자를 무작위로 적어보세요.

2. 게임에 참여한 사람들끼리 순서를 정해 자신의 빙고판에 적힌 숫자를 하나씩 돌아가면서 부릅니다. 호명된 숫자는 지워주세요. 이때 다른 사람에게 자신의 네모판이 보이지 않도록 주의합니다.

3. 숫자를 하나씩 지워가면서 가로나 세로, 대각선으로 5개의 일직선을 먼저 만드는 사람이 '빙고'라고 외치면 게임이 끝납니다.

예

10	9	15	5	6
16	4	14	3	7
17	18	1	13	8
2	20	11	12	21
19	24	22	23	35

빙고판에 무작위로 숫자를 채워 넣어요.

이번에 배울 핵심 기능 ▶ 신호, 복제

친구들에게 줄 빵을 만들어보자

코딩 개념 이해 쏙쏙 신호를 받으면 오브젝트가 복제되어요!

❖ 신호와 복제란?

영화에 나오는 복제인간 이야기를 들어본 적이 있나요? 만약 여러분이 자신의 모습을 자유자재로 복제할 수 있는 능력을 가진다면 어떤 모습으로 변신하고 싶은가요? 엔트리에서는 **새 오브젝트를 추가하지 않고 기존 오브젝트를 여러 개로 만들어 원하는 대로 움직이게 만드는 기능을 '복제'**라고 합니다. 복제 기능은 오브젝트를 몇 개나 추가해야 할지 모를 때 혹은 여러 오브젝트의 색을 바꾸어야 할 때 매우 편리하게 사용할 수 있어요.

그렇다면 언제 오브젝트를 복제하는 게 좋을까요? 시작하자마자? 5초가 지난 뒤에? 내가 원하는 때에 오브젝트가 딱! 복제되면 좋을 것 같은데, 그렇게 하려면 어떻게 해야 할까요? 바로 '신호'를 사용하는 거예요. **신호 기능을 사용하면 신호를 줄 때와 받을 때를 선택할 수 있어요. 이렇게 하면 내가 원하는 순간에 원하는 명령을 수행할 수 있답니다.** 조금 더 편하게 작품을 만들기 위해 꼭 필요한 기능이니 알아두면 좋겠죠?

코딩 활용 퀴즈

▶ 정답 및 해설 269쪽

개념 이해

1 바닷가로 놀러간 윤슬이가 모래에 발자국을 찍어 발자국 나무를 만들어 보려고 해요. 다음 규칙을 살펴보고, **나무_ⓓ** 의 모양을 맞춰보세요. (   )

나무_ⓐ 발자국을 하나 찍어요.

나무_ⓑ 앞으로 나아가 발자국 두 개를 찍고 왼쪽과 오른쪽에 **나무_ⓐ** 를 각각 하나씩 만들어요.

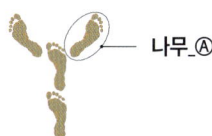

나무_ⓒ 앞으로 나아가 발자국 세 개를 찍고, 왼쪽과 오른쪽에 **나무_ⓑ** 를 각각 하나씩 만들어요.

나무_ⓓ 앞으로 나아가 발자국 네 개를 찍고, 왼쪽과 오른쪽에 **나무_ⓒ** 를 각각 하나씩 만들어요.

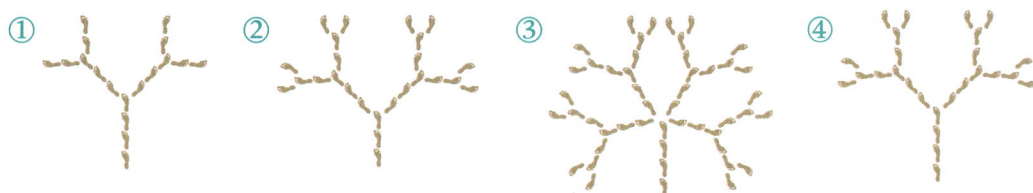

① ② ③ ④

친구들에게 줄 빵을 만들어요!

▼ 작품 미리보기

▲ QR코드로 작품 보기

『http://naver.me/IMRTPaFG』에 접속한 후 시작(▶)을 클릭해 작품을 실행해 보세요.

수아는 마법 오븐을 사용하여 빵을 만들기로 했어요. 하지만 빵을 한꺼번에 너무 많이 만들게 되면 마법 오븐이 고장 날 수 있으니 주의해야 해요. 그럼 이제부터 내가 원하는 양만큼 빵을 만들어 볼까요?

단계별 코딩 미리보기

1단계 오브젝트 추가

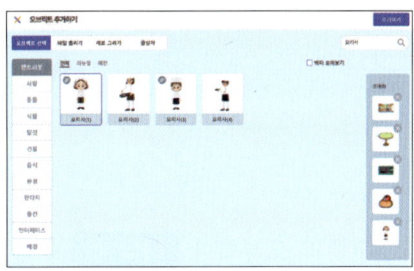

작품을 만드는데 필요한 오브젝트를 추가해요.

2단계 수아 오브젝트 코딩

몇 개의 빵이 필요한지 물어봐요.

3단계 빵 오브젝트 코딩

개수에 맞게 빵이 복제되는 코딩을 해요.

4단계 글상자 코딩

글상자를 누르면 다시 빵을 만들 수 있도록 코딩해요.

알고리즘
필요한 빵의 개수에 따라 빵 오브젝트가 복제되는 알고리즘을 만들어 볼까요?

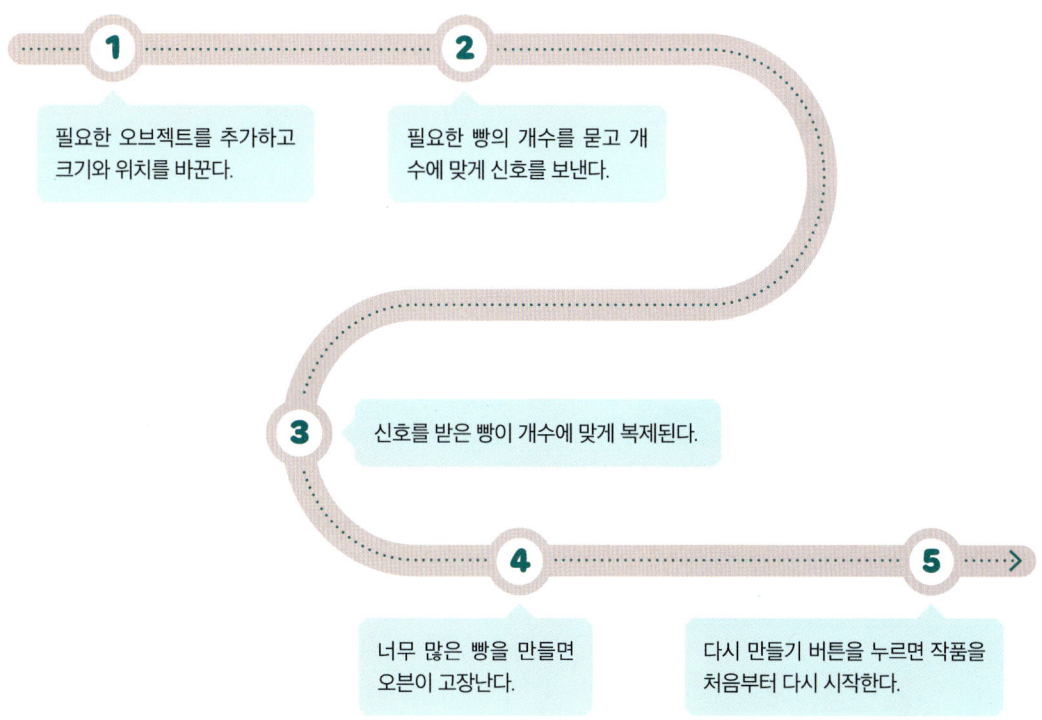

1. 필요한 오브젝트를 추가하고 크기와 위치를 바꾼다.
2. 필요한 빵의 개수를 묻고 개수에 맞게 신호를 보낸다.
3. 신호를 받은 빵이 개수에 맞게 복제된다.
4. 너무 많은 빵을 만들면 오븐이 고장난다.
5. 다시 만들기 버튼을 누르면 작품을 처음부터 다시 시작한다.

오브젝트&블록
작품에 사용할 오브젝트 이미지와 블록 이미지를 함께 살펴보아요.

❖ 오브젝트

부엌(3)	테이블	오븐
수아	딸기 슈크림 빵	글상자

❖ 처음 만나는 블록

블록 꾸러미	블록	블록 설명
시작	대상 없음▼ 신호를 받았을 때	목록에서 선택한 신호를 받으면 연결된 블록들의 명령을 실행해요.
	대상 없음▼ 신호 보내기	목록에서 선택한 신호를 보내요.
흐름	만일 〈참〉 (이)라면 / 아니면	<참>에 들어간 조건이 참이면 아래 첫 번째로 감싼 블록들을 실행하고, 거짓이면 아래 두 번째로 감싼 블록들을 실행해요.
	복제본이 처음 생성되었을때	오브젝트의 복제본이 만들어지면 아래로 연결된 블록들을 실행해요.
	자신▼ 의 복제본 만들기	선택한 오브젝트의 복제본을 만들어요.
	처음부터 다시 실행하기	모든 코드를 처음부터 다시 실행해요.
생김새	안녕! 을(를) 말하기▼	입력한 내용을 말풍선으로 나타내요.
	안녕! 을(를) 4 초 동안 말하기▼	입력한 내용을 설정한 시간 동안 말풍선으로 나타내요.
판단	10 < 10	왼쪽에 위치한 값이 오른쪽에 위치한 값보다 작으면 '참'으로 판단해요.
계산	0 부터 10 사이의 무작위 수	입력한 범위의 숫자들 중 하나의 값을 무작위로 선택해요.
자료	안녕! 을(를) 묻고 대답 기다리기	입력한 내용을 말풍선으로 묻고, 대답을 기다려요(해당 블록을 블록 조립소로 드래그하면 실행 화면에 대답 0 이 나타나요).
	대답	대답으로 입력한 문자를 임시로 저장해요.
	대답 숨기기▼	대답 0 을 실행 화면에서 숨겨요.

완성파일 | 빵 만들기(신호와 복제).ent

01 엔트리 홈페이지(playentry.org)의 첫 화면에서 [만들기]-[작품 만들기] 메뉴를 클릭해 작품을 만들 수 있는 작업 화면으로 이동하세요.

02 엔트리봇 오브젝트를 선택하고 오브젝트 목록에서 ✕를 클릭해 삭제하고 오브젝트를 추가하기 위해 실행 화면의 +오브젝트 추가하기 를 클릭하세요.

03 '오브젝트 추가하기' 창이 열리면 [배경]-[실내]-[부엌(3)], [물건]-[테이블], [물건]-[전자레인지], [음식]-[딸기 슈크림 빵], [사람]-[요리사(1)]를 차례로 선택한 후 추가하기 를 클릭하세요.

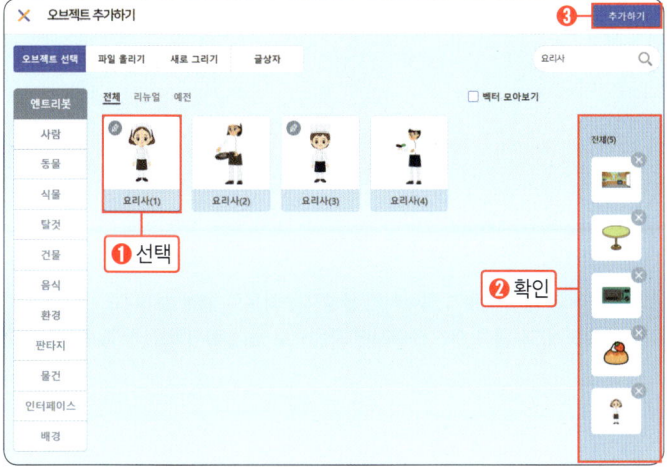

✔ 꼭 해보세요

04 이번에는 글상자를 추가해 볼 거예요. 실행 화면에서 [+ 오브젝트 추가하기]를 클릭하고 [글상자]를 선택하세요. 빵을 다시 구울 수 있는 버튼을 만들기 위해 텍스트 상자에 『다시 만들기』라고 입력해 주세요. [가] 버튼과 [색] 버튼을 눌러 원하는 글자색과 배경색을 선택한 후, [추가하기]를 클릭해 글상자 오브젝트를 추가하세요.

잠깐만요 글상자에 다양한 스타일을 적용시켜 보아요!

[글상자] 탭에서는 글꼴이나 색, 밑줄 등의 다양한 효과를 지정할 수 있어요. 마음에 드는 스타일을 골라 적용해 보세요.

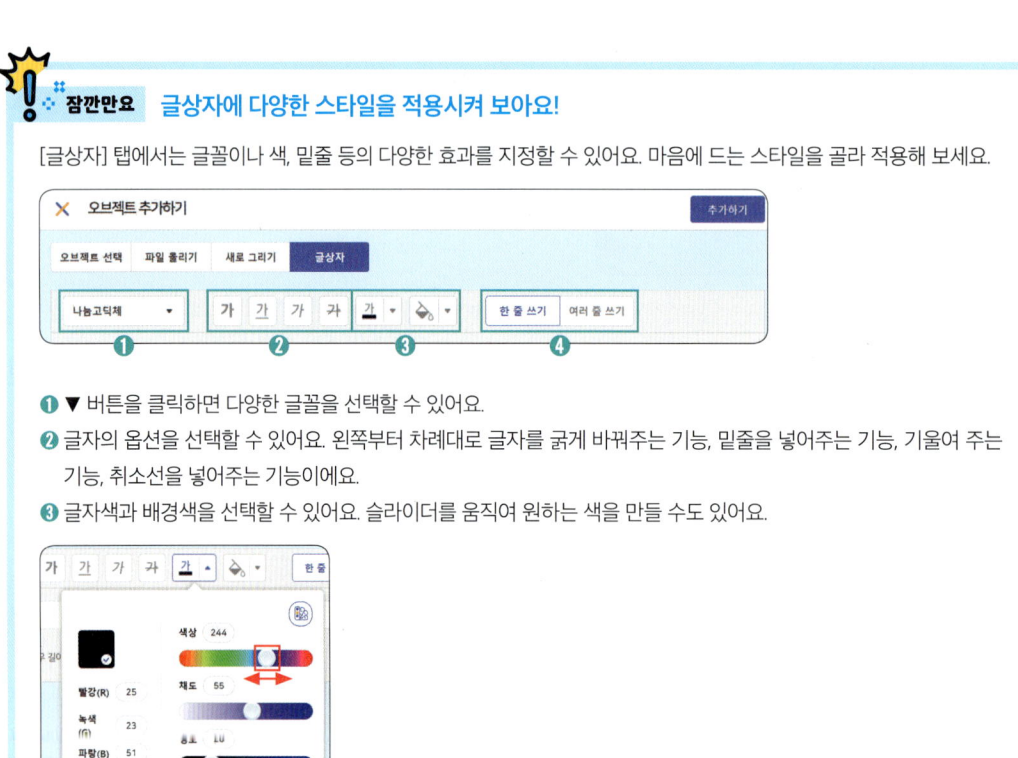

❶ ▼ 버튼을 클릭하면 다양한 글꼴을 선택할 수 있어요.

❷ 글자의 옵션을 선택할 수 있어요. 왼쪽부터 차례대로 글자를 굵게 바꿔주는 기능, 밑줄을 넣어주는 기능, 기울여 주는 기능, 취소선을 넣어주는 기능이에요.

❸ 글자색과 배경색을 선택할 수 있어요. 슬라이더를 움직여 원하는 색을 만들 수도 있어요.

❹ '한 줄 쓰기'는 내용이 한 줄로만 작성되는 기능이에요. 글자의 수가 많아지면 글상자가 좌우로 길게 늘어나요. '여러 줄 쓰기'는 엔터키를 사용해서 줄을 바꿀 수도 있고, 글자 수가 많아지면 자동으로 줄이 바뀌어요. 한 줄 쓰기처럼 옆으로만 늘어나지 않는다는 뜻이죠.

05 03~04과정에서 선택한 다섯 개의 오브젝트가 실행 화면 가운데로 겹쳐 보이죠? 65쪽에서 배운 방법대로 오브젝트를 하나씩 드래그하여 오브젝트 위치를 조정하고 크기를 적당하게 바꿔 보세요.

06 이제 추가한 오브젝트의 이름을 바꿔볼까요? 오브젝트 목록에서 이름을 바꾸고자 하는 오브젝트를 클릭하여 '전자레인지'는 『오븐』으로, '요리사(1)'는 『수아』로 바꿔 주세요.

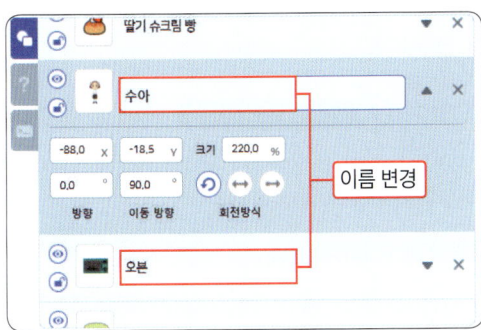

STEP 01 수아가 빵을 만드는 코딩

오브젝트 배치가 끝났다면, 이번에는 입력한 빵의 개수에 따라 수아가 빵을 만들거나 오븐이 고장나도록 코딩해 볼게요. 빵을 만들거나 오븐이 고장나는 신호도 만들어 봅시다.

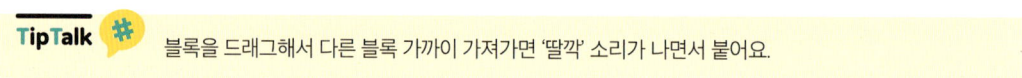

❶ '타자' 오브젝트를 선택하세요. 🚩 블록 꾸러미에서 [시작하기 버튼을 클릭했을 때] 블록을 찾아 블록 조립소의 빈 곳으로 드래그하세요.

❷ ❔ 블록 꾸러미에서 [대답 숨기기 ❔]를 드래그하여 [시작하기 버튼을 클릭했을 때] 아래로 연결해요. 실행 화면에 보이는 [대답 0]을 안보이게 하는 과정이에요.

> **TipTalk** 블록을 드래그해서 다른 블록 가까이 가져가면 '딸깍' 소리가 나면서 붙어요.

❸ 생김새 블록 꾸러미에서 [안녕! 을(를) 4 초 동안 말하기]를 드래그하여 ❷과정 아래로 연결하세요. '안녕!'이라고 쓰여있는 노란색 부분을 클릭하여 『마법 오븐을 사용해서 친구들에게 줄 빵을 만들거야.』로 바꿔주세요. '4'초는 『2』초로 바꿔주세요.

4 이제 만들 빵의 개수를 물어봐야겠죠?

![?자료] 블록 꾸러미에서 [안녕! 을(를) 묻고 대답 기다리기] 를 드래그하여 **3**과정 아래로 연결하고, '안녕!'을 클릭하여 『몇 개의 빵을 만들까?』로 바꿔 주세요.

> **TipTalk** #
> [안녕! 을(를) 묻고 대답 기다리기] 블록을 사용하면 대답을 입력할 수 있는 창이 나타나는데, 여기에 필요한 숫자를 입력해주면 됩니다. 입력한 값은 [대답]에 임시로 저장돼요.

★중요해요

5 입력한 값에 따라서 다른 결과가 나오도록 해 볼게요. 빵은 50개까지 만들 수 있고, 51개 이상 입력하면 오븐이 고장나게 만들어 볼게요. 그러기 위해서는 입력한 값이 50보다 큰지 작은지 알아봐야겠죠?

![∧흐름] 블록 꾸러미에서 [만일 참 (이)라면 / 아니면] 를 드래그하여 **4**과정 아래에 연결하세요.

![✓판단] 블록 꾸러미에서 [10 < 10] 를 가져와 [참] 자리에 쏙 넣어주세요.

![?자료] 블록 꾸러미에서 [대답]를 드래그하 [10 < 10] 블록 앞쪽 '10'자리에 넣어주세요. 뒤쪽의 '10'자리는 클릭하여 『51』로 바꿔주세요. 이렇게 코딩하면 내가 입력한 값이 51보다 큰지 작은지 비교할 수 있어요.

> **TipTalk** #
> [10 < 10] 블록은 두 개의 숫자를 비교하는 블록이에요. 비교연산에 대해서는 **WEEK 10**에서 자세하게 배울 거예요. 지금은 간단하게만 알아두세요.

★중요해요

6 이제 두 개의 값을 비교해서 입력한 값이 51보다 작으면 신호를 보내서 빵을 만들도록 해줄 거예요. [속성] 탭의 [신호]를 선택하세요. [신호 추가하기]를 클릭하여 '신호' 이름을 『빵 만들기』로 바꾸고 [확인]을 클릭하세요.

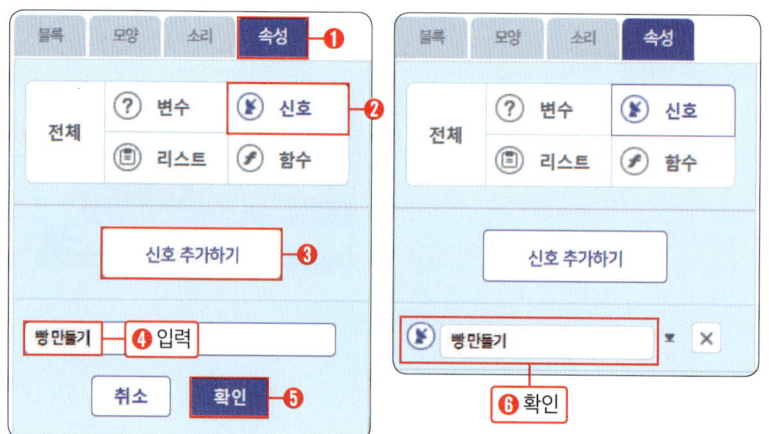

7 블록 꾸러미에서 `빵 만들기▼ 신호 보내기` 를 가져와 `만일 참 (이)라면 아니면` 의 '만일 참이라면'과 '아니면' 사이에 쏙 넣어요.

8 빵을 만들었으니 친구들에게 가져다 줘야겠죠?

블록 꾸러미에서 `안녕! 을(를) 말하기` 를 가져와 `빵 만들기▼ 신호 보내기` 아래로 연결하세요. '안녕!' 부분을 클릭하여 『친구들에게 가져다주러 가자!』로 바꿔주세요.

▶반복 작업

9 이번에는 빵을 50개보다 많이 만들어 달라고 하면 오븐이 고장 나도록 코딩해 봅시다. **6**과정에서 배운 '신호 추가하기'를 활용하여 새로운 신호를 만들어 줄 거예요. 신호 이름은 『오븐 고장』으로 만들어 주세요.

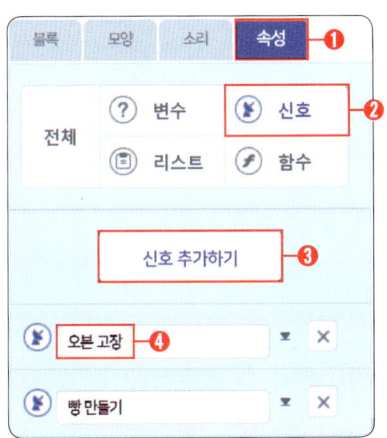

10 이 신호도 어딘가로 보내야겠죠? 블록 꾸러미에서 `오븐 고장 신호 보내기` 를 가져와 `만일 ~(이)라면 / 아니면` 의 '아니면' 아래쪽 공간에 쏙 넣어요.

11 빵 만들기를 실패했을 경우에 할 말도 코딩해 봅시다. 생김새 블록 꾸러미에서 `안녕! 을(를) 말하기` 를 가져와 `오븐 고장 신호 보내기` 아래로 연결하세요. '안녕!' 부분을 클릭하여 『으악! 빵을 너무 많이 만들어서 오븐이 고장나 버렸어ㅠㅠ』로 바꿔주세요.

STEP 02 · 빵이 복제되는 코딩

앞서 보내준 신호가 어디로 가는지 궁금했죠? 이제 신호를 받는 오브젝트를 코딩할 차례에요. '빵 만들기' 신호를 받았을 때, 빵이 복제되어서 화면에 무작위로 나타날 수 있도록 만들어 봅시다.

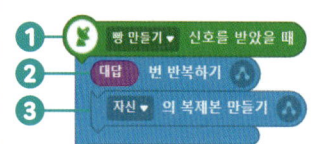

❶ '딸기 슈크림 빵' 오브젝트를 선택하고  블록 꾸러미에서 `빵 만들기 신호를 받았을 때` 를 찾아 블록 조립소의 빈 곳으로 드래그하세요.

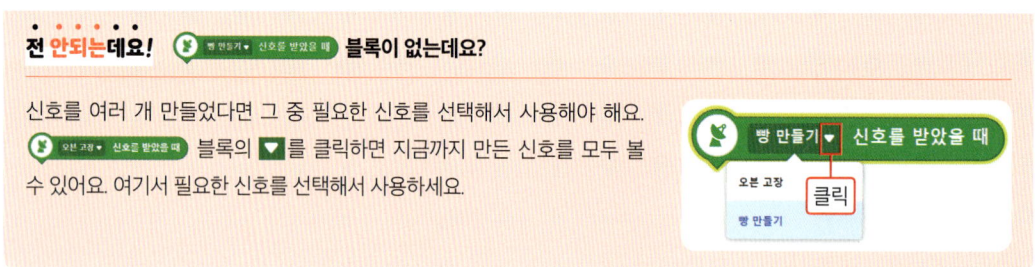

❷ 빵 만들기 신호를 받았으니 이제 입력한 개수만큼 빵을 만들어야겠죠? 복제 기능을 사용해서 빵을 만들어 줄 거예요. `호름` 블록 꾸러미에서 `10 번 반복하기` 를 가져와 `빵 만들기 신호를 받았을 때` 아래로 연결하세요. 입력한 개수만큼 빵을 만들기 위해, `?자료` 블록 꾸러미에서 `대답` 을 가져와 '10' 자리에 쏙 넣어주세요.

❸ `호름` 블록 꾸러미에서 `자신의 복제본 만들기` 를 드래그하여 반복하기 블록 가운데에 쏙 넣어주세요.

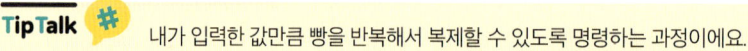
내가 입력한 값만큼 빵을 반복해서 복제할 수 있도록 명령하는 과정이에요.

STEP 03   대답에 입력한 값에 따라 결과가 달라지는 코딩

대답에 입력한 값이 '51'보다 작으면 복제된 빵들이 화면에 무작위로 나타나고, '51'보다 크거나 같다면 오븐이 고장나도록 코딩해 볼게요.

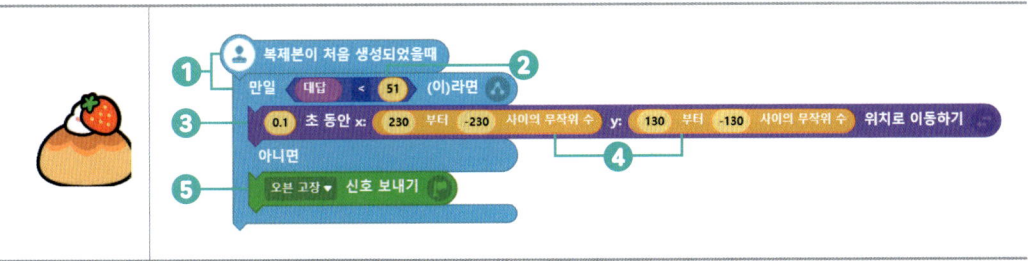

❶ '딸기 슈크림 빵' 오브젝트를 선택하고 [흐름] 블록 꾸러미에서 [복제본이 처음 생성되었을때]를 블록 조립소 빈 곳으로 가져오세요. [흐름] 블록 꾸러미에서 [만일 참 (이)라면 아니면]을 가져와 [복제본이 처음 생성되었을때] 아래에 연결하세요.

❷ [판단] 블록 꾸러미에서 <10 < 10>을 가져와 '참' 자리에 쏙 넣어주세요.

[자료] 블록 꾸러미에서 (대답)을 가져와 <10 < 10>의 앞쪽 '10' 자리에 넣어주세요. 뒤쪽의 '10' 자리는 클릭하여 『51』로 바꿔주세요.

❸ [움직임] 블록 꾸러미에서 [2초 동안 x: 10 y: 10 위치로 이동하기]를 가져와 [만일 참 (이)라면 아니면]의 '만일 참이라면'과 '아니면' 사이에 쏙 넣어요.

④ 빵이 만들어지면 순식간에 화면에 나타나야 해요. '2'초를 『0.1』로 바꾸고 [계산] 블록 꾸러미에서 `0 부터 10 사이의 무작위 수`를 가져와 x좌푯값과 y좌푯값에 각각 끼워 넣어요. x좌푯값에 넣은 무작위 수 블록은 『-230』부터 『230』 사이로, y좌푯값에 넣은 무작위 수 블록은 『-130』부터 『130』 사이로 입력하세요.

⑤ 이번에는 50보다 큰 값을 입력하여 빵을 만들 수 없는 경우를 코딩해 봅시다. [시작] 블록 꾸러미에서 `오븐 고장 신호 보내기` 블록을 드래그하여 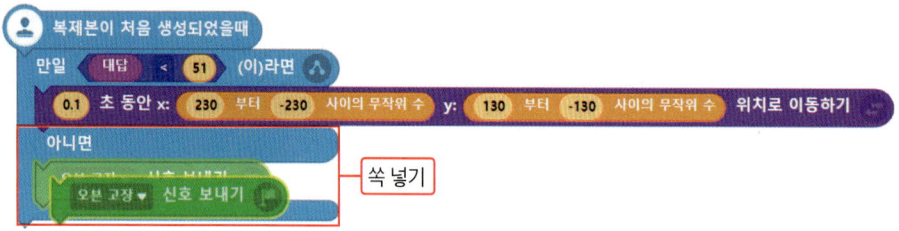 블록의 '아니면' 아래쪽 공간에 쏙 넣어주세요.

쏙 넣기

잠깐만요 x와 y는 무엇을 의미하나요?

x와 y는 '좌표'를 의미해요. '좌표'란 화면의 정확한 위치를 나타내기 위해 가로와 세로를 숫자로 표현하는 거예요. 화면의 한 가운데를 '0'으로 놓고 세로는 y 가로는 x로 표현해요. 엔트리 화면에서 x값은 -240~ 240까지, y값은 -140~140까지 나타낼 수 있어요. ⊞를 클릭하면 좌표를 확인할 수 있어요.

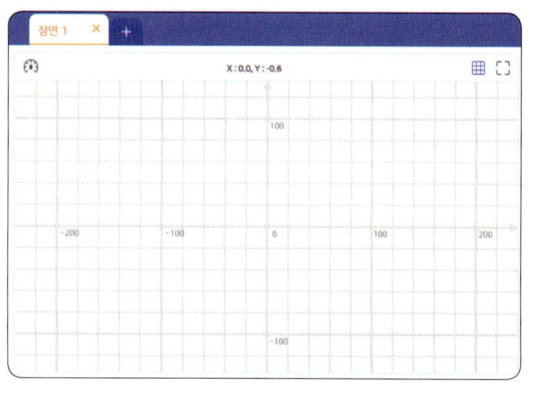

STEP 04   오븐 고장 신호를 받으면 빵 모양 숨기기

빵 만들기에 실패하면 오븐이 고장나면서 빵을 실행 화면에서 숨겨 줄게요.

❶ 블록 꾸러미에서 를 찾아 블록 조립소의 빈 곳으로 드래그하세요.

❷ 블록 꾸러미에서 모양 숨기기 를 드래그하여 오븐 고장 신호를 받았을 때 를 찾아 블록 조립소의 빈 곳으로 드래그하세요.

STEP 05   오븐 고장 신호를 받으면 오븐이 망가지는 코딩

'오븐 고장' 신호를 받은 오븐이 폭발하는 모양을 추가해 '펑!' 하고 고장나도록 코딩할게요.

❶ '오븐' 오브젝트를 선택하고 [모양] 탭에서 **[모양 추가하기]**를 선택하세요. '모양 추가하기' 창이 나타나면 [인터페이스]-[폭발 효과_3]을 선택하고 추가하기 를 클릭하세요.

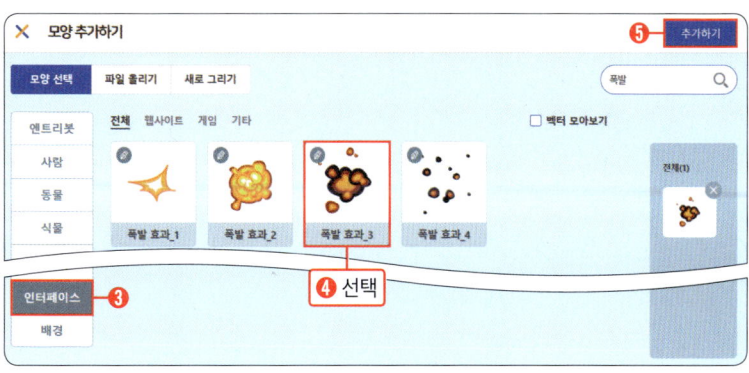

Tip Talk 모양을 추가하고 나면 오브젝트가 새롭게 추가한 모양으로 바뀌어 있어요. 꼭 기존의 오브젝트 모양으로 다시 바꿔주세요.

❷  블록 꾸러미에서 `오븐 고장 ▼ 신호를 받았을 때` 를 찾아 블록 조립소의 빈 곳으로 드래그하세요. 그리고  블록 꾸러미에서 `폭발 효과_3 ▼ 모양으로 바꾸기` 를 드래그하여 `오븐 고장 ▼ 신호를 받았을 때` 아래로 연결하세요.

STEP 06 오브젝트를 클릭하면 작품을 처음부터 다시 실행하는 코딩

A
① `오브젝트를 클릭했을 때`
② `처음부터 다시 실행하기`

❶ '다시 만들기' 글상자 오브젝트를 선택하고 `시작` 블록 꾸러미에서 `오브젝트를 클릭했을 때`를 찾아 블록 조립소의 빈 곳으로 드래그하세요.

❷ `흐름` 블록 꾸러미에서 `처음부터 다시 실행하기`를 드래그하여 `오브젝트를 클릭했을 때` 아래로 연결하세요.

Tip Talk `오브젝트를 클릭했을 때` 블록은 지금 코딩하고 있는 오브젝트를 클릭했을 때만 다음 명령을 실행해요. 하지만 `마우스를 클릭했을 때` 블록은 오브젝트가 아닌 화면 어느 곳을 클릭해도 다음 명령을 실행한답니다.

전체 코드 CHECK!

[제빵사 오브젝트]

- 시작하기 버튼을 클릭했을 때
- 대답 숨기기
- 마법 오븐을 사용해서 친구들에게 줄 빵을 만들거야. 을(를) 2 초 동안 말하기
- 몇 개의 빵을 만들까? 을(를) 묻고 대답 기다리기
- 만일 〈 대답 < 51 〉(이)라면
  - 빵 만들기 ▼ 신호 보내기
  - 친구들에게 가져다주러 가자! 을(를) 말하기
- 아니면
  - 오븐 고장 ▼ 신호 보내기
  - 으악! 빵을 너무 많이 만들어서 오븐이 고장나 버렸어ㅠㅠ 을(를) 말하기

[빵 오브젝트]

- 빵 만들기 ▼ 신호를 받았을 때
- 대답 번 반복하기
  - 자신 ▼ 의 복제본 만들기

- 복제본이 처음 생성되었을때
- 만일 〈 대답 < 51 〉(이)라면
  - 0.1 초 동안 x: 230 부터 -230 사이의 무작위 수 y: 130 부터 -130 사이의 무작위 수 위치로 이동하기
- 아니면
  - 오븐 고장 ▼ 신호 보내기

- 오븐 고장 ▼ 신호를 받았을 때
- 모양 숨기기

[오븐 오브젝트]

- 오븐 고장 ▼ 신호를 받았을 때
- 폭발 효과_3 ▼ 모양으로 바꾸기

[A 오브젝트]

- 오브젝트를 클릭했을 때
- 처음부터 다시 실행하기

한 걸음 더! 핵심 정리

❖ **엔트리는 '신호 보내기' 블록 외에도 다양한 이벤트 블록을 제공하고 있어요.**

기본적으로 [시작하기] 버튼을 클릭했을 때 명령들이 실행되지만, 특정한 때에 명령이 실행되게 하려면 이벤트 블록을 사용해야 해요. 여러분이 지정한 이벤트에 맞게 동작을 자유자재로 실행하고 싶다면 엔트리에서 제공하는 이벤트 블록의 종류와 기능에 대해 정확하게 알고 있어야 해요. 간단하게 정리된 아래의 표를 참고하세요.

이벤트 블록	블록 설명
시작하기 버튼을 클릭했을 때	시작하기 버튼을 클릭하면 아래에 연결된 블록들의 명령을 실행해요.
q▼ 키를 눌렀을 때	지정한 키보드의 키를 누르면 연결된 블록들의 명령을 실행해요.
마우스를 클릭했을 때	실행 화면 어느 곳이든 마우스를 클릭하면 연결된 블록의 명령을 실행해요.
마우스 클릭을 해제했을 때	마우스 클릭을 해제했을 때 아래로 연결된 블록들의 명령을 실행해요. '마우스 클릭을 해제했을 때'는 마우스 버튼에서 손을 떼는 순간을 말해요.
오브젝트를 클릭했을 때	선택한 오브젝트를 클릭했을 때 아래로 연결된 블록들의 명령을 실행해요.
장면이 시작되었을 때	장면이 시작되면 아래로 연결된 블록들의 명령을 실행해요.

이번에는 오늘 배운 신호와 관련된 블록을 알아볼게요.

신호와 관련된 블록	블록 설명
대상 없음▼ 신호를 받았을 때	지정한 신호를 받았을 때 아래로 연결된 블록들의 명령을 실행해요.
대상 없음▼ 신호 보내기	지정한 신호를 오브젝트에게 보낼 수 있어요. 이 블록을 사용하면 신호를 받은 오브젝트의 명령을 바로 실행해요.
대상 없음▼ 신호 보내고 기다리기	지정한 신호를 다른 오브젝트에게 보내는 기능은 똑같지만, 이 블록을 사용하면 신호를 받은 오브젝트의 명령을 바로 실행하지 않고 실행 조건을 만족할 때까지 기다려요.

*정답 및 해설 269쪽

이렇게 만들어요!
http://naver.me/GgOQhtky

앞서 만든 작품에 빵 모양을 추가해서 다양한 빵이 화면에 나타나도록 작품을 만들어보세요.

미션1 '딸기 슈크림 빵' 모양에 다른 빵 모양 추가하기

미션2 복제된 빵이 화면에 나타날 때, 다른 모양의 빵이 화면에 무작위로 나타날 수 있도록 코딩하기

《 힌트 》

1. 우리가 배운 내용 중에 '모양 추가하기'가 있었어요. 모양을 어떻게 추가하면 좋을지 잘 생각해 보세요.

2. `다음 모양으로 바꾸기` 블록을 활용해 보세요. `자신 의 복제본 만들기` 블록 다음에 연결하면 아주 쉽게 해결할 수 있습니다.

이번에 배울 핵심 기능 ▶ 변수

로켓을 타고 우주여행을 떠나자!

코딩 개념 이해 쏙쏙 정보를 저장하는 공간, 변수!

"우리 팀이 줄넘기를 몇 번 넘었는지 내가 기억할게!"

체육 시간에 반 모든 학생들이 함께하는 단체 줄넘기를 해본 적이 있나요? 제한 시간 동안 한 명씩 차례로 줄 안으로 모두 들어오고 난 후, 줄을 더 많이 넘은 팀이 승리하는 경기 말이에요. 이때 어떤 팀이 더 많이 줄을 넘었는지 확인하기 위해 줄넘기 횟수를 세는 친구가 필요합니다. 이 친구는 "하나, 둘, 셋…" 힘찬 목소리로 줄넘기 횟수를 세고, 우리 팀이 몇 번 넘었는지 알려 줄 거예요.

'우리 팀이 넘은 줄넘기 횟수'라는 정보가 친구의 머릿속에 저장되는데, 이 정보는 줄넘기를 넘을 때마다 늘어나는 숫자로 계속 바뀌어 기억됩니다. 이렇게 줄넘기 횟수를 기억하는 친구의 역할처럼 **컴퓨터에서도 정보를 저장할 공간이 필요한데, 이 공간을 바로 '변수'라고 부릅니다.** 하나의 변수에는 단 하나의 값만 저장할 수 있지만 변수의 값은 계속 바꾸거나 삭제할 수 있습니다. 그리고 변수에 이름을 만들어 필요할 때마다 변수의 이름을 불러올 수도 있어요.

▶ 정답 및 해설 270쪽

개념 이해

1 예준이가 공부방을 예쁘게 꾸며보려고 해요. '공부방'에 어울리는 가구와 소품을 골라 O표를 하세요. 그런 다음 방 이름도 만들어 주세요. (　　　)

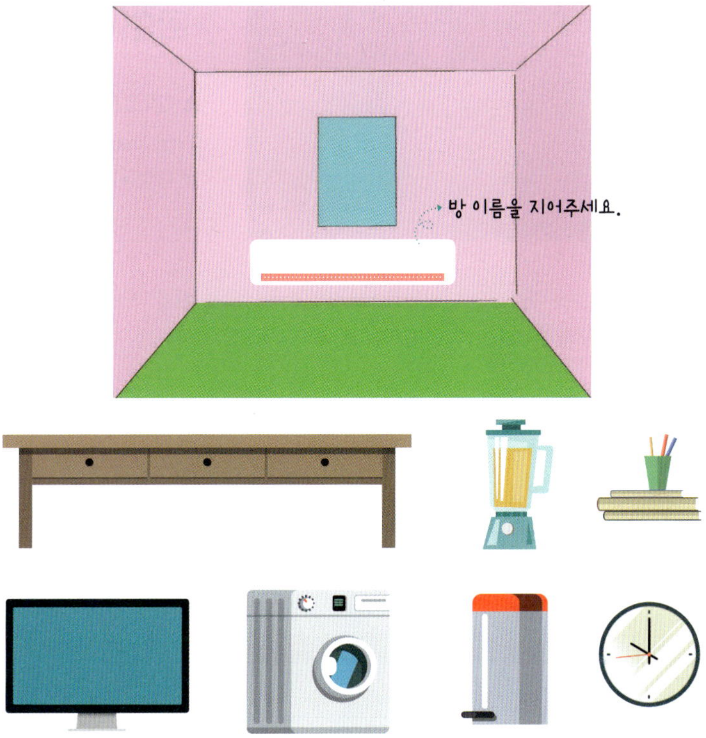

2 다음 중 변수에 관한 설명으로 알맞은 것은 무엇일까요? (　　　)

① 한 번 저장한 값은 다른 값으로 바꿀 수 없다.

② 변수에 다른 변수를 저장할 수 있다.

③ 연산식을 사용하여 값을 저장할 수 없다.

④ 숫자만 저장할 수 있다.

⑤ 변수 이름은 바꿀 수 없다.

승현이와 함께 로켓을 타고 우주를 누벼라!

▼ 작품 미리보기

▲ QR코드로 작품 보기

『http://naver.me/xnE8kdZA』에 접속한 후 시작(▶)을 클릭해 작품을 실행해 보세요.

승현이와 함께 로켓을 타고 우주여행을 떠나볼까요? 여기저기 날아오는 별 장애물을 피해서 승현이가 무사히 우주여행을 마칠 수 있도록 도와주세요. 이 작품에서는 로켓의 생명 점수를 저장할 변수가 필요해요.

알고리즘

오브젝트 동작을 순서대로 정리해서 알고리즘을 만들어 보세요.

1 키보드 방향키를 누르면 오브젝트가 방향대로 움직인다.

2 장애물1이 화면 위쪽에서 아래쪽으로 계속 움직이고, 로켓에 닿으면 생명 값이 1만큼 감소한다.

3 장애물2가 화면 왼쪽에서 오른쪽으로 계속 움직이고, 로켓에 닿으면 생명 값이 1만큼 감소한다.

4 하트는 화면의 정해지지 않은 위치에서 계속 보였다가 사라진다. 로켓에 닿으면 색이 변했다가 다시 원래 색으로 돌아온다.

5 생명 값이 0이면 장면이 바뀌면서 '게임 오버'라는 글상자를 화면에 표시한다.

오브젝트&블록 — 작품에 필요한 오브젝트와 블록을 살펴볼까요?

❖ 오브젝트

장면 1			
로켓	장애물1	장애물2	하트(2)

장면 1		장면 2	
별 헤는 밤	글상자	패턴배경	

❖ 처음 만나는 블록

블록 꾸러미	블록	블록 설명
시작	장면 1 ▼ 시작하기	선택한 장면으로 시작해요.
자료	생명 ▼ 에 10 만큼 더하기	선택한 변수에 입력한 값을 더해요. 음수(-)를 입력하면 입력한 값을 뺍니다.
	생명 ▼ 를 10 (으)로 정하기	선택한 변수를 입력한 값으로 정해요.
	안녕! 을(를) 묻고 대답 기다리기	해당 오브젝트가 입력한 문자를 말풍선으로 묻고, 대답을 기다려요(해당 블록을 블록 조립소로 드래그하면 실행 화면에 대답 0 이 나타나요).
계산	안녕! 과(와) 엔트리 를 합치기	입력한 두 자료 값을 합쳐요.
글상자	엔트리 라고 글쓰기	글상자 내용을 입력한 내용으로 고쳐요.

 ## 장면 1의 오브젝트 만들기

완성파일 | 우주여행게임(변수).ent

01 이미 삽입되어 있는 엔트리봇 오브젝트는 오브젝트 목록의 ⓧ를 클릭해 삭제하세요.

02 실행 화면의 +오브젝트 추가하기 를 클릭해 '오브젝트 추가하기' 창이 열리면 [탈것]-[하늘]-[로켓], [인터페이스]-[작은 별]과 [하트(2)]를 차례로 선택하고 [배경]-[자연]-[별 헤는 밤]도 추가한 후 추가하기 를 클릭하세요.

TipTalk 이번 예제에서는 2개의 장면을 만들어 볼 거예요. 여기서는 장면 1의 오브젝트만 추가합니다.

03 겹쳐 보이는 오브젝트를 드래그해 그림과 같이 적당한 위치로 이동시켜요. 그런 다음 오브젝트 목록에서 '작은 별' 오브젝트를 클릭하고 이름을 '장애물 1'로 바꾸세요.

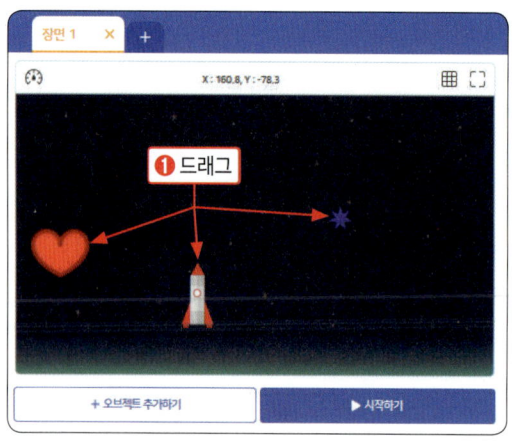
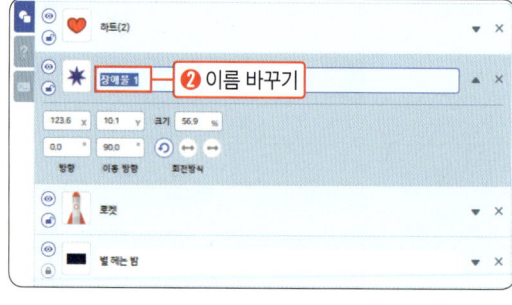

TipTalk 각 오브젝트를 선택하면 나타나는 크기 조절점을 드래그하여 오브젝트의 크기를 조절할 수 있어요.

04 '장애물 1' 오브젝트 색을 분홍으로 바꾸기 위해 '장애물 1' 오브젝트를 선택한 상태에서 [모양] 탭의 [작은 별_분홍]을 클릭하세요.

★중요해요
05 오브젝트 목록에서 '장애물1' 오브젝트를 마우스 오른쪽 버튼으로 눌러 [복제하기]를 선택하세요. 오브젝트 이름을 『장애물2』로 변경한 후, **04**과정과 같은 방법으로 오브젝트의 색을 초록색으로 바꾸기 위해 [모양] 탭의 [작은 별_초록]을 선택하세요. 그런 다음 오브젝트를 드래그하여 위치를 옮겨주세요.

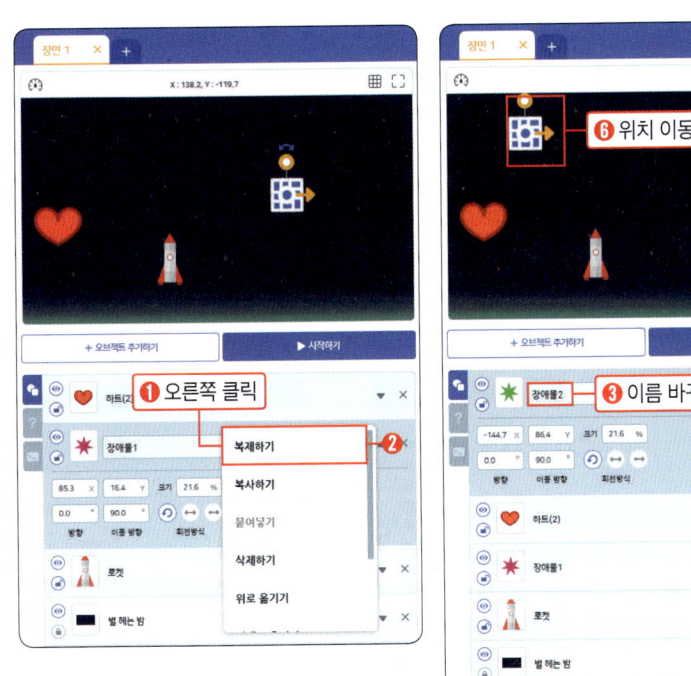

TipTalk 오브젝트를 복제한 경우 복제된 오브젝트는 원래 오브젝트와 같은 위치에 복제되기 때문에 실행 화면에서는 변화가 없어 보여요. 따라서 복제된 오브젝트의 위치를 옮겨 배치해 주세요.

장면 2의 오브젝트 만들기

01 실행 화면 [**장면 1**] 탭 옆의 ➕ 을 클릭해 '장면 2'를 만들어 주세요. 그런 다음 '장면 2'의 ▭ 오브젝트 추가하기 ▭ 를 클릭하세요.

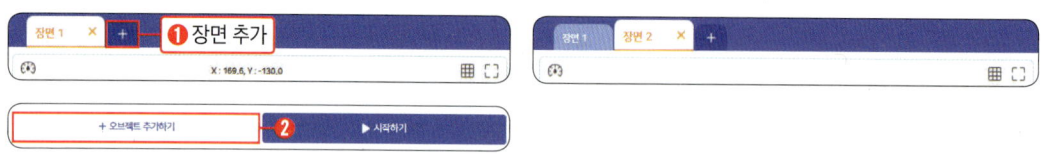

02 '오브젝트 추가하기' 창이 열리면 [**배경**]-[**기타**]-[**패턴배경**]을 선택하고 추가하기 를 클릭하세요.

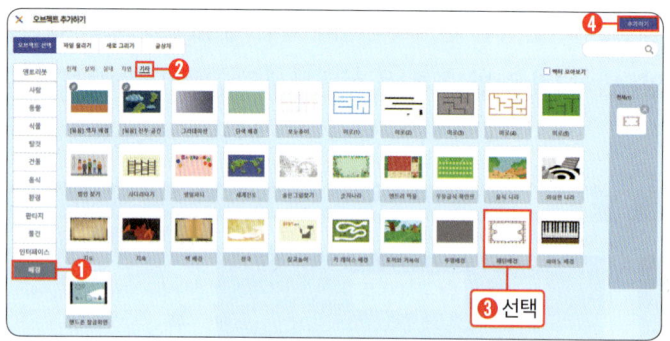

03 다시 ▭ 오브젝트 추가하기 ▭ 를 클릭한 후, [**글상자**] 탭을 선택하고 『글상자』를 입력하세요. 그런 다음 폰트를 '나눔고딕체'로 바꾸고 추가하기 를 클릭하세요.

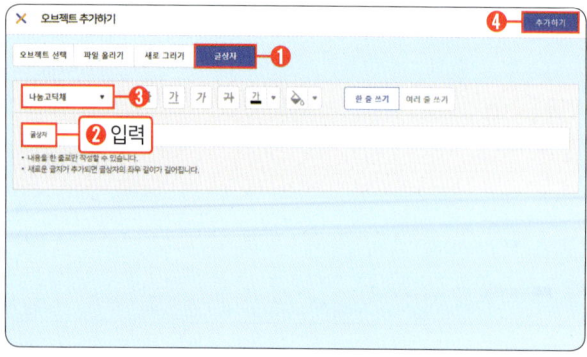

STEP 01   키보드 방향키를 누르면 이동하는 코딩

키보드의 방향키를 누르면 해당 방향으로 로켓이 움직이도록 코딩해 볼게요. 우리가 만드는 게임은 두 개의 장면으로 나눠져 있으니 장면마다 탭을 잘 보고 따라하세요.

① 실행 화면에서 [장면 1] 탭을 클릭하고 '로켓' 오브젝트를 선택하세요. `시작` 블록 꾸러미에서 `시작하기 버튼을 클릭했을 때`를 블록 조립소의 빈 곳으로 드래그하세요.

② 방향키를 누를 때마다 로켓이 계속 움직여야 하기 때문에 `흐름` 블록 꾸러미에서 `계속 반복하기`를 드래그하여 ①과정의 블록 아래로 연결합니다.

③ `흐름` 블록 꾸러미에서 `만일 참 (이)라면`을 드래그하여 ②과정 블록 가운데에 쏙 넣어주세요.

④ `판단` 블록 꾸러미에서 `q 키가 눌러져 있는가?`를 드래그하고 `q▼`를 클릭한 후 키보드의 →키를 누르면 `오른쪽 화살표 키가 눌러져 있는가?`로 변경돼요. 이 블록을 ③과정의 `참` 자리에 넣어주세요.

⑤ 로켓을 오른쪽, 왼쪽으로 움직이게 하려면 x좌표를 사용해야 해요. `움직임` 블록 꾸러미에서 `x좌표를 10 만큼 바꾸기`를 드래그하여 '10'을 『3』으로 바꾸세요. 그런 다음 ③과정의 조건 블록 안쪽에 쏙 넣어주세요.

▶반복 작업

6 같은 방법으로 **3** ~ **4** 과정을 반복하여 왼쪽 화살표를 눌렀을 때 로켓이 왼쪽으로 움직일 수 있도록 블록을 추가하고 **3** 과정 아래로 연결하세요.

> **왠 안되는데요!**
> **6**과정은 109쪽에서도 배웠던 내용이에요. `q▼ 키가 눌러져 있는가?` 의 `q▼`를 꼭 클릭하고 `←`키를 눌러 '왼쪽 화살표'로 바꾸는 과정을 잊지 마세요.

7 [움직임] 블록 꾸러미에서 `x좌표를 10 만큼 바꾸기` 을 드래그하여 '10'을 『-3』으로 바꾸고 **6** 과정 블록 안쪽에 쏙 넣어요.

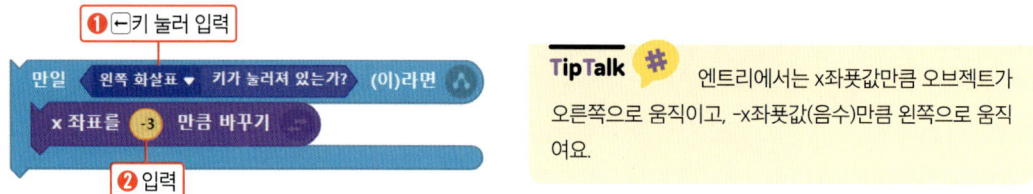

TipTalk 엔트리에서는 x좌푯값만큼 오브젝트가 오른쪽으로 움직이고, -x좌푯값(음수)만큼 왼쪽으로 움직여요.

▶반복 작업

8 로켓을 위쪽, 아래쪽으로 움직이게 하려면 y좌표를 사용해야 해요. **3** ~ **7** 과정의 왼쪽, 오른쪽 이동과 같은 방법으로 [흐름] 블록 꾸러미의 `만일 참 (이)라면` 과 [움직임] 블록 꾸러미의 `y좌표를 10 만큼 바꾸기` 를 드래그하여 그림과 같이 코딩하세요.

TipTalk 엔트리에서는 y좌푯값만큼 오브젝트가 위쪽으로 움직이고, -y좌푯값(음수)만큼 아래쪽으로 움직여요.

STEP 02 변수 값이 0이 되면 장면을 전환하는 코딩

로켓이 장애물을 만나 생명 값이 0이 되면 장면이 바뀌도록 만들어 볼게요.

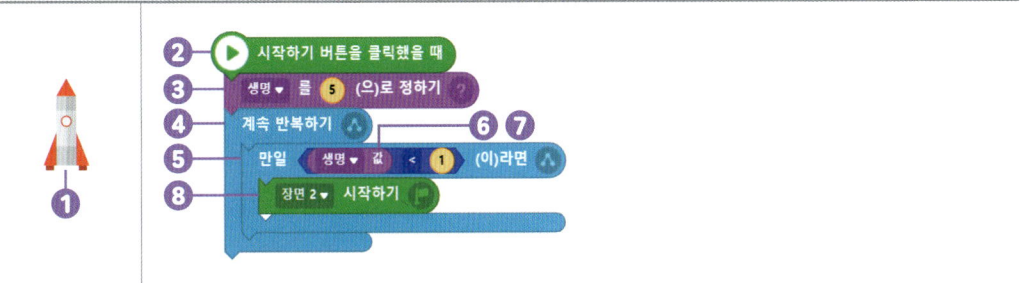

★중요해요

① 생명 값을 저장할 변수를 만들기 위해 [속성] 탭의 [변수]-[변수 추가하기]를 클릭하고, 변수 이름을 『생명』이라고 입력하세요. 아래의 세부 사항은 따로 설정할 것이 없으니 바로 [확인]을 클릭하세요.

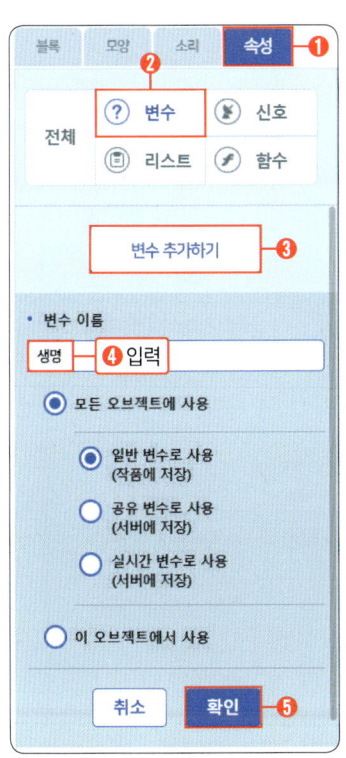

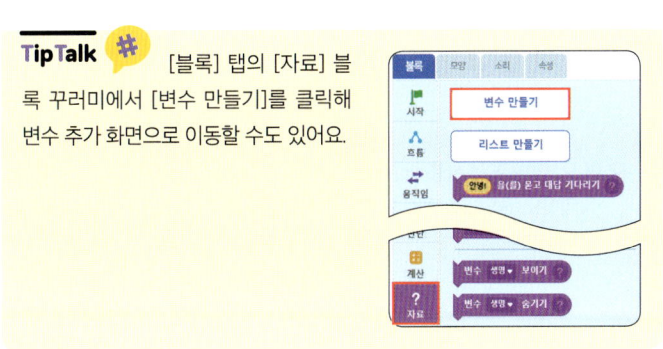

TipTalk [블록] 탭의 [자료] 블록 꾸러미에서 [변수 만들기]를 클릭해 변수 추가 화면으로 이동할 수도 있어요.

② '로켓' 오브젝트를 선택하고 [블록] 탭의 ![시작] 블록 꾸러미에서 ![시작하기 버튼을 클릭했을 때]을 드래그해 블록 조립소 빈 곳으로 가져와요.

③ 처음 생명 값을 '5'로 만들기 위해서 ?자료 블록 꾸러미에서 [생명▼ 를 10 (으)로 정하기]을 드래그하여 '10'을 『5』로 바꾸고 ❷과정 아래로 연결해요.

④ 흐름 블록 꾸러미에서 [계속 반복하기]를 드래그하여 ❸과정 아래로 연결해요.

⑤ 생명 값이 1보다 작거나 0인지 판단하기 위해 흐름 블록 꾸러미에서 [만일 참 (이)라면]을 드래그하여 ❹과정 [계속 반복하기] 블록 가운데에 쏙 넣으세요.

⑥ 판단 블록 꾸러미에서 [10 < 10]을 드래그하여 ❺과정의 참과 바꾸세요.

⑦ ?자료 블록 꾸러미에서 [생명▼ 값]을 드래그하여 ❻과정의 [10 < 10]의 첫 번째 10과 바꿔주세요. 두 번째 10은 『1』로 바꾸세요.

⑧ 조건이 참이면 장면을 바꿀 수 있도록 시작 블록 꾸러미에서 [장면 2▼ 시작하기]를 드래그하여 ❺과정 블록 안쪽으로 끼워 넣습니다.

잠깐만요 변수를 사용하는 범위도 지정할 수 있어요!

[속성] 탭의 [변수]를 클릭하면 변수의 사용 범위를 지정할 수 있는 선택 항목이 보여요.

❶ **모든 오브젝트에서 사용** : 작품에서 사용된 모든 오브젝트가 변수 값을 저장하고 가져올 수 있어요.
  ⓐ **일반 변수로 사용** : 작품을 정지하면 기본값으로 초기화되는 변수예요.
  ⓑ **공유 변수로 사용** : 작품을 정지하면 서버에 저장되는 변수예요.
  ⓒ **실시간 변수로 사용** : 작품을 실행하는 도중에 실시간으로 서버에 저장되는 변수예요.

❷ **이 오브젝트에서 사용** : 선택한 오브젝트에서만 변수 값을 저장하고 가져올 수 있어요. 해당 오브젝트를 복제할 경우 복제된 오브젝트도 똑같이 변수를 가질 수 있어요.

STEP 03   장애물이 위에서 아래로 계속 움직이는 코딩

'장애물1' 오브젝트가 화면 위쪽에서 아래쪽으로 계속 움직이도록 만들어요.

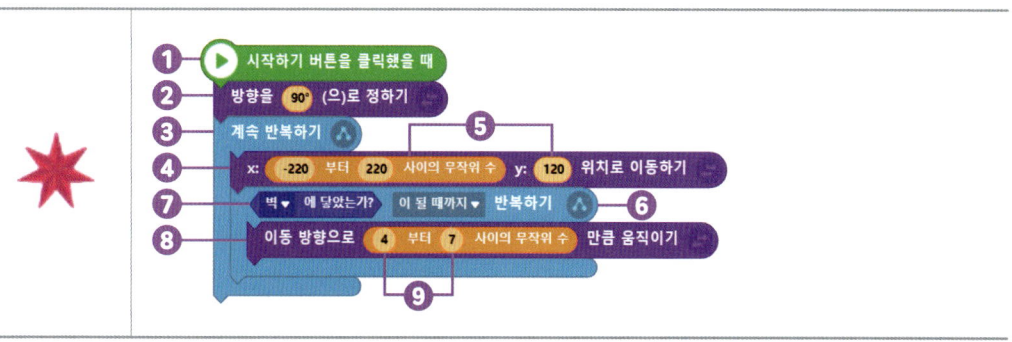

❶ '장애물1' 오브젝트를 선택하고, 🏁 블록 꾸러미에서 ▶시작하기 버튼을 클릭했을 때 를 블록 조립소의 빈 곳으로 드래그하세요.

★중요해요

❷ 그런 다음 ⇄ 블록 꾸러미에서 방향을 90° (으)로 정하기 를 드래그하여 ❶과정 아래로 연결하세요.

> **TipTalk** 오브젝트의 방향을 90도로 바꾸면 오브젝트의 진행 화살표가 아래로 바뀌기 때문에 오브젝트는 앞으로 이동하더라도 우리 눈에는 아래쪽으로 이동하는 것처럼 보여요. 방향을 90° 만큼 회전하기 블록을 사용해도 같은 결과가 나옵니다.

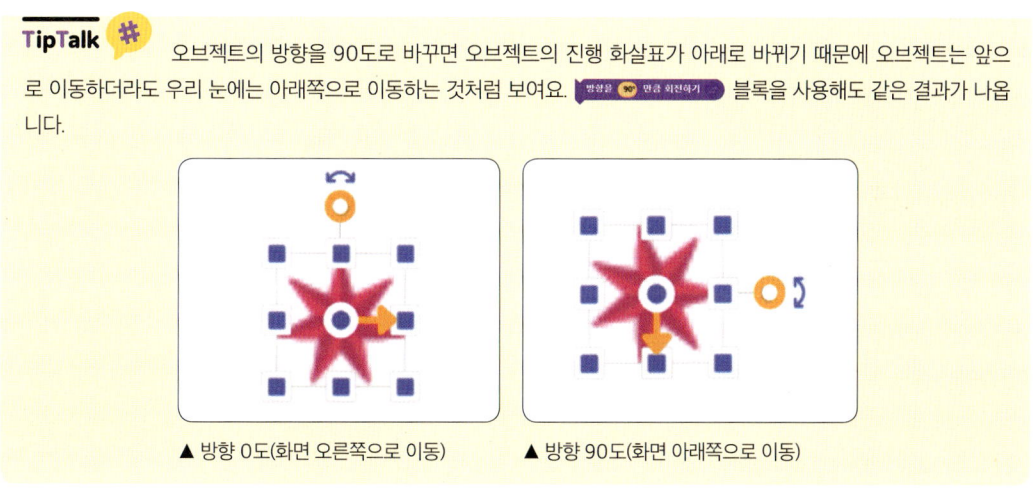

▲ 방향 0도(화면 오른쪽으로 이동)   ▲ 방향 90도(화면 아래쪽으로 이동)

❸ '장애물1' 오브젝트가 계속 움직이도록 ∧ 블록 꾸러미에서 계속 반복하기 를 드래그하여 ❷과정 아래로 연결해요.

❹ '장애물1'이 어디서 나타날지 모르게 만들어야겠죠? ⇄ 블록 꾸러미에서 x: 0 y: 0 위치로 이동하기 를 드래그하여 ❸과정 블록 가운데에 쏙 넣어주세요.

!주의해요

5 계산 블록 꾸러미에서 `0 부터 10 사이의 무작위 수`를 드래그하여 `-220 부터 220 사이의 무작위 수`와 같이 바꾸고 **4** 과정의 x좌푯값에 끼워 넣어요. 그런 다음 y좌푯값을 『120』으로 바꿔요.

> **잠 안되는데요!** 좌푯값 자리에 블록을 끼워넣기가 어려워요
>
> 계산 블록을 x좌푯값에 끼워 넣기가 어렵죠? 끼워 넣을 곳의 시작 부분에 블록 앞쪽을 가져다 놓아보세요. 그러면 '딸깍' 소리가 나면서 블록이 들어가요.
>
> 앞쪽에 끼워넣기

★중요해요

6 이제 '장애물1' 오브젝트가 벽에 닿을 때까지 계속 움직이도록 만들게요. 흐름 블록 꾸러미에서 `참 이 될 때까지▼ 반복하기`를 드래그하여 **4** 과정 아래로 연결하세요.

7 판단 블록 꾸러미에서 `마우스포인터▼ 에 닿았는가?`의 ▼를 클릭해 [벽]을 선택하고 **6** 과정의 `참`과 바꿔주세요.

8 이동 속도를 매번 다르게 하기 위해 움직임 블록 꾸러미에서 `이동 방향으로 10 만큼 움직이기`를 드래그하여 **6** 과정 블록 안쪽에 쏙 넣어주세요.

9 계산 블록 꾸러미에서 `0 부터 10 사이의 무작위 수`를 드래그하여 `4 부터 7 사이의 무작위 수`와 같이 바꾸세요. 그런 다음 **8** 과정의 `10`과 바꿔 끼워주세요.

STEP 04 오브젝트끼리 닿으면 생명 값이 줄어드는 코딩

로켓이 '장애물1'에 닿을 때마다 생명 값이 1점씩 줄어들도록 만들어 볼게요.

!주의해요

① '장애물1' 오브젝트를 선택한 상태에서 [시작] 블록 꾸러미의 [시작하기 버튼을 클릭했을 때]를 블록 조립소의 빈 곳으로 드래그하세요. 113쪽에서 완성한 블록과 떨어뜨려 배치합니다.

② [흐름] 블록 꾸러미에서 [계속 반복하기]를 드래그하여 ①과정 아래로 연결하세요.

③ [흐름] 블록 꾸러미에서 [만일 참 (이)라면]를 드래그하여 ②과정 블록 안쪽에 넣고 [판단] 블록 꾸러미에서 [마우스포인터▼ 에 달았는가?]를 [로켓▼ 에 달았는가?]와 같이 선택한 후 [참] 자리에 넣어주세요.

④ [움직임] 블록 꾸러미에서 [x: 0 y: 0 위치로 이동하기]를 드래그하여 ③과정 블록 안쪽에 넣고 x, y좌표를 바꿀게요. [계산] 블록 꾸러미에서 [0 부터 10 사이의 무작위 수]를 드래그하여 [-220 부터 220 사이의 무작위 수]로 바꾸고 x좌푯값에 끼워 넣어요. y좌푯값은 『120』으로 바꿔주세요.

★중요해요

⑤ 로켓이 장애물에 닿으면 생명 변수 값이 1만큼 줄어들도록 [자료] 블록 꾸러미에서 [생명▼ 에 10 만큼 더하기]를 드래그하여 ④과정 아래로 연결한 후, '10'을 『-1』로 바꾸세요.

STEP 05 장애물이 계속 움직이는 코딩

'장애물2' 오브젝트가 화면 왼쪽에서 오른쪽으로 계속 움직이도록 코딩할게요.

> **TipTalk** 친구들 벌써 눈치챘나요? '장애물2' 오브젝트와 '장애물1' 오브젝트는 움직이는 방향만 다르고 사용한 모든 블록은 같아요. 따라서 코드 복사로 빠르게 끝낼 수 있어요.

▶ 반복 작업

① 113쪽에서 만든 '장애물1' 오브젝트의 맨 위쪽 블록인 ▶시작하기 버튼을 클릭했을 때 를 마우스 오른쪽 버튼으로 클릭하여 [코드 복사]를 선택하세요.

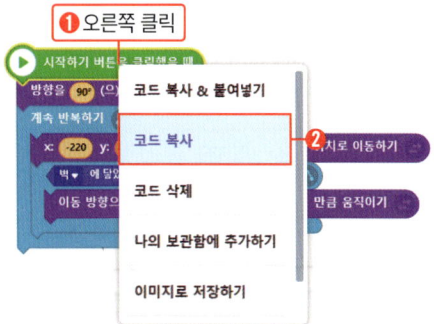

❷ '장애물2' 오브젝트를 선택하고, 블록 조립소의 빈 곳을 마우스 오른쪽 버튼으로 클릭해 [붙여넣기]를 선택하면 코드가 복사됩니다. 방향은 『0』으로, x좌푯값은 '-220', y좌푯값은 '-120부터 120 사이의 무작위 수'로 바꾸면 간단하게 코딩을 끝낼 수 있어요.

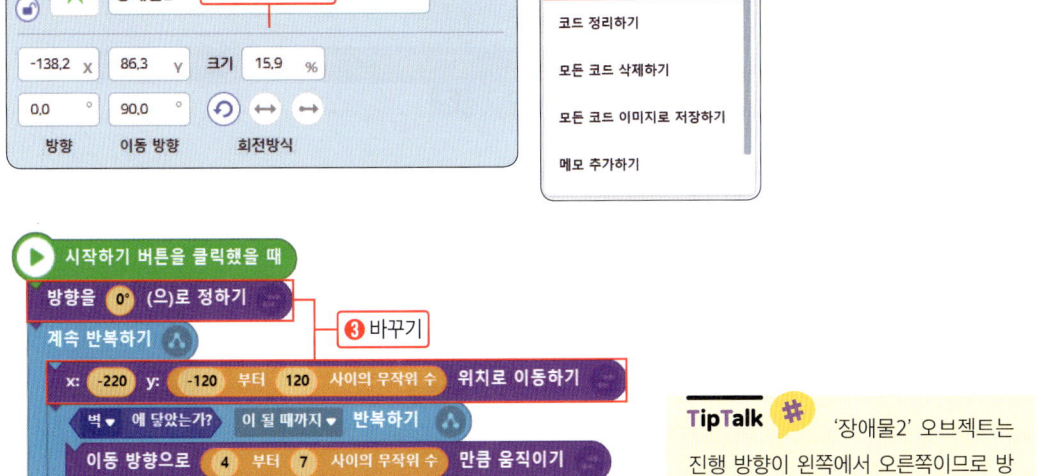

TipTalk '장애물2' 오브젝트는 진행 방향이 왼쪽에서 오른쪽이므로 방향을 90도로 바꿀 필요가 없어요.

❸ 같은 방법으로 115쪽에서 만든 '장애물1' 오브젝트의 맨 위쪽 블록인 〈시작하기 버튼을 클릭했을 때〉를 마우스 오른쪽 버튼으로 눌러 코드를 복사하고, '장애물2' 오브젝트를 선택한 후 붙여넣어요. x좌푯값은 '-220', y좌푯값은 '-120부터 120 사이의 무작위 수'로 바꿔주세요.

TipTalk 이번 블록은 방향 설정을 할 필요가 없기 때문에 똑같이 붙여넣고 좌푯값만 바꾸면 됩니다.

STEP 06 　오브젝트가 무작위로 계속 나타나는 코딩

'하트(2)' 오브젝트가 예측할 수 없는 위치에서 계속 나타나게 만들어요.

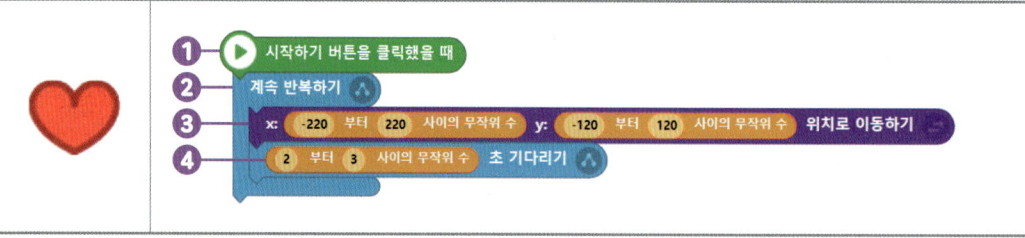

❶ '하트(2)' 오브젝트를 선택하고, 블록 꾸러미에서 시작하기 버튼을 클릭했을 때 를 드래그해 블록 조립소로 가져와요.

❷ 오브젝트가 계속 반복해서 움직일 수 있도록 흐름 블록 꾸러미에서 계속 반복하기 를 드래그하여 ❶과정 아래로 연결합니다.

❸ 움직임 블록 꾸러미에서 x: 0 y: 0 위치로 이동하기 를 드래그하여 ❷과정 블록 안쪽으로 넣고, '하트(2)' 오브젝트의 x좌푯값과 y좌푯값을 무작위 수로 정하기 위해 계산 블록 꾸러미에서 0 부터 10 사이의 무작위 수 를 두 번 드래그하여 x좌푯값은 -220 부터 220 사이의 무작위 수 로, y좌푯값은 -120 부터 120 사이의 무작위 수 로 바꿔주세요.

❹ 오브젝트가 2~3초 정도 기다렸다가 다른 위치로 이동하도록 흐름 블록 꾸러미에서 2 초 기다리기 를 드래그하여 ❸과정 블록 아래로 연결하고, 계산 블록 꾸러미에서 0 부터 10 사이의 무작위 수 를 두 번 드래그하여 x좌푯값은 2 부터 3 사이의 무작위 수 로 바꾼 후 2 초 기다리기 에 끼워 넣어요.

STEP 07   오브젝트끼리 닿으면 생명 값이 늘어나는 코딩

로켓에 '하트(2)' 오브젝트가 닿으면 색이 변했다가 다시 원래 색으로 되돌아오고, 생명 값도 1씩 늘어나도록 코딩해볼게요.

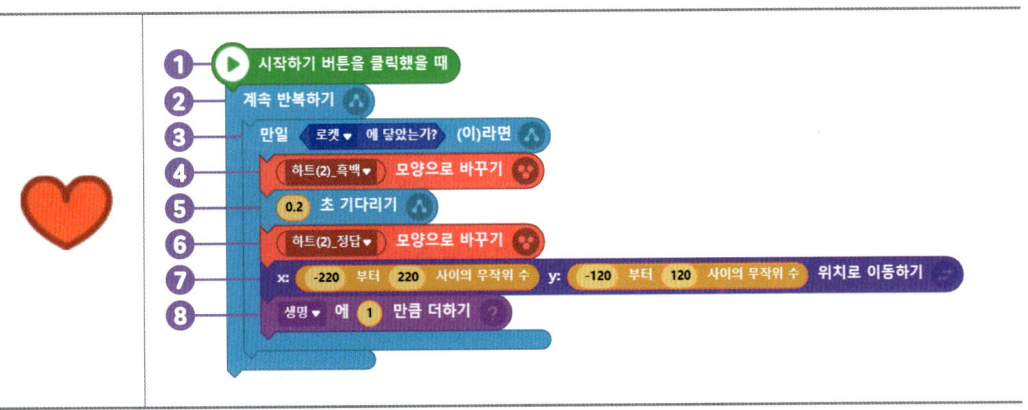

!주의해요

① '하트(2)' 오브젝트를 선택한 상태에서 🏁 블록 꾸러미의 ▶시작하기 버튼을 클릭했을 때 를 드래그해 블록 조립소의 빈 곳에 떨어뜨려 배치하세요.

② 🔺 블록 꾸러미에서 계속 반복하기 를 드래그하여 ①과정 아래로 연결합니다.

③ 🔺 블록 꾸러미에서 만일 참 (이)라면 도 드래그하여 ②과정의 반복 블록 안쪽에 쏙 넣어줍니다. 그런 다음 🔺 블록 꾸러미에서 마우스포인터▼ 에 닿았는가? 를 드래그해 로켓▼ 에 닿았는가? 로 선택하고 참 과 바꿔요.

④ '하트(2)' 오브젝트 모양이 흑백으로 보였다가 다시 원래 색으로 되돌아오도록 생김새 블록 꾸러미의 하트(2)_정답▼ 모양으로 바꾸기 를 드래그하여 하트(2)_흑백▼ 모양으로 바꾸기 로 선택하고 ③과정 안쪽에 넣어요.

⑤ 🔺 블록 꾸러미에서 2 초 기다리기 를 드래그하고 '2'를 『0.2』초로 바꾼 후 ④과정 아래에 연결하세요.

⑥ 생김새 블록 꾸러미에서 `하트(2)_정답 모양으로 바꾸기` 를 드래그하여 ⑤과정 아래로 연결하세요.

★중요해요

⑦ '하트(2)' 오브젝트가 무작위로 계속 움직이도록 움직임 블록 꾸러미에서 `x: 0 y: 0 위치로 이동하기` 를 드래그해 ⑥과정 블록 아래로 연결하고, 계산 블록 꾸러미에서 `0 부터 10 사이의 무작위 수` 를 가져와 x좌푯값은 `-220 부터 220 사이의 무작위 수` 로, y좌푯값은 `-120 부터 120 사이의 무작위 수` 로 바꿔 끼워요.

⑧ 생명 변수가 1씩 늘어나도록 자료 블록 꾸러미에서 `생명▼ 에 10 만큼 더하기` 를 드래그하여 '10'을 『1』로 바꾼 후 ⑦과정 아래로 연결하세요.

STEP 08 글상자를 나타내는 코딩

생명 값이 0이 되면 '게임 오버' 글상자를 화면에 표시하도록 코딩해볼게요.

!주의해요

❶ [장면 2] 탭을 클릭하고 실행 화면의 오브젝트 목록에서 '글상자'를 선택해요. 시작 블록 꾸러미에서 `장면이 시작되었을 때` 를 드래그해 블록 조립소로 가져옵니다.

❷ 글상자 블록 꾸러미에서 `엔트리 라고 글쓰기` 를 드래그하고 '엔트리'를 『게임 오버』로 바꾼 후 ❶과정 아래로 연결하세요.

전체 코드 CHECK!

▶ 시작하기 버튼을 클릭했을 때
계속 반복하기
　만일 〈오른쪽 화살표▼ 키가 눌러져 있는가?〉 (이)라면
　　x 좌표를 3 만큼 바꾸기
　만일 〈왼쪽 화살표▼ 키가 눌러져 있는가?〉 (이)라면
　　x 좌표를 -3 만큼 바꾸기
　만일 〈위쪽 화살표▼ 키가 눌러져 있는가?〉 (이)라면
　　y 좌표를 3 만큼 바꾸기
　만일 〈아래쪽 화살표▼ 키가 눌러져 있는가?〉 (이)라면
　　y 좌표를 -3 만큼 바꾸기

▶ 시작하기 버튼을 클릭했을 때
생명▼ 를 5 (으)로 정하기
계속 반복하기
　만일 〈생명▼ 값 < 1〉 (이)라면
　　장면 2▼ 시작하기

▶ 시작하기 버튼을 클릭했을 때
방향을 90° (으)로 정하기
계속 반복하기
　x: -220 부터 220 사이의 무작위 수 y: 120 위치로 이동하기
　〈벽▼ 에 닿았는가?〉 이 될 때까지▼ 반복하기
　　이동 방향으로 4 부터 7 사이의 무작위 수 만큼 움직이기

▶ 시작하기 버튼을 클릭했을 때
계속 반복하기
　만일 〈로켓▼ 에 닿았는가?〉 (이)라면
　　x: -220 부터 220 사이의 무작위 수 y: 120 위치로 이동하기
　　생명▼ 에 -1 만큼 더하기

★

```
▶ 시작하기 버튼을 클릭했을 때
방향을 0° (으)로 정하기
계속 반복하기
    x: -220  y: -120 부터 120 사이의 무작위 수  위치로 이동하기
    벽▼ 에 닿았는가? 이 될 때까지▼ 반복하기
        이동 방향으로 4 부터 7 사이의 무작위 수 만큼 움직이기
```

```
▶ 시작하기 버튼을 클릭했을 때
계속 반복하기
    만일 로켓▼ 에 닿았는가? (이)라면
        x: -220  y: -120 부터 120 사이의 무작위 수  위치로 이동하기
        생명▼ 에 -1 만큼 더하기
```

♥

```
▶ 시작하기 버튼을 클릭했을 때
계속 반복하기
    x: -220 부터 220 사이의 무작위 수  y: -120 부터 120 사이의 무작위 수  위치로 이동하기
    2 부터 3 사이의 무작위 수 초 기다리기
```

```
▶ 시작하기 버튼을 클릭했을 때
계속 반복하기
    만일 로켓▼ 에 닿았는가? (이)라면
        하트(2)_흑백▼ 모양으로 바꾸기
        0.2 초 기다리기
        하트(2)_정답▼ 모양으로 바꾸기
        x: -220 부터 220 사이의 무작위 수  y: -120 부터 120 사이의 무작위 수  위치로 이동하기
        생명▼ 에 1 만큼 더하기
```

❖ 대답 블록은 짝꿍이 있어요!

`?자료` 블록 꾸러미에서 `대답`을 찾아보세요. `대답`은 사용자가 '변수 추가' 명령으로 만든 변수와는 조금 다르게 `안녕! 을(를) 묻고 대답 기다리기` 블록과 한 쌍으로 사용해요. 사용자가 입력한 대답을 저장하는 저장소 역할을 하죠. 간단한 예제로 사용법을 알아볼게요.

❶ 실행 화면에 보이는 기본 엔트리봇 오브젝트를 선택해요. 블록 조립소에 나타난 블록들 중 `시작하기 버튼을 클릭했을 때`를 제외한 나머지 블록들을 마우스 오른쪽 버튼으로 클릭하고 [코드 삭제]를 선택해 삭제합니다.

❷ `?자료` 블록 꾸러미에서 `안녕! 을(를) 묻고 대답 기다리기`를 드래그하여 ❶과정 아래로 연결하고 '안녕!'을 『이름을 입력하세요』로 바꿔주세요.

❸ `생김새` 블록 꾸러미에서 `안녕! 을(를) 말하기`를 드래그해 ❷과정 아래로 연결하세요.

❹ `계산` 블록 꾸러미에서 `안녕! 과(와) 엔트리 를 합치기`를 드래그하여 ❸과정의 `안녕!`에 끼워 넣으세요. '안녕!'은 `?자료` 블록 꾸러미의 `대답`으로, '엔트리'는 『안녕?』으로 바꾸세요.

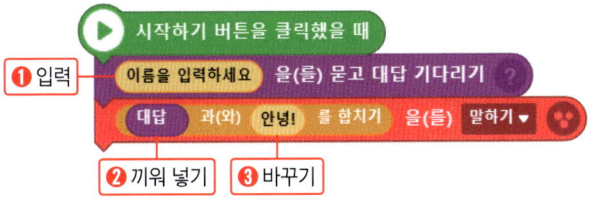

123

❺ 작품을 실행하면 이름을 입력하라는 질문이 나오죠? 대답을 입력하고 ✓를 클릭하면 다음 오브젝트의 인사에 내 대답이 연결되어 나타납니다.

*정답 및 해설 270쪽

이렇게 만들어요! ▶
http://naver.me/IFa1cQvj

앞에서 완성한 작품 화면에 생명 값 대신 점수가 보이도록 코드를 추가하여 작성하세요.

미션1 '생명' 변수를 삭제하고 '점수' 변수 추가하기

미션2 로켓이 하트에 닿으면 점수가 1점 올라가고, 장애물에 닿으면 점수가 1점 내려가도록 만들기

미션3 처음 시작 점수는 5점이고 점수가 0점(1점 미만)이면 게임이 끝나면서 '게임 오버' 장면으로 바꾸기

〈 힌트 〉

[속성] 탭-[변수]-[변수 추가하기]에서 '점수' 변수를 추가하세요. 이때 '생명' 변수는 꼭 삭제해야 합니다. 또한 각 오브젝트마다 클릭하여 [자료] 블록의 '대상 없음' 값을 '점수'로 바꿔주세요.

이번에 배울 핵심 기능 ▶ 산술연산

어떤 계산이든 빠르게 척척!

코딩 개념 이해 쏙쏙 │ 사칙연산을 정확하고 빠르게 처리하기

❖ 컴퓨터와 인간의 연산 대결!

'172,004,567,892,102,909,563,652+6,456,234,190,234,902,101'의 정답은 무엇일까요? 물론 계산을 할 수는 있겠지만, 사람의 머리로는 위와 같은 큰 숫자들을 다루는 덧셈이나 뺄셈, 곱셈, 나눗셈 등의 연산을 하려면 굉장히 오랜 시간이 걸릴 거예요. 더군다나 이런 문제들을 매번 정확하게 계산하기는 쉽지 않겠죠?

하지만 컴퓨터는 이렇게 복잡한 계산들을 빠르고 정확하게 처리하며, 항상 정답을 맞힐 수 있는 능력을 가지고 있어요. ==복잡한 덧셈, 뺄셈, 곱셈, 나눗셈을 컴퓨터의 명령어로 단숨에 계산하는 일은 컴퓨터가 가진 매우 중요한 기능 중 하나로 우리는 이것을 '산술연산'==이라고 부릅니다.

복잡한 계산은 컴퓨터에게 맡기고, 우리는 코딩을 즐기러 가자!

수학이 재밌어지는 계산왕 게임!

▼ 작품 미리보기

▲ QR코드로 작품 보기

『http://naver.me/G73XjOIV』에 접속한 후 시작(▶)을 클릭해 작품을 실행해 보세요.

선우는 수학을 어려워하는 동생을 위해 연산 문제를 재미있게 풀 수 있도록 계산왕 게임을 만들었어요. 선우 덕분에 동생은 수학에 점점 재미를 느끼게 되었다고 하네요. 여러분도 계산왕 게임으로 덧셈과 뺄셈에 도전해 보세요!

단계별 코딩 미리보기

1단계 오브젝트 추가

배경과 사람 얼굴 오브젝트를 삽입해요.

2단계 질문 만들기 코딩

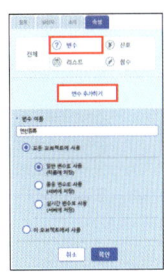

덧셈, 뺄셈 변수를 만들어요.

3단계 덧셈을 하는 코딩

문제가 나오면 정답을 입력해요.

4단계 뺄셈을 하는 코딩

문제가 나오면 정답을 입력해요.

알고리즘
오브젝트의 동작을 순서대로 정리해서 알고리즘을 만들어 보세요.

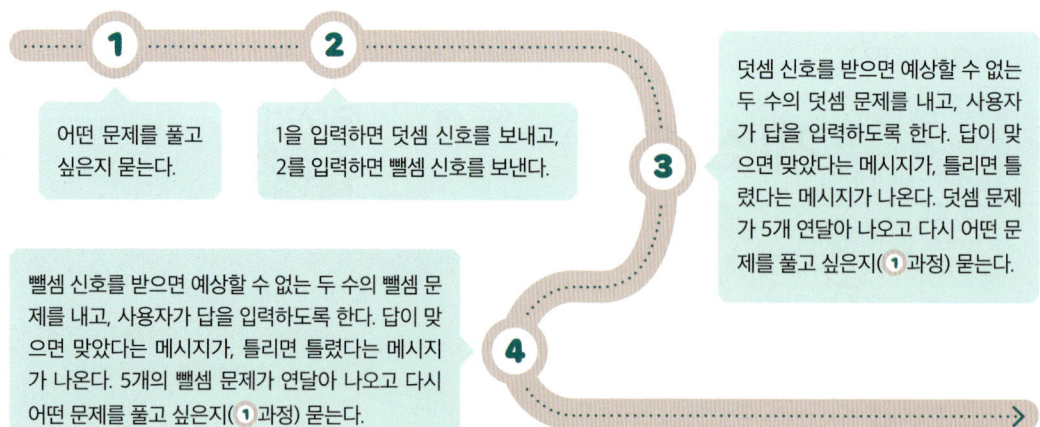

1 어떤 문제를 풀고 싶은지 묻는다.

2 1을 입력하면 덧셈 신호를 보내고, 2를 입력하면 뺄셈 신호를 보낸다.

3 덧셈 신호를 받으면 예상할 수 없는 두 수의 덧셈 문제를 내고, 사용자가 답을 입력하도록 한다. 답이 맞으면 맞았다는 메시지가, 틀리면 틀렸다는 메시지가 나온다. 덧셈 문제가 5개 연달아 나오고 다시 어떤 문제를 풀고 싶은지(①과정) 묻는다.

4 뺄셈 신호를 받으면 예상할 수 없는 두 수의 뺄셈 문제를 내고, 사용자가 답을 입력하도록 한다. 답이 맞으면 맞았다는 메시지가, 틀리면 틀렸다는 메시지가 나온다. 5개의 뺄셈 문제가 연달아 나오고 다시 어떤 문제를 풀고 싶은지(①과정) 묻는다.

오브젝트&블록
작품에 필요한 오브젝트와 블록을 살펴볼까요?

❖ 오브젝트

얼굴(남)	단색 배경

❖ 처음 만나는 블록

블록 꾸러미	블록	블록 설명
시작	대상 없음▼ 신호 보내고 기다리기	목록에 선택된 신호를 보내고, 해당 신호를 받는 블록들의 실행이 끝날 때까지 기다립니다.
계산	10 + 10	+ : 입력한 두 수의 값을 더해요.
	10 - 10	- : 입력한 두 수의 값을 빼요.
	10 × 10	× : 입력한 두 수의 값을 곱해요.
	10 / 10	/ : 입력한 두 수의 값을 나눠요.

완성파일 | 계산왕(연산).ent

01 실행 화면에 이미 삽입되어 있는 엔트리봇 오브젝트는 오브젝트 목록의 ⊠를 클릭해 삭제합니다.

02 [+ 오브젝트 추가하기]을 클릭해 '오브젝트 추가하기' 창이 열리면 [사람]-[얼굴(남)]과 [배경]-[기타]-[단색 배경]을 선택하고 [추가하기]를 클릭하세요.

03 다시 [+ 오브젝트 추가하기]를 클릭하고 '오브젝트 추가하기' 창의 [글상자] 탭을 선택한 후 『계산왕』을 입력하세요.

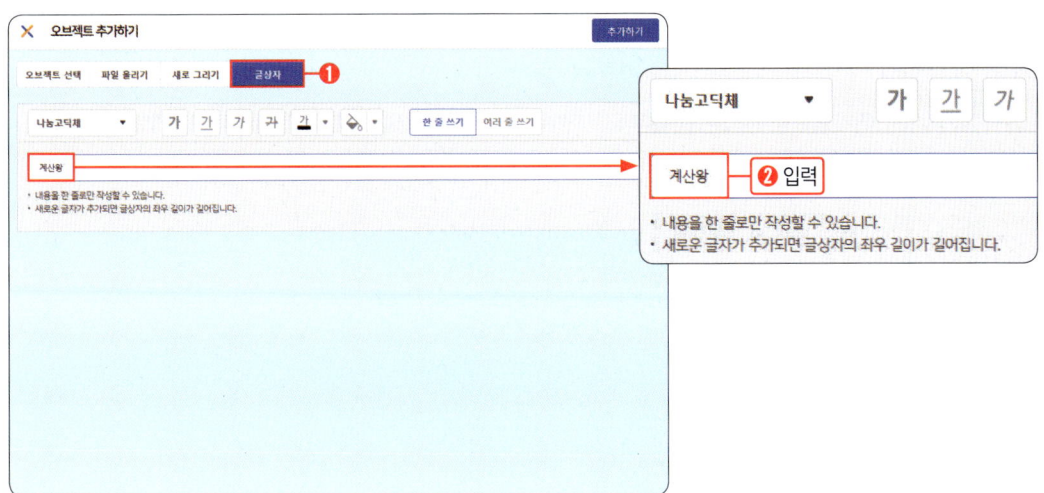

WEEK 08

✓ 꼭 해보세요

04 글꼴을 '나눔고딕체'로 바꾸고, 굵은 글자를 만들기 위해 [가]를 클릭하세요. 그런 다음 글상자의 배경을 없애기 위해 [◇]를 선택하고 [ ] 부분을 클릭하여 빨간색 사선이 생기도록 만들어 주세요. [추가하기]를 클릭하면 '계산왕' 글자가 화면 가운데에 나타나요.

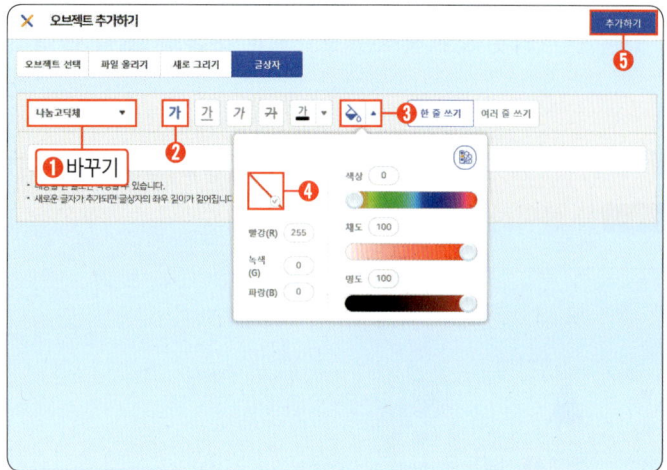

TipTalk 글상자에 다양한 서식을 적용하는 과정은 앞에서도 배웠어요. 글자색을 지정하거나 밑줄을 적용해 봐도 좋아요.

05 '얼굴(남)' 오브젝트 위로 겹쳐진 '계산왕' 글자를 그림과 같이 적당한 위치로 옮기고, 크기 조절점을 드래그하여 원하는 크기로 조절하세요.

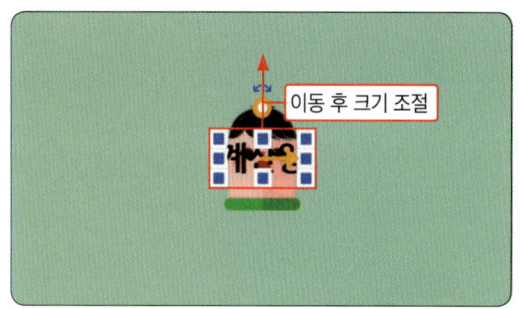 

TipTalk 만약 글상자에서 글자만 입력하고 [추가하기]를 눌렀다면 당황하지 말고, '글상자' 오브젝트를 선택한 상태에서 블록 꾸러미의 [글상자] 탭을 클릭하세요. 탭 안에서도 글자 배경과 진하기 등을 지정할 수 있어요.

STEP 01 질문하기 코딩

'얼굴(남)' 오브젝트를 선택하고 어떤 문제를 풀고 싶은지 묻는 코딩 작업을 해볼게요.

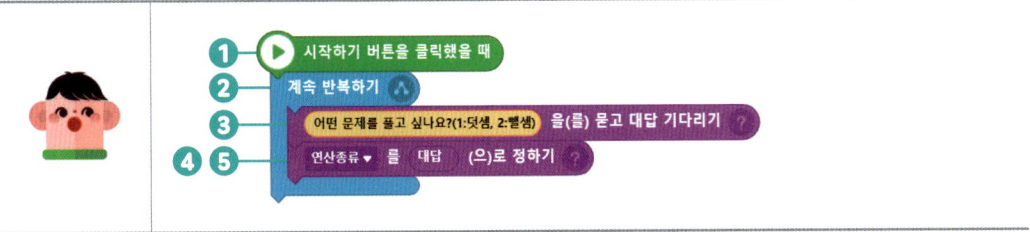

① 블록 꾸러미에서 시작하기 버튼을 클릭했을 때 를 블록 조립소 빈 곳으로 드래그하세요.

② 블록 꾸러미에서 계속 반복하기 를 드래그하여 ①과정 아래로 연결합니다.

③ 질문에 대한 답을 입력 받기 위해 ? 자료 블록 꾸러미에서 안녕! 을(를) 묻고 대답 기다리기 를 드래그하여 '안녕!'을 『어떤 문제를 풀고 싶나요?(1:덧셈, 2:뺄셈)』로 바꾸고 ②과정 블록의 가운데에 쏙 넣어주세요.

★중요해요
④ 선택한 연산 종류가 덧셈인지, 뺄셈인지 판단한 후, 값을 저장할 변수를 만들 거예요.
[속성] 탭에서 [변수]-[변수 추가하기]를 클릭하고 변수 이름을 『연산종류』라고 입력한 후 [확인]을 클릭하세요.

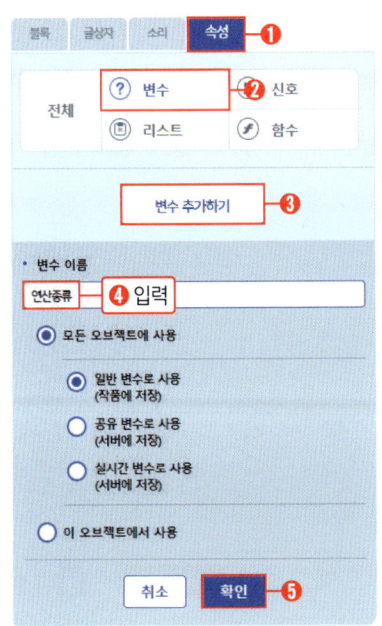

TipTalk ? 자료 블록 꾸러미에서 [변수 만들기]를 클릭해도 변수 이름을 입력할 수 있어요.

❺ '연산종류' 변수에 사용자가 입력한 '1(덧셈)' 또는 '2(뺄셈)'의 값이 저장되도록 [블록] 탭의 [자료] 블록 꾸러미에서 `연산종류▼ 를 10 (으)로 정하기` 를 드래그하고 '10'을 `대답` 으로 바꾸세요. 그런 다음 ❸과정 아래로 연결하세요.

> **전 안되는데요!**
>
> 여기서 '대답'을 텍스트로 입력하지 않도록 주의하세요. '10'이 있던 자리에 텍스트로 『대답』을 입력하면 명령이 제대로 실행되지 않아요. 반드시 [자료] 블록 꾸러미의 `대답` 블록을 드래그해서 바꿔주세요.

STEP 02 입력한 값에 따라 다른 연산문제를 내는 코딩

'1'을 입력하면 덧셈 문제를, '2'를 입력하면 뺄셈 문제를 내도록 만들어 볼게요.

★중요해요

❶ 연산 종류에 따라 다른 문제를 내는 신호를 만들어요. [속성] 탭의 [신호]-[신호 추가하기]를 클릭해 '덧셈' 신호와 '뺄셈' 신호를 각각 만들어주세요.

❷ [블록] 탭의 [흐름] 블록 꾸러미에서 `만일 참 (이)라면` 을 드래그하여 STEP 01 의 ❺과정 아래로 연결하세요.

❸ ![자료] 블록 꾸러미에서 `10 = 10`을 드래그하고 앞쪽의 `10`은 ![자료] 블록 꾸러미의 `연산종류▼ 값`으로 바꾸고, 뒤쪽 `10`에는 『1』을 입력하여 `연산종류▼ 값 = 1`과 같이 만든 후 ❷과정의 `참` 자리에 넣어주세요.

❹ 덧셈 대답을 하기 위해 ![시작] 블록 꾸러미에서 `덧셈▼ 신호 보내고 기다리기`를 드래그하여 ❷과정 블록의 가운데에 쏙 넣어주세요.

TipTalk ![#] 블록 꾸러미는 마지막으로 사용한 속성의 변수를 보여줍니다. 따라서 '덧셈 신호 보내고 기다리기' 블록이 보이지 않는다고 당황하지 마세요. ▼을 클릭해 변수 부분만 바꿔주면 됩니다.

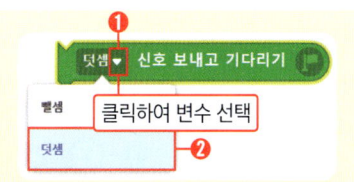

▶반복 작업

❺ ❷ ~ ❸과정과 같은 방법으로 뺄셈 대답에 대한 결과를 만들기 위해 ![흐름] 블록 꾸러미에서 `만일 참 (이)라면`을 드래그하고 `참`을 `연산종류▼ 값 = 2`로 바꾼 후 ❷과정 아래로 연결하세요.

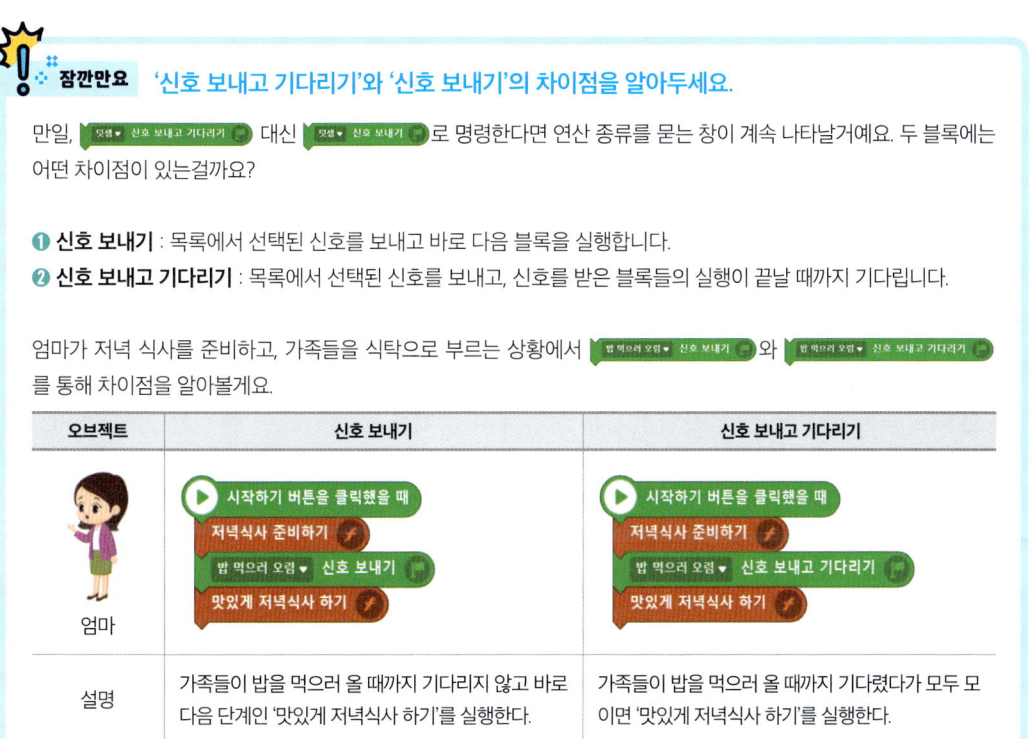

❻ [시작] 블록 꾸러미에서 [뺄셈▼ 신호 보내고 기다리기]를 ❺과정 블록의 가운데에 쏙 넣어주세요.

STEP 03 덧셈 신호를 받았을 때의 코딩

덧셈 신호를 받으면 무작위로 덧셈 문제를 출제하고 결과에 따라 말하기를 실행한 후 다음 문제를 내도록 코딩할게요.

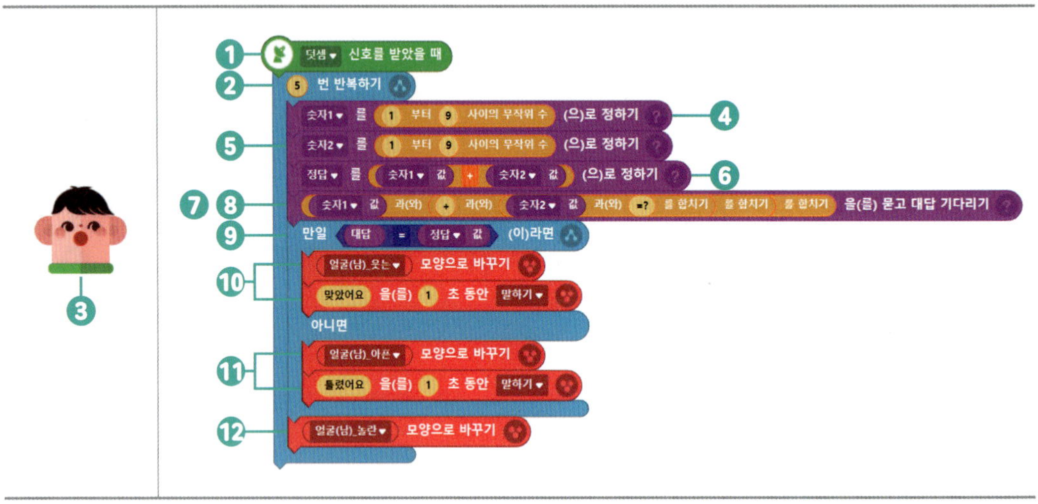

!주의해요

❶ '얼굴(남)' 오브젝트를 선택한 상태에서 [시작] 블록 꾸러미에서 [덧셈▼ 신호를 받았을 때]를 블록 조립소의 빈 곳으로 떨어뜨려 배치하세요.

❷ [흐름] 블록 꾸러미에서 [10 번 반복하기]를 드래그하여 '10'을 『5』로 바꾸고 ❶과정 아래로 연결하세요.

★중요해요

❸ 1부터 9까지 숫자 중 무작위로 2개를 정해서 문제를 출제하려면 변수가 2개 더 필요해요. 또 계산한 결과를 저장할 변수 1개도 필요합니다. 따라서 우리에게 필요한 변수는 모두 3개지요.

[속성] 탭의 [변수]-[변수 추가하기]를 클릭해 『숫자1』과 『숫자2』, 『정답』 변수를 각각 만들어 주세요.

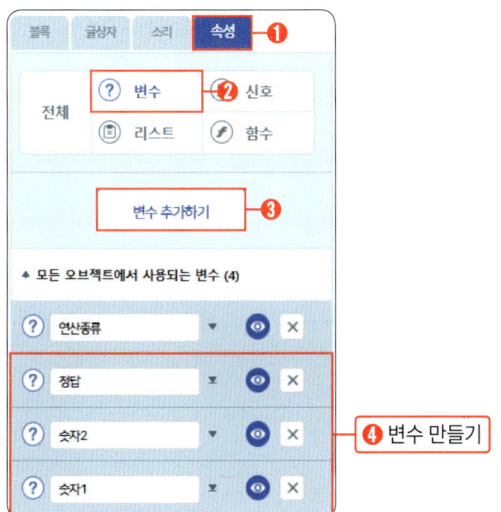

④ 변수에 선택된 숫자를 저장하도록 만들기 위해 [블록] 탭의 ?자료 블록 꾸러미에서 숫자1▼ 를 10 (으)로 정하기 를 드래그하고 '10'을 1부터 9사이의 무작위 숫자로 정하도록 계산 블록 꾸러미에서 0 부터 10 사이의 무작위 수 를 1 부터 9 사이의 무작위 수 와 같이 바꾸고 숫자1▼ 를 10 (으)로 정하기 의 '10' 자리에 끼워 넣어요. 그런 다음 ❷과정 블록 가운데에 쏙 넣어요.

⑤ ❹과정의 숫자1▼ 를 1 부터 9 사이의 무작위 수 (으)로 정하기 를 마우스 오른쪽 버튼으로 클릭하여 [코드 복사&붙여넣기]를 선택해요. 블록이 복사되면 ▼ 를 클릭해 [숫자2]로 바꾼 후 ❹과정 아래로 연결하세요.

⑥ 두 수의 덧셈 결과를 '정답'이란 변수에 저장해 볼게요. ?자료 블록 꾸러미에서 정답▼ 를 10 (으)로 정하기 를 드래그하고 ❺과정 아래로 연결하고, 10 자리에 계산 블록 꾸러미의 10 + 10 을 끼워 넣으세요. 그런 다음 두 개의 10 을 ?자료 블록 꾸러미의 숫자1▼ 값 과 숫자2▼ 값 으로 각각 바꿔주세요.

정답▼ 를 (숫자1▼ 값 + 숫자2▼ 값) (으)로 정하기

★중요해요

7 1~9 사이의 무작위 숫자로 덧셈 문제를 낼 수 있도록 ?자료 블록 꾸러미에서 `안녕! 을(를) 묻고 대답 기다리기`를 드래그하여 **6**과정 아래로 연결하고, `안녕!`에 덧셈 문제가 들어갈 수 있도록 계산 블록 꾸러미에서 `안녕! 과(와) 엔트리 를 합치기`를 세 번 드래그하여 그림과 같이 '엔트리' 자리에 끼워 넣어 주세요. 그런 다음 `안녕! 을(를) 묻고 대답 기다리기 ?`의 '안녕' 자리로 끼워주세요.

TipTalk 여러 개가 겹쳐진 블록을 드래그할 때는 내부 블록이 빠지지 않도록 타원형이 아닌 곳(예 '과(와)' 또는 '를 합치기')을 클릭해서 드래그하세요.

!주의해요

8 이번 과정은 헷갈릴 수 있으니 그림을 보면서 블록을 끼워 넣어볼게요.

우선 '숫자1'+'숫자2'='무엇'이라는 공식을 꼭 기억하세요. **7**과정에서 합친 세 개의 블록의 첫 번째 '안녕'에는 ?자료 블록 꾸러미의 `숫자1▼ 값`를, 세 번째 '안녕'에는 `숫자2▼ 값`를 끼워 넣어요.

그런 다음 두 번째 '안녕'은 『+』로, '엔트리'는 『=?』로 바꾸세요.

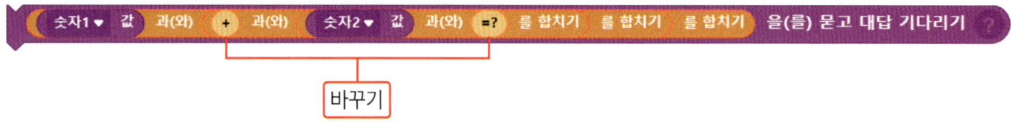

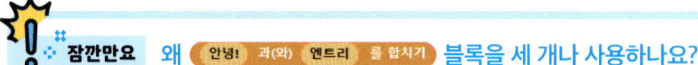

> **잠깐만요** 왜 `안녕! 과(와) 엔트리 를 합치기` 블록을 세 개나 사용하나요?
>
> 계산왕은 '숫자1 + 숫자2 = 무엇?'이란 형식으로 문제를 낼 거예요. 숫자1과 숫자2는 변수로, 1부터 9사이의 무작위 수를 표시하게 만들었어요. 따라서 '① `숫자1▼ 값` ② 더하기 ③ `숫자2▼ 값` = ④ 대답'과 같이 총 네 개의 블록을 사용해서 질문을 해야 해요. 하나의 블록을 한 단어라고 생각했을 때, `안녕! 과(와) 엔트리 를 합치기` 블록을 한 개 사용할 경우 단어를 두 개 사용할 수 있고, `안녕! 과(와) 엔트리 를 합치기` 블록 두 개를 사용할 경우 세 개의 단어를 사용할 수 있어요. 즉, '`안녕! 과(와) 엔트리 를 합치기` 블록의 개수 + 1' 만큼 단어를 사용할 수 있는 셈이지요. 우리가 총 사용해야 할 단어는 네 단어이므로 `안녕! 과(와) 엔트리 를 합치기` 블록을 세 개 사용해야 합니다. 또 '② 더하기' 자리에는 +, -, ×, /의 사칙연산을 입력하여 다양한 계산을 할 수도 있어요.

❾ 사용자가 입력한 대답이 정답인지 아닌지에 따라 말하기 내용이 달라지도록 [흐름] 블록 꾸러미에서 [만일 참 (이)라면 아니면] 를 드래그하여 ❼과정 아래로 연결하고,

[판단] 블록 꾸러미의 [10 = 10]을 드래그하여 앞쪽 '10'은 [자료] 블록 꾸러미의 [대답]으로 바꾸고, 뒤쪽 '10'은 [정답▼ 값]으로 바꾸어 [참] 자리에 넣습니다.

❿ [생김새] 블록 꾸러미의 [얼굴(남)_웃는▼ 모양으로 바꾸기]를 ❾과정 블록의 만일 참이라면 자리에 넣고, [안녕! 을(를) 4 초 동안 말하기▼]를 드래그하여 '안녕!'을 『맞았어요』로, '4'초를 『1』초로 바꾸고 바로 아래로 연결하세요.

⓫ [생김새] 블록 꾸러미에서 [얼굴(남)_아픈▼ 모양으로 바꾸기]를 드래그하여 ❾과정 블록의 아니면 자리에 넣고 [안녕! 을(를) 4 초 동안 말하기▼]를 드래그하여 '안녕!'을 『틀렸어요』로, '4'초를 『1』초로 바꿔 연결하세요.

TipTalk '얼굴(남)' 오브젝트 모양은 '놀람', '아픈', '우는', '웃는'과 같이 네 가지 모양입니다. ▼를 클릭해 원하는 모양을 선택하고 예제를 따라하세요.

⓬ 다시 처음 표정으로 돌아가기 위해 [생김새] 블록 꾸러미에서 [얼굴(남)_놀란▼ 모양으로 바꾸기]를 드래그하여 ❾과정 아래로 연결하세요.

❶ 바꾸기
❷ 연결

STEP 04 코드 복사 & 붙여넣기로 뺄셈 신호 코딩

뺄셈 신호는 덧셈 신호를 받았을 때 완성한 코딩에서 연산기호만 '-'로 바꿔주면 돼요. '코드 복사 & 붙여넣기'로 뺄셈 신호를 받았을 때의 코딩을 쉽게 만들어 봐요.

▶ 반복 작업

① 134쪽에서 완성한 코딩 블록의 첫 번째에 위치한 를 마우스 오른쪽 버튼으로 클릭하고, [코드 복사 & 붙여넣기]를 선택하여 복사합니다. 복사한 블록을 블록 조립소의 빈 곳으로 떨어뜨려 배치하고 ▼를 클릭해 [뺄셈]으로 선택하세요. 연산기호는 '+'에서 『-』로 바꾸세요.

! 주의해요

② 뺄셈에서는 주의해야 할 문제가 있어요. 만약 '숫자1'이 '숫자2'보다 작다면, 큰 수에서 작은 수를 뺄 수 없으므로 두 수의 값을 바꿔주는 기능을 추가해야 해요. 두 수를 바꾸는 변수를 만들기 위해 [속성] 탭의 [변수]-[변수 추가하기]를 클릭한 후 『임시저장』을 입력해 변수 이름을 추가하세요.

TipTalk # 여기서는 음수(마이너스,-) 개념은 적용하지 않고, 무조건 큰 수에서 작은 수를 빼도록 코딩할게요.

❸ 숫자1▼ 값 과 숫자2▼ 값 의 값을 비교하기 위해서 [블록] 탭의 호름 블록 꾸러미에서 만일 참 (이)라면 을 드래그하여 정답▼ 를 숫자1▼ 값 - 숫자2▼ 값 (으)로 정하기 앞에 배치하세요.

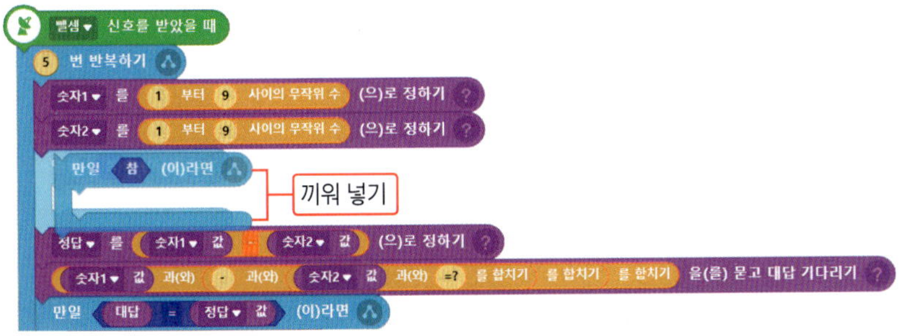

❹ 판단 블록 꾸러미에서 10 < 10 을 가져와서 앞쪽 '10'을 자료 블록 꾸러미의 숫자1▼ 값 으로, 뒤쪽 '10'은 숫자1▼ 값 으로 바꾸고 ❸과정의 참 자리에 끼워 주세요.

❺ 무작위로 뽑힌 숫자1▼ 값 이 숫자2▼ 값 보다 작다면 숫자1▼ 값 과 숫자2▼ 값 의 값을 바꿔주기 위해 자료 블록 꾸러미의 블록을 드래그하여 다음 그림과 같이 만든 후 ❸과정의 블록 안쪽에 끼워 주세요.

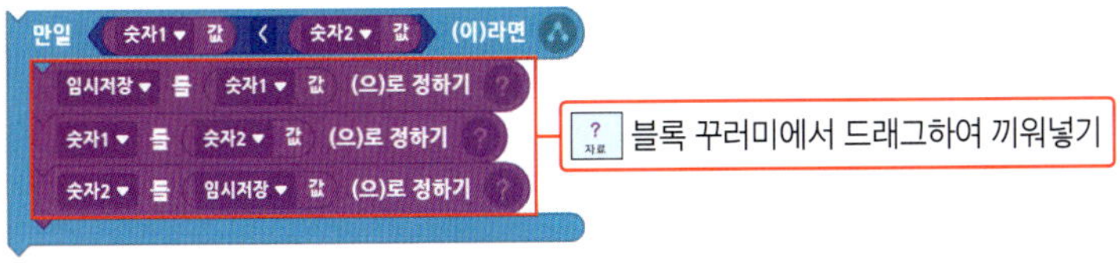

TipTalk 135쪽의 ❹과정을 참고하여 만들어 보세요.

❻ 실행 화면에서 변수들이 보이지 않도록 숨기려고 해요. 자료 블록 꾸러미에서 대답 숨기기▼ 와 변수 임시저장▼ 숨기기 를 드래그하여 다음 그림과 같이 131쪽 ❶과정의 시작하기 버튼을 클릭했을 때 아래에 끼워주세요.

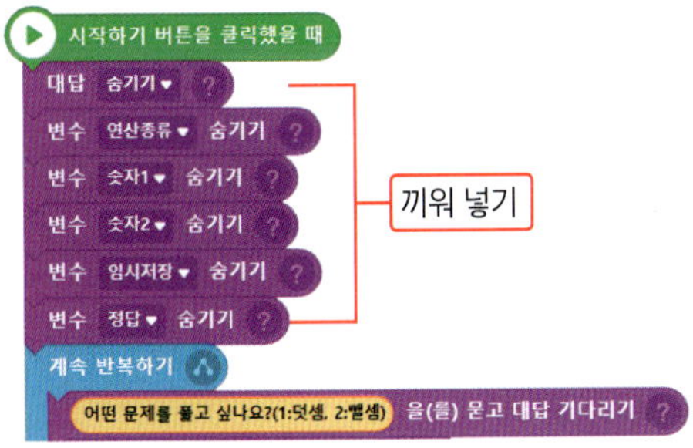

TipTalk 이번 작품에서 만든 변수는 다섯 개이므로 변수 임시저장▼ 숨기기 를 5번 드래그하여 그림과 같이 변수 종류를 선택해 주세요.

전체 코드 CHECK!

덧셈

뺄셈

```
뺄셈▼ 신호를 받았을 때
5 번 반복하기
  숫자1▼ 를 1 부터 9 사이의 무작위 수 (으)로 정하기
  숫자2▼ 를 1 부터 9 사이의 무작위 수 (으)로 정하기
  만일 숫자1▼ 값 < 숫자2▼ 값 (이)라면
    임시저장▼ 를 숫자1▼ 값 (으)로 정하기
    숫자1▼ 를 숫자2▼ 값 (으)로 정하기
    숫자2▼ 를 임시저장▼ 값 (으)로 정하기
  정답▼ 를 ( 숫자1▼ 값 - 숫자2▼ 값 ) (으)로 정하기
  ( 숫자1▼ 값 과(와) - 과(와) 숫자2▼ 값 과(와) =? 를 합치기 를 합치기 를 합치기 ) 을(를) 묻고 대답 기다리기
  만일 대답 = 정답▼ 값 (이)라면
    얼굴(남)_웃는▼ 모양으로 바꾸기
    맞았어요 을(를) 1 초 동안 말하기
  아니면
    얼굴(남)_아픈▼ 모양으로 바꾸기
    틀렸어요 을(를) 1 초 동안 말하기
  얼굴(남)_놀란▼ 모양으로 바꾸기
```

한걸음 더! 핵심 정리

❖ **사칙 연산의 결합 순서를 알아야 블록 조립도 할 수 있어요.**

산술 연산 블록에서 블록을 조립할 때에는 결합 순서를 생각해서 조립해야 합니다. 왜냐하면 사칙 연산은 괄호의 위치에 따라 계산 결과 값이 달라지기 때문입니다. 코딩에서도 먼저 계산해야 할 숫자 순서대로 연산 블록을 결합해야 해당 블록을 다시 제 위치에 넣을 수 있어요.

연산	(2+3)*4 = 20	2+(3*4) =14
결합 순서	❷ 10 × 4 ❶ 2 + 3	❷ 2 + 10 ❶ 3 × 4
블록	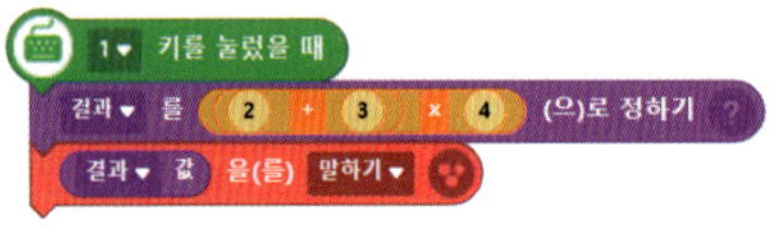 1▼ 키를 눌렀을 때 결과▼ 를 2 + 3 × 4 (으)로 정하기 결과▼ 값 을(를) 말하기	 2▼ 키를 눌렀을 때 결과▼ 를 2 + 3 × 4 (으)로 정하기 결과▼ 값 을(를) 말하기
정답	 20	 14

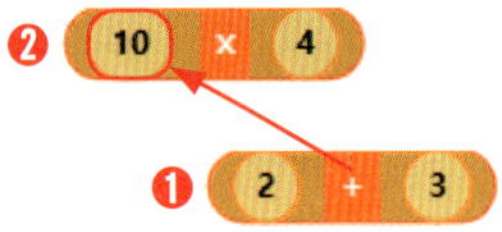

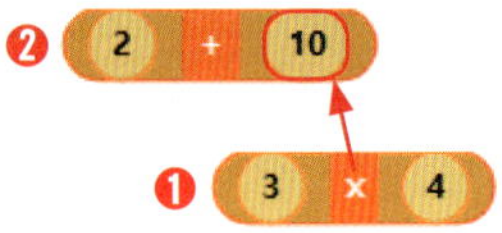

*정답 및 해설 271쪽

앞에서 만든 작품에 풀고 싶은 문항 수를 사용자가 입력할 수 있도록 코드를 수정해 보세요.

미션1 '문항수' 변수 추가하기

미션2 '몇 문제를 풀고 싶나요?'라고 질문한 후, 대답으로 입력한 수만큼 문제 내기

《 힌트 》

앞에서 만든 작품에서는 덧셈과 뺄셈 문제를 5번 반복하여 질문하도록 만들었어요.

하지만 여기서는 문항 수를 사용자가 직접 지정해야 하므로, 5번 반복하기 대신 '문항수' 변수 값만큼 반복하기로 바꿔 주세요.

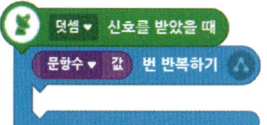 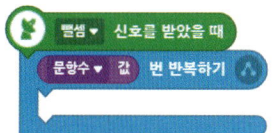

143

이번에 배울 핵심 기능 ▶ 리스트

장바구니에 물건을 넣고 빼기

코딩 개념 이해 쏙쏙 비슷한 특성을 가진 것끼리 순서에 맞게 정리하기

❖ **방 정리를 빨리 끝내려면?**

여러분 방 안을 둘러보세요. 깨끗하게 정리된 방도 있겠지만, 수많은 물건들이 뒤죽박죽 흩어진 방도 있겠죠? 오랜만에 방 청소를 하려고 해도 어디서부터 손을 대야 할지 막막할 거에요. 이럴 때는 규칙 없이 흩어진 물건들을 종류별로 분류해서 정해진 장소에 정리해 보세요. 예를 들어, 서랍마다 '모자', '양말'이라고 이름을 붙이고 모자는 모자끼리, 양말은 양말끼리 넣는 거죠. 이렇게 하면 정리도 깔끔하게 되고, 필요할 때마다 쉽게 꺼내쓸 수 있어요.

여기에서 모자 서랍, 양말 서랍은 코딩의 '리스트'라고 불리는 기능과 같아요.

==리스트는 컴퓨터가 어떤 자료 값을 저장할 때 사용한다는 점에서는 변수와 같아요. 하지만 변수는 한 번에 한 개의 값만 가질 수 있으며 이름으로 값을 가져오는 반면, 리스트는 여러 개의 자료를 한꺼번에 저장하고 항목 번호로 자료를 불러온다는 점이 달라요.==

만약 저장해야 할 100개의 자료가 있다고 할 때, 변수를 이용해 자료를 저장하려면 100개의 변수를 만들어야 해요. 그렇지만 리스트를 이용하면 100개의 자료를 한꺼번에 저장할 수 있어 훨씬 더 편리해요. 또 리스트에 저장한 자료는 번호로 간단하게 불러올 수 있어요.

▶ 정답 및 해설 272쪽

1 죽기 전에 꼭 해야 할 일이나 하고 싶은 일들에 대한 리스트를 '버킷리스트'라고 불러요. 여기에 여러분의 버킷리스트를 만들어 보세요. (   )

해외 여행하기, 유튜브 채널 만들기, 눈물 날 때까지 웃기 등. 항목마다 번호를 붙이고, 하고 싶은 일을 마음껏 적어보세요.

버킷리스트 Bucket List

1. 코딩으로 나만의 게임 만들기
2.
3.
4.
5.
·
·
·
·

엄마와 마트에 왔어요!

▼ 작품 미리보기

▲ QR코드로 작품 보기

『http://naver.me/Fl3sejbo』에 접속한 후 시작(▶)을 클릭해 작품을 실행해 보세요.

오늘은 엄마와 함께 물건들로 가득한 마트에 장을 보러 왔어요. 사고 싶은 물건을 장바구니에 차곡차곡 담아 볼까요? 만약 마음이 바뀌었다면 장바구니에 담은 품목들을 다시 제자리에 돌려 놓고 올 수도 있어요.

TipTalk # 원래 엔트리 오브젝트 목록에는 '선생님(3)'으로 되어 있어요. 하지만 우리는 엄마랑 마트에 가야 하니까 '엄마'로 바꿔줄 거예요. 앞서 배운 오브젝트 이름 바꾸기로 '선생님(3)' 오브젝트의 이름을 '엄마'로 바꿔 보세요.

알고리즘
오브젝트의 동작을 순서대로 정리해서 알고리즘을 만들어 보세요.

1. 작품이 시작되면 엄마가 '사고 싶은 물건을 클릭하세요.'라고 말한다.

2. 물건을 클릭하면 물건이 사라지면서 물건 이름이 장바구니 목록에 추가된다.

3. 반환 버튼을 누르면 장바구니 목록에서 삭제할 물건의 번호를 묻고, 장바구니에서 물건 이름이 사라진다.

4. 반환 신호를 받으면 물건이 진열대의 원래 위치에 다시 나타난다.

오브젝트&블록

작품에 사용할 오브젝트 이미지와 블록 이미지를 함께 살펴보아요.

WEEK 09

❖ 오브젝트

책꽂이	선생님(3)	바나나(1)	
곰인형	배추	당근	반환 버튼

❖ 처음 만나는 블록

블록 꾸러미	블록	블록 설명
? 자료	장바구니▼ 항목 수	선택한 리스트가 가진 항목의 개수예요.
	장바구니▼ 의 1 번째 항목	선택한 리스트에서 몇 번째 항목인지 지정해요(내부 블록을 분리하면 순서를 숫자나 변수의 값으로 입력할 수 있어요).
	10 항목을 장바구니▼ 에 추가하기	선택한 리스트에서 입력한 항목을 추가해요.
	1 번째 항목을 장바구니▼ 에서 삭제하기	선택한 리스트에서 입력한 항목을 삭제해요.

완성파일 | 장바구니목록(리스트).ent

01 작품 만들기 실행 화면에서 사용하지 않는 기본 엔트리봇 오브젝트를 삭제하기 위해 오브젝트 목록에서 ⓧ를 클릭하세요.

02 + 오브젝트 추가하기 를 클릭해 '오브젝트 추가하기' 창이 열리면 [사람]-[선생님(3)]과 [음식]-[과일/채소]-[당근], [바나나(1)], [배추]를 선택하고, [물건]-[기타]-[곰인형], [인터페이스]-[반환 버튼], [배경]-[실내]-[책꽂이]를 모두 선택하세요. 마지막으로 추가하기 를 클릭하고 '선생님(3)' 오브젝트를 선택하여 『엄마』로 이름을 바꾸세요.

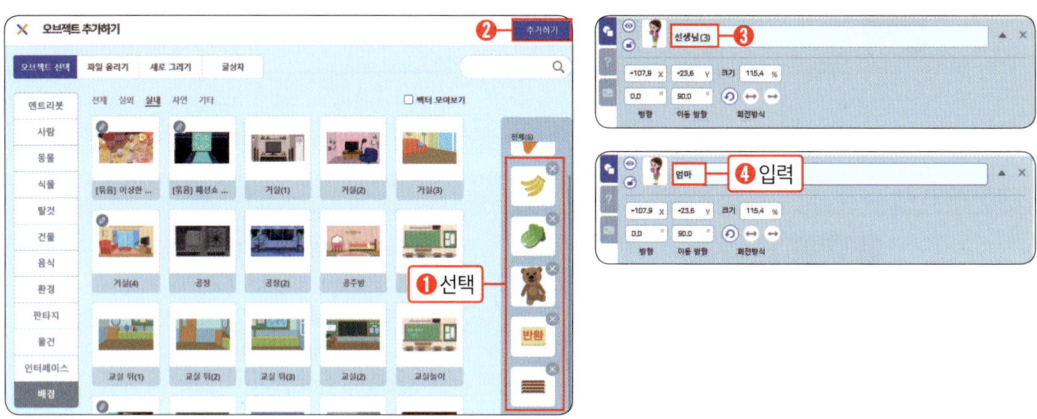

03 화면 가운데로 오브젝트들이 모두 겹쳐보여요. 오브젝트를 각각 원하는 위치로 옮기고 크기도 조절해서 그림과 같이 배치하세요.

04 리스트 만드는 방법은 변수를 만드는 방법과 같아요. **[속성]** 탭의 **[리스트]-[리스트 추가하기]**를 클릭해서 리스트 이름을 『장바구니』로 입력하세요. [확인]을 클릭하면 새로운 리스트가 추가됩니다.

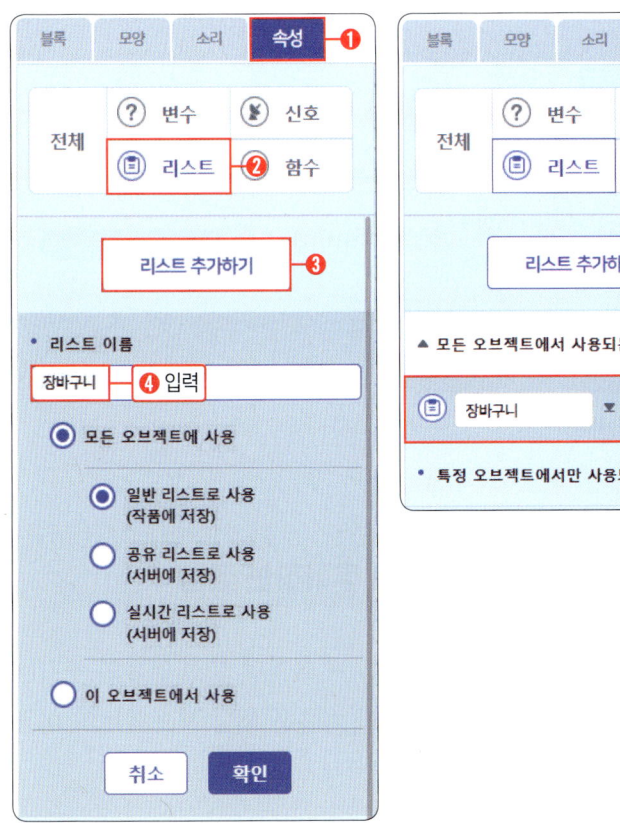

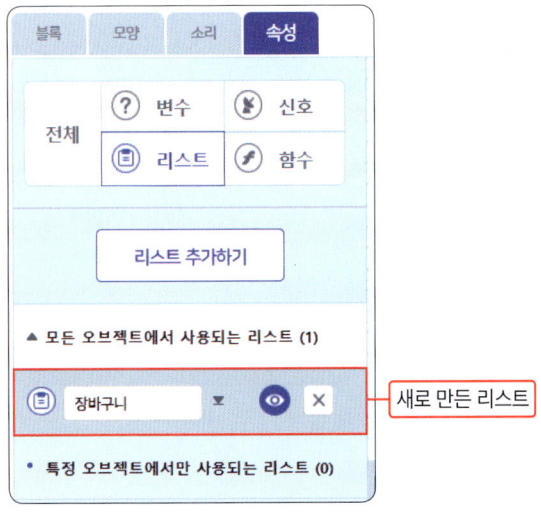

TipTalk [자료] 블록 꾸러미에서 [리스트 만들기]를 클릭해도 리스트를 추가할 수 있어요.

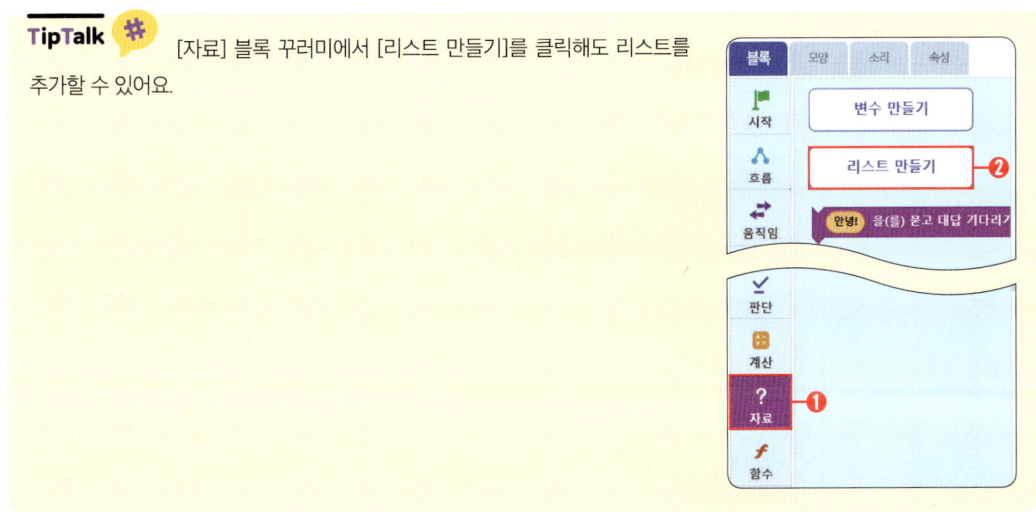

STEP 01 엄마가 미션을 주는 코딩

작품이 시작되면 엄마가 '사고 싶은 물건을 클릭하세요.'라고 말하도록 만들어 볼게요.

❶ '엄마' 오브젝트를 선택하고 [블록] 탭의 시작 블록 꾸러미에서 `시작하기 버튼을 클릭했을 때`를 블록 조립소 빈 곳으로 드래그하세요.

❷  블록 꾸러미에서 `안녕! 을(를) 4 초 동안 말하기`를 드래그하고 '안녕'을 『사고 싶은 물건을 클릭하세요.』로, '4'초를 『1』로 바꾸세요.

STEP 02 선택한 오브젝트를 장바구니 목록에 추가하는 코딩

사고 싶은 물건을 선택하면 물건이 화면에서 사라지고, 장바구니 목록에 물건 이름이 추가되도록 만들어 보세요. 이때, 장바구니 목록에 들어가는 물건의 이름은 해당 오브젝트의 이름으로 꼭 바꿔주세요.

❶ 먼저 '당근' 오브젝트를 선택하고 [시작] 블록 꾸러미에서 [오브젝트를 클릭했을 때]를 블록 조립소 빈 곳으로 드래그하세요.

❷ 오브젝트를 선택하면 오브젝트 모양이 사라지도록 [생김새] 블록 꾸러미에서 [모양 숨기기]를 드래그하여 ❶과정 아래로 연결하세요.

❸ 앞에서 만든 '장바구니' 리스트에 물건 이름을 저장할게요. [자료] 블록 꾸러미에서 [10 항목을 장바구니▼ 에 추가하기]를 드래그하여 ❷과정 아래로 연결하고 '10'을 『당근』으로 바꾸세요.

▶반복 작업
❹ 나머지 3개의 오브젝트(바나나, 곰인형, 배추)도 각각 선택하고 '당근' 오브젝트의 코드를 복사 후 [붙여넣기]하여 똑같이 만들어 주세요. 각각의 오브젝트 블록이 연결되지 않도록 따로 따로 배치해 주세요.

STEP 03 오브젝트를 선택하면 목록 번호를 묻고 리스트에서 삭제하는 코딩

반환 버튼을 누르면, 삭제할 오브젝트의 목록 번호를 묻고, 장바구니에서 삭제하도록 코딩해 볼게요.

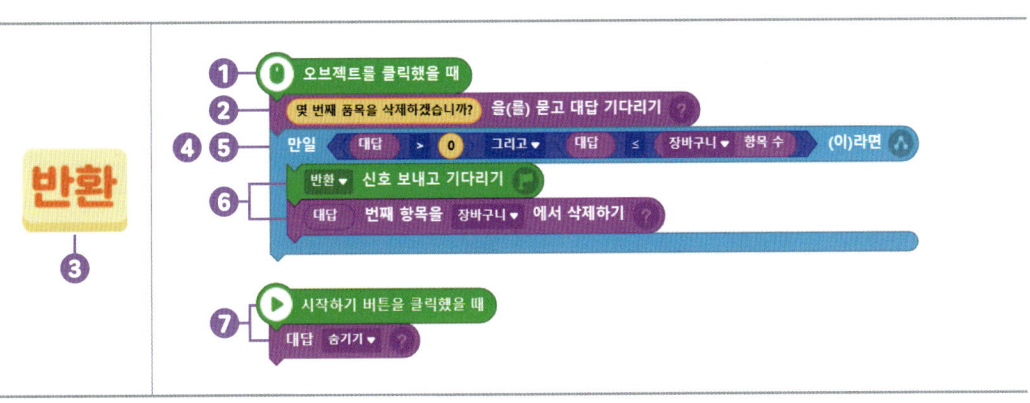

❶ '반환 버튼' 오브젝트를 선택하고, [시작] 블록 꾸러미에서 [오브젝트를 클릭했을 때]를 블록 조립소 빈 곳으로 드래그하세요.

❷ 사용자에게 삭제할 오브젝트의 목록 번호를 묻고 대답을 기다리도록 코딩할게요. ?자료 블록 꾸러미에서 안녕! 을(를) 묻고 대답 기다리기 를 드래그하고 '안녕!'을 『몇 번째 품목을 삭제하겠습니까?』로 바꾸고 ❶과정 아래로 연결하세요.

❸ 장바구니 목록에서 품목을 삭제하기 전에, 먼저 '당근', '배추', '바나나', '곰인형' 오브젝트를 진열대에 다시 나타나도록 만들 거예요. 각 오브젝트가 장바구니 목록에서 삭제됐다는 반환 신호가 필요하므로 [속성] 탭의 [신호]-[신호 추가하기]를 클릭하고 『반환』 신호를 추가하세요.

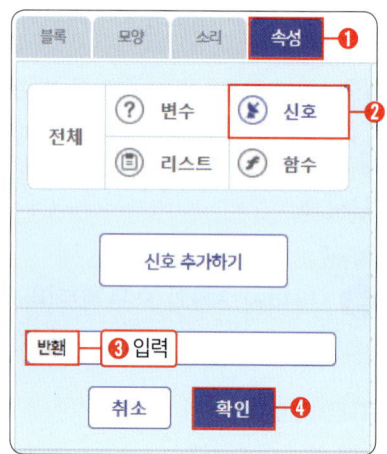

❹ 사용자가 입력한 오브젝트 목록 번호가 장바구니에 담긴 항목과 같을 때만 삭제하도록 호름 블록 꾸러미에서 만일 참 (이)라면 을 드래그하여 ❷과정 아래로 연결하고, 판단 블록 꾸러미의 참 그리고▼ 참 을 만일 참 (이)라면 의 참 과 바꿔주세요.

★중요해요
❺ 사용자가 입력할 수 있는 값의 범위는 0보다 크고, 장바구니 목록의 항목 수보다 작거나 같아야 해요. 예를 들어, 장바구니 리스트에 물건 이름 3개가 저장되어 있다면 사용자가 입력할 수 있는 값의 범위는 1부터 3까지입니다. 판단 블록 꾸러미에서 10 > 10 와 10 ≤ 10 을 드래그하여 ❹과정 두 개의 참 에 차례로 끼워 넣고, ?자료 블록 꾸러미에서 대답 과 장바구니▼ 항목 수 를 드래그하여 첫 번째와 세 번째 '10'은 대답 으로, 마지막 '10'은 장바구니▼ 항목 수 와 바꿔주세요. 그런 다음 두 번째 '10'은 『0』으로 바꿔주세요.

❻ 조건이 참이면 '반환' 신호를 보내고, 장바구니 목록에서 입력된 번호에 해당하는 항목을 삭제하도록 [시작] 블록 꾸러미에서 [반환▼ 신호 보내고 기다리기]를 드래그하여 ❺과정 블록 안쪽에 넣고, [?자료] 블록 꾸러미의 [1 번째 항목을 장바구니▼ 에서 삭제하기]를 드래그하여 '1'을 [대답]으로 바꾼 후 바로 아래로 연결하세요.

❼ [시작] 블록 꾸러미의 [⓪ 오브젝트를 클릭했을 때]와 [?자료] 블록 꾸러미의 [대답 숨기기▼ ?]를 드래그하여 차례로 연결합니다. 이때 앞 과정 블록과 떨어뜨려 배치하세요.

STEP 04 반환 신호를 받으면 오브젝트가 화면에 다시 나타나는 코딩

장바구니 목록에서 삭제한 물건이 진열대의 원래 위치로 다시 나타나게 만들어 주세요.

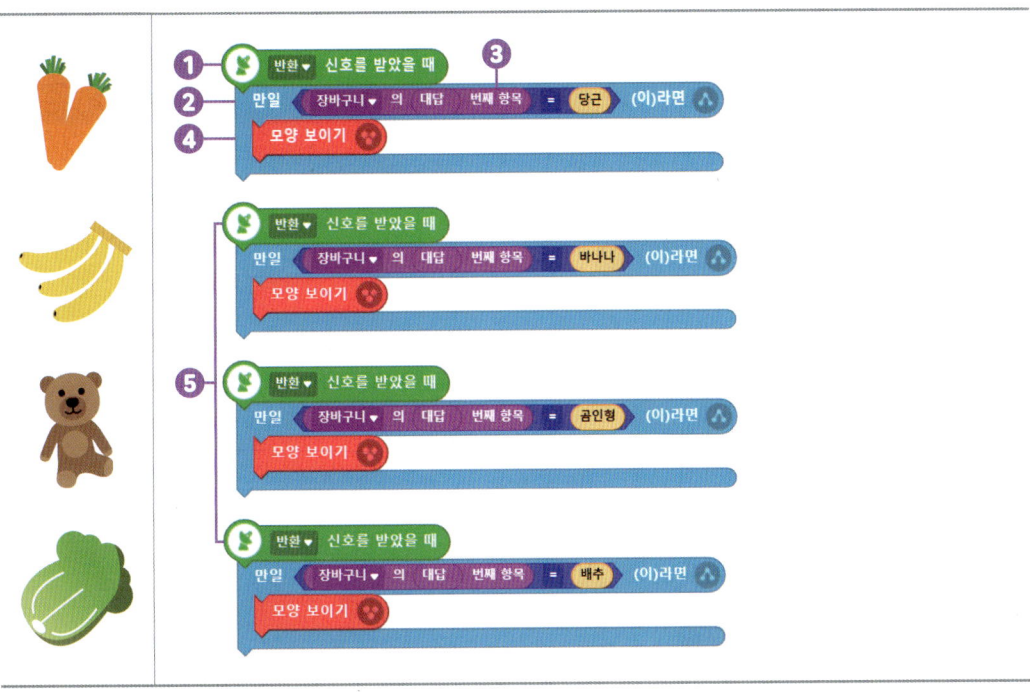

❶ '당근' 오브젝트를 선택하고, [시작] 블록 꾸러미에서 [반환▼ 신호를 받았을 때]를 블록 조립소 빈 곳으로 드래그하세요.

❷ 장바구니 목록에서 삭제한 당근을 화면에 다시 나타나게 만들어 볼게요. 블록 꾸러미에서 『만일 참 (이)라면』을 드래그하여 ❶과정 아래로 연결하고, 블록 꾸러미의 『10 = 10』을 드래그하여 『참』과 바꿔 주세요.

❸ 블록 꾸러미에서 『장바구니의 1번째 항목』을 드래그하고 '1' 대신 『대답』으로 바꾼 후 ❷과정의 첫 번째 '10'에 끼워넣고, 두 번째 '10'은 『당근』으로 바꿔요.

❹ 조건이 참이면 물건이 다시 나타나도록 블록 꾸러미에서 『모양 보이기』를 드래그하여 ❷과정 블록 가운데에 쏙 넣어주세요.

▶반복 작업
❺ 나머지 오브젝트도 ❶ ~ ❸과정을 반복하거나 코드를 복사하여 완성하세요. 단, 각각의 오브젝트 이름으로 꼭 바꿔야 합니다.

전체 코드 CHECK!

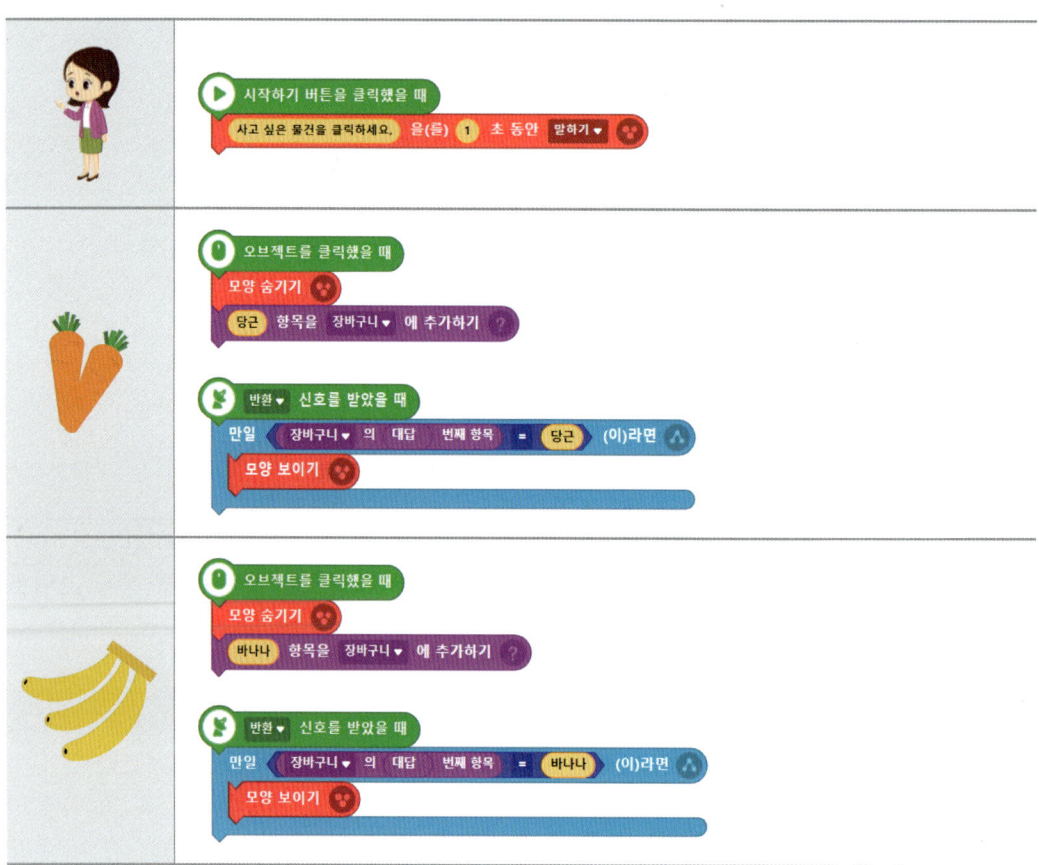

154

WEEK 09

엄마와 함께하는
장 보기는 항상 즐거워!
다음에는 예쁜 꽃도
한 다발 살 거야.

❖ 대답 블록은 짝꿍이 있어요!

앞에서 배운 리스트 명령 블록 말고도 리스트와 관련된 기능을 가진 다양한 블록이 있어요. 다른 형태의 게임을 만들거나 지금 만든 게임에서 더 재미있는 기능을 추가할 수 있으니 한번 살펴봅시다.

블록	중국 을(를) 가고 싶은 나라▼ 의 2 번째에 넣기
설명	입력한 항목을 선택한 순서대로 리스트에 넣습니다. 이때 입력한 항목 뒤에 있던 항목들은 순서가 하나씩 밀려납니다.
예시	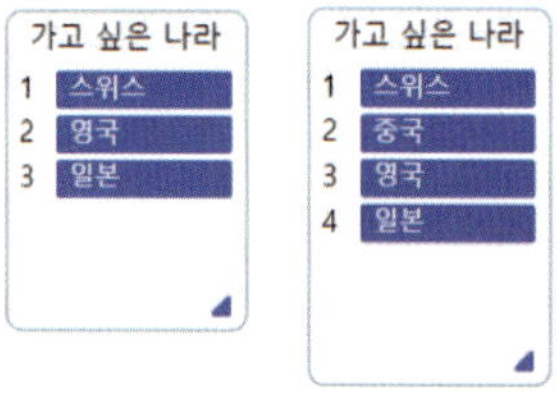 가고 싶은 나라 1 스위스 2 영국 3 일본 가고 싶은 나라 1 스위스 2 중국 3 영국 4 일본

블록	가고 싶은 나라▼ 2 번째 항목을 잉글랜드 (으)로 바꾸기
설명	선택한 리스트에서 입력한 순서의 항목을 입력한 값으로 바꿉니다.
예시	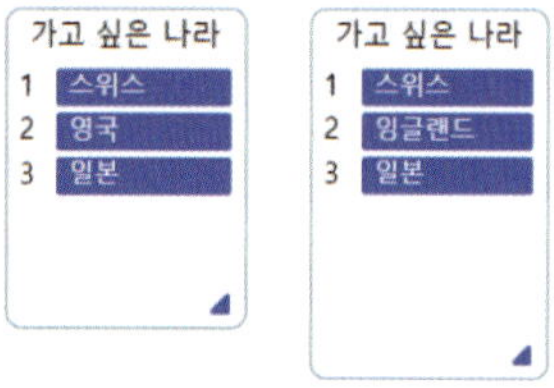 가고 싶은 나라 1 스위스 2 영국 3 일본 가고 싶은 나라 1 스위스 2 잉글랜드 3 일본

블록	가고 싶은 나라▼ 에 영국 이 포함되어 있는가?
설명	선택한 리스트에서 입력한 값이 포함되어 있는지 판단합니다.
예시	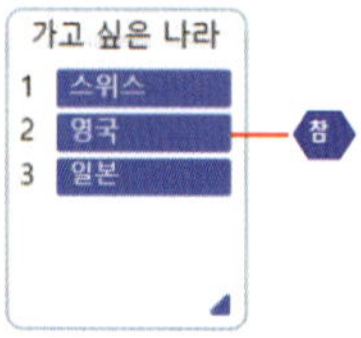 가고 싶은 나라 1 스위스 2 영국 3 일본 참

*정답 및 해설 272쪽

이렇게 만들어요! ▶
http://naver.me/GMExjaPp

앞에서 완성한 작품에 물건의 가격표를 리스트에 저장하도록 코드를 추가해 보세요. 사고 싶은 물건을 선택하면 가격표에 가격이 표시되고, 장바구니에도 물건이 담겨야 해요.

미션1 '가격표' 리스트 추가하기

미션2 각 오브젝트를 클릭하여 가격표 리스트에 가격을 저장하기
(당근:1,000원, 배추:1,500원, 곰인형:3,000원, 바나나:2,000원)

미션3 반환 버튼을 누르면 가격표 리스트에서 삭제하기

〈 힌트 〉

1. 만약 추가한 가격표가 장바구니 리스트와 겹쳐 보인다면 겹치지 않도록 위치를 이동시키세요. 리스트 위치는 드래그하여 움직일 수 있으므로 보기 편한 위치로 이동시키면 됩니다.

2. 각 오브젝트마다 코드를 복사하고 붙여넣은 후 내부 블록의 이름을 바꿔주는 것을 잊지마세요.

이번에 배울 핵심 기능 ▶ 조건, 비교연산

누가 누가 가장 크게 부나?

코딩 개념 이해 쏙쏙 두 가지 상황을 비교하여 조건에 맞는 명령을 실행해 보자!

❖ 조건이란?

우리는 하루에도 몇 번씩 여러 가지 조건들을 만나고 선택해야 해요. 예를 들어 비가 오는 날에는 우산을 쓰거나 우비를 입고, 무더운 여름에는 햇빛을 가리기 위해 모자를 쓰고 시원한 옷을 입는 것처럼 말이에요. 날씨라는 조건에 따라 상황에 맞는 옷차림을 선택하게 되는 것이죠.

컴퓨터도 주어진 상황이나 조건에 따라 행동을 결정해야 할 때가 많아요. 우리가 이제까지 익힌 엔트리는 순서대로 명령을 수행하거나 반복하는 것이었지만, 여기에 조건을 추가하면 명령 순서가 아닌 조건에 따라 프로그램을 실행할 수 있어요. 따라서 **특별한 조건이나 상황을 만나면 주어진 조건을 만족하는지 검사하면서, 결과에 따라 동작들을 실행하는데 이를 '조건'**이라고 합니다.

❖ 조건을 비교하는 비교연산!

조건을 판단할 때는 **두 가지 이상의 상황을 비교하여 우선순위를 정하거나 먼저 수행해야 하는 일을 결정**하기도 해요. 이때 쓰이는 연산이 **'비교연산'**이에요. 비교연산으로는 $>$, $=$, $<$, $\geq$, $\leq$ 등이 있어요.

❶ 민아는 방학동안 운동을 배우려고 해요. 민아가 배우고 싶은 운동에 필요한 물건을 골라 ○, X 표시를 해주세요.

배우고 싶은 운동 운동용품	수영	테니스	축구
스키고글			
테니스라켓			
수영복			
탁구라켓			
축구화			
축구공			
테니스공			
축구 유니폼			
셔틀콕			
물안경			

개념 응용

❷ 지난밤에 일어난 도난 사건의 범인을 찾고 있습니다. 목격자가 말한 범인의 조건을 참고하여 범인을 찾아보세요. (   )

조건 1 키는 170cm보다 작다 조건 2 어두운 색 신발을 신고 있다 조건 3 안경을 쓰고 있다

풍선을 터뜨리지 않고 가장 크게 불어보자!

▼ 작품 미리보기

▲ QR코드로 작품 보기

『http://naver.me/G1IJM9Oj』에 접속한 후 시작(▶)을 클릭해 작품을 실행해 보세요.

친구와 풍선 불기 내기를 해볼까요? 풍선을 터뜨리지 않고 정해진 시간동안 더 크게 분 사람이 이기는 거예요. 친구와 함께 풍선을 터뜨리지 않고 누가 누가 더 크게 부는지 시합해 보세요.

알고리즘
오브젝트의 동작을 순서대로 정리해서 알고리즘을 만들어 볼까요?

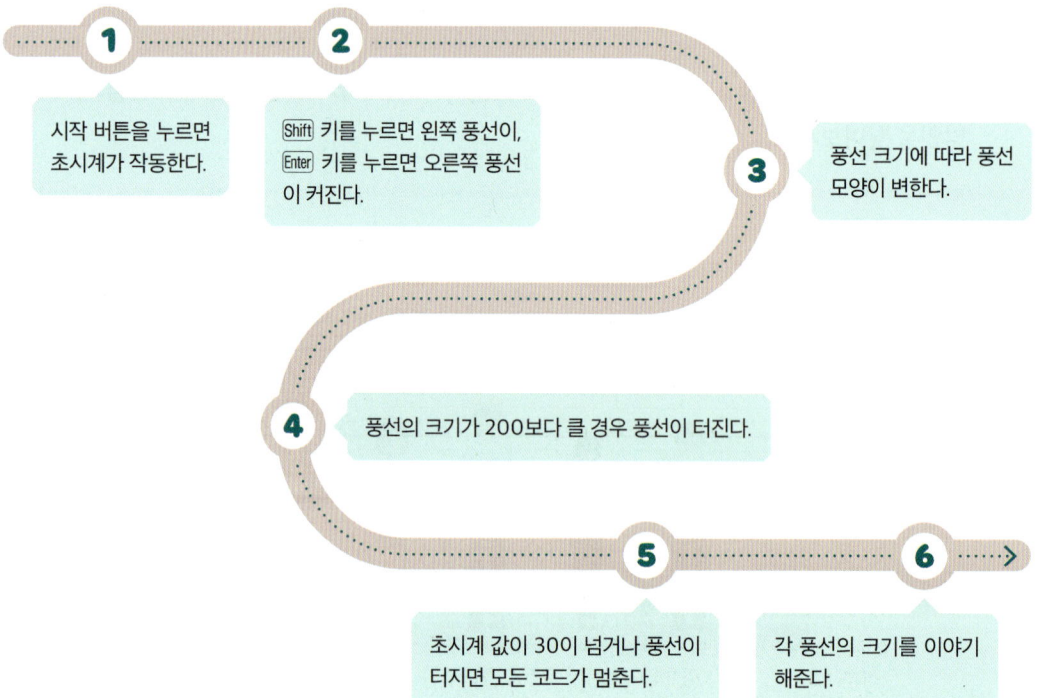

1. 시작 버튼을 누르면 초시계가 작동한다.
2. Shift 키를 누르면 왼쪽 풍선이, Enter 키를 누르면 오른쪽 풍선이 커진다.
3. 풍선 크기에 따라 풍선 모양이 변한다.
4. 풍선의 크기가 200보다 클 경우 풍선이 터진다.
5. 초시계 값이 30이 넘거나 풍선이 터지면 모든 코드가 멈춘다.
6. 각 풍선의 크기를 이야기 해준다.

오브젝트&블록 작품에 사용할 오브젝트 이미지와 블록 이미지를 함께 살펴보아요.

❖ 오브젝트

구름 세상	풍선
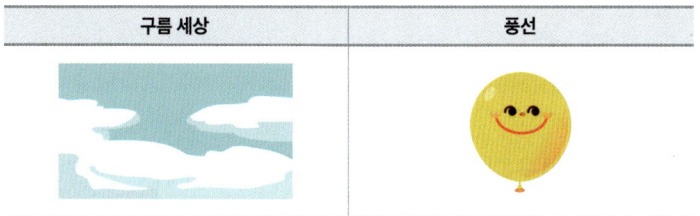	

❖ 처음 만나는 블록

블록 꾸러미	블록	블록 설명
판단	q▼ 키가 눌러져 있는가?	특정키가 눌러져 있을 때만 명령을 실행해요.
	10 < 10	왼쪽에 위치한 값이 오른쪽에 위치한 값보다 작으면 '참'으로 판단해요.
흐름	모든▼ 코드 멈추기	모든 코드의 실행을 멈춰요.
계산	초시계 시작하기▼	실행 화면에 초시계를 나타내고 초시계를 시작해요.
	초시계 정지하기▼	작동하던 초시계가 멈춰요.
	초시계 값	현재 초시계 값을 활용할 수 있어요.

완성파일 | 풍선 터뜨리기(조건, 비교연산).ent

01 작품 만들기의 실행 화면에서 사용하지 않는 기본 엔트리봇 오브젝트를 선택하고 오브젝트 목록에서 ⊗를 클릭해 삭제하세요.

02 +오브젝트 추가하기 을 클릭해 [배경]-[자연]-[구름 세상]과 [물건]-[기타]-[풍선]을 차례로 선택하고 추가하기 를 클릭하여 2개의 오브젝트를 추가하세요.

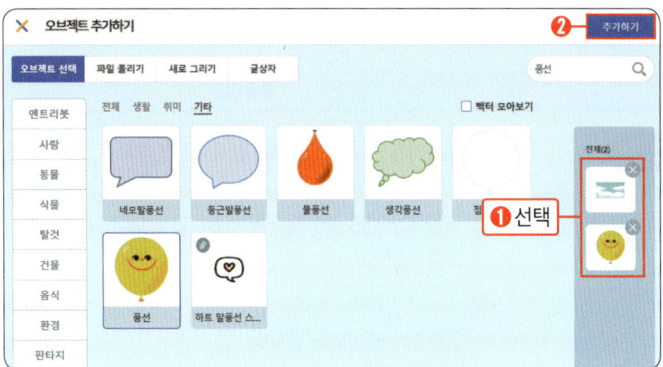

03 '풍선' 오브젝트의 위치를 그림과 같이 옮겨주세요. 나중에 풍선 오브젝트를 하나 더 복제할 예정이니, 복제할 오브젝트의 자리를 남겨 줘야 해요.

STEP 01 특정키를 눌렀을 때 점점 커지는 풍선 코딩

Shift 키를 눌렀을 때 풍선의 크기가 1씩 커지도록 만들어 볼게요.

❶ '풍선' 오브젝트를 선택하고 ![깃발] 블록 꾸러미에서 ▶ 시작하기 버튼을 클릭했을 때 를 찾아 블록 조립소의 빈 곳으로 드래그하세요.

★중요해요

❷ 풍선의 크기에 따라서 모양이 바뀌고 마지막 풍선 크기에 따라 승, 패를 결정 지으려면 풍선의 크기 값을 저장할 수 있는 변수가 필요해요. 우리는 풍선 2개를 사용할 예정이니, 변수를 2개 만들어 봅시다. [속성] 탭의 [변수]-[변수 추가하기]를 클릭해 『오른쪽 풍선』과 『왼쪽 풍선』 변수를 만들어 준 뒤, ⊙ 버튼을 클릭해 실행 화면에서 변수 창이 보이지 않도록 해주세요.

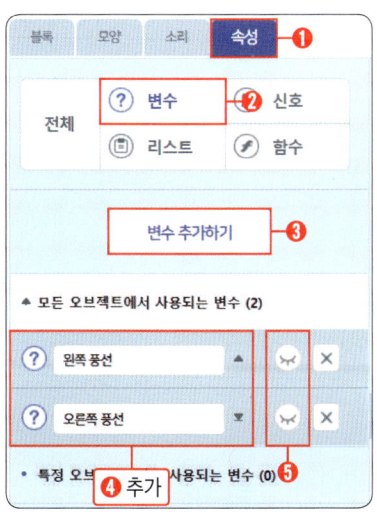

❸ 게임을 시작했을 때 풍선의 크기를 '50'으로 정해줄 거예요. [블록] 탭으로 돌아와 `?자료` 블록 꾸러미에서 `왼쪽 풍선▼ 을 10 (으)로 정하기` 를 드래그하여 ❶과정 아래로 연결하세요. '10'을 선택하고 『50』으로 바꿔주세요.

❹ `흐름` 블록 꾸러미에서 `계속 반복하기` 를 가져와 ❸과정 아래로 연결하세요.

✓ 꼭해보세요

❺ ❸과정에서 정한 값은 ❷과정에서 만든 변수에 저장되는 값이에요. 이 값을 풍선의 크기로 정해주기 위해 `생김새` 블록 꾸러미에서 `크기를 100 (으)로 정하기` 를 가져와 `계속 반복하기` 가운데에 쏙 넣어 주세요. `?자료` 블록 꾸러미에서 `왼쪽 풍선▼ 값` 을 드래그하여 `크기를 100 (으)로 정하기` 의 '100' 자리에 넣어주세요.

❻ `흐름` 블록 꾸러미에서 조건에 따라 명령을 수행할 수 있는 블록인 `만일 참 (이)라면` 을 가져와 ❺과정 아래로 연결하세요.

❼ 특정키를 눌렀을 때 풍선의 크기를 키워주기 위해 `판단` 블록 꾸러미에서 `q▼ 키가 눌러져 있는가?` 를 가져와 ▼를 클릭해 'q'를 [shift]로 바꾸고 ❻과정의 `참` 자리에 넣어주세요.

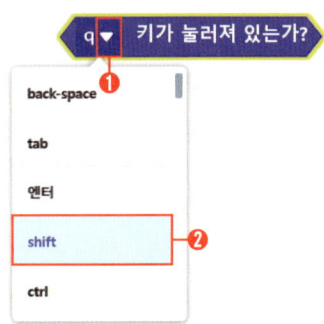

❽ [Shift] 키를 누르면 풍선의 크기가 1씩 커지도록 만들어 볼게요. `?자료` 블록 꾸러미에서 `왼쪽 풍선▼ 에 10 만큼 더하기` 를 가져와 ❼과정 가운데에 쏙 넣어주세요. 그리고 '10'을 클릭하여 『1』로 바꿔줍니다.

❾ 풍선의 크기가 너무 빨리 커지지 않도록 `흐름` 블록 꾸러미에서 `2 초 기다리기` 를 가져와 ❽과정 아래로 연결하고 '2'를 『0.1』로 바꿔주세요.

STEP 02 크기에 따라 풍선 모양을 바꾸는 코딩

풍선의 크기에 따라서 풍선의 표정을 바꿔주다가, 크기가 200보다 커지면 풍선이 터지도록 만들어 볼게요.

❶ '풍선' 오브젝트를 선택하고 [시작] 블록 꾸러미에서 [시작하기 버튼을 클릭했을 때] 블록을 찾아 블록 조립소의 빈 곳으로 드래그하세요.

❷ 조건을 만족하는지 계속 확인해서 명령을 실행하기 위해 [흐름] 블록 꾸러미에서 아래 [계속 반복하기]를 가져와 [시작하기 버튼을 클릭했을 때] 아래로 연결하세요.

★중요해요

❸ 이제 4개의 조건을 주고 각각의 조건에 맞는 명령을 실행할 수 있도록 해줄 거예요.

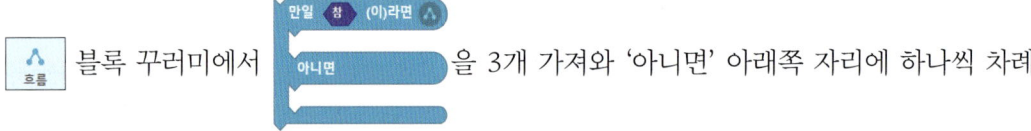 블록 꾸러미에서 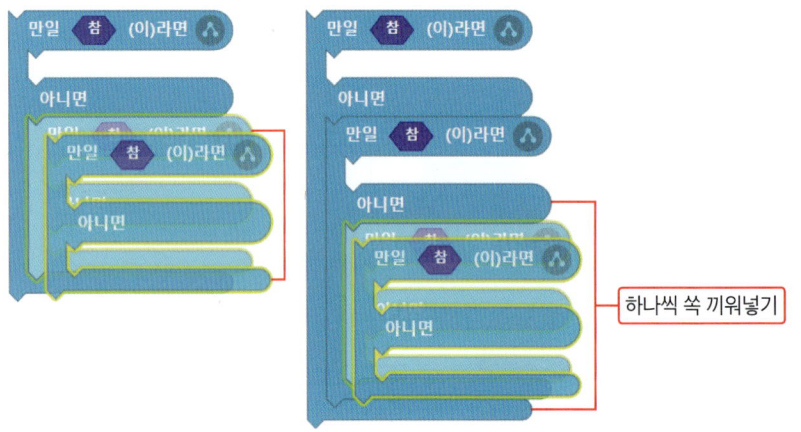을 3개 가져와 '아니면' 아래쪽 자리에 하나씩 차례로 넣고 ❷과정 블록 가운데 쏙 넣어주세요.

하나씩 쏙 끼워넣기

❹ 크기에 따라 풍선의 모양이 바뀔 수 있도록 코딩해 볼게요. 판단 블록 꾸러미에서 `10 < 10`를 가져와 ❸과정의 참 자리에 하나씩 넣어주세요. 자료 블록 꾸러미에서 `왼쪽 풍선▼ 값`을 드래그하여 `10 < 10`의 왼쪽 '10' 자리에 넣어주세요. 오른쪽 '10' 자리에는 위에서부터 차례로 『100』, 『150』, 『200』을 입력해 주세요.

★ 중요해요

⑤ [생김새] 블록 꾸러미에서 [풍선_웃는▼ 모양으로 바꾸기] 블록을 4개 드래그하여 ④과정의 빈 칸에 차례로 넣으세요. ▼를 클릭하여 풍선의 크기가 100보다 작을 때는 [풍선_웃는] 모양, 150보다 작을 때는 [풍선_놀란] 모양, 200보다 작을 때는 [풍선_우는] 모양, 세 가지 조건이 모두 아닐 때는 [풍선_터짐] 모양으로 바꿔주세요.

WEEK 10

⑥ 풍선이 터지면 실행 화면에 '빵'이라는 말풍선이 나오도록 [생김새] 블록 꾸러미에서 [안녕! 을(를) 4 초 동안 말하기▼]를 드래그하여 [풍선_터짐 모양으로 바꾸기] 아래로 연결하세요. '안녕'을 클릭하고 『빵!』을, '4'초를 클릭하여 『1』을 입력하세요.

⑦ 풍선이 터지면 초시계도 멈춰야겠죠? [계산] 블록 꾸러미에서 [초시계 시작하기▼]를 가져와 [초시계 정지하기▼]로 바꾸고 ⑥과정 아래로 연결하세요.

✓ 꼭 해보세요

⑧ 풍선도 터지고 초시계도 멈췄으니 이제 게임을 끝낼 수 있게 해줄 거예요. [속성] 탭에서 [신호]-[신호 추가하기]를 클릭해 『끝났다』 신호를 추가해 주세요.

⑨ 　블록 꾸러미에서 　끝났다▼ 신호 보내기　를 드래그하여 　초시계 정지하기▼　블록 아래로 연결해 주세요.

⑩ 풍선 불기 게임이 끝났으니 실행되고 있던 코드를 모두 멈춰야 해요. 　흐름　블록 꾸러미에서 　모든 코드 멈추기　를 드래그하여 　끝났다▼ 신호 보내기　아래로 연결하세요.

STEP 03 ▶ '끝났다' 신호를 받으면 풍선의 크기를 말해주는 코딩

'끝났다' 신호를 받았으니 명령을 실행해야겠죠? 변수에 저장되어 있던 왼쪽 풍선의 크기 값을 말해주는 코딩을 해봅시다.

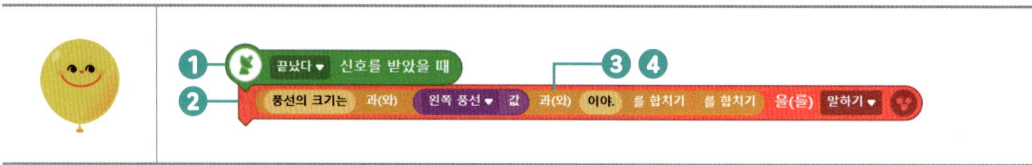

❶ 　시작　블록 꾸러미에서 　끝났다▼ 신호를 받았을 때　를 블록 조립소로 드래그하세요.

❷ 　생김새　블록 꾸러미에서 　안녕! 을(를) 말하기　를 드래그하여 　끝났다▼ 신호를 받았을 때　아래로 연결하세요.

! 주의해요
❸ 　계산　블록 꾸러미에서 　안녕! 과(와) 엔트리 를 합치기　를 2개 가져와 블록 하나를 나머지 한 블록의 '엔트리' 자리에 넣어 합쳐주세요. 그리고 ❷과정의 '안녕' 자리에 쏙 넣어주세요.

❹ 가장 첫 번째 '안녕!'을 클릭하고 『풍선의 크기는』을 입력하세요. 두 번째 '안녕!'에는 　자료　블록 꾸러미에서 　왼쪽 풍선▼ 값　을 드래그하여 넣고, 세 번째 '엔트리'에는 『이야.』를 입력하세요.

STEP 04   왼쪽 풍선의 코드를 복제하여 오른쪽 풍선 만들기

앞선 STEP 03 에서 우리는 왼쪽 풍선의 코딩을 완성했어요. 그런데 친구와 시합을 하려면 풍선이 2개가 필요하겠죠? 풍선 오브젝트를 새로 추가하면 지금까지 한 코딩을 다시 해야 해요. 지금부터는 똑같은 코드가 들어가는 오브젝트를 하나 더 추가해 볼 거예요.

▶ 반복 작업

❶ 오브젝트 목록에서 '풍선' 오브젝트를 선택하고 마우스 오른쪽 버튼을 클릭하세요. 그림과 같은 창이 뜨면 [복제하기]를 클릭하세요.

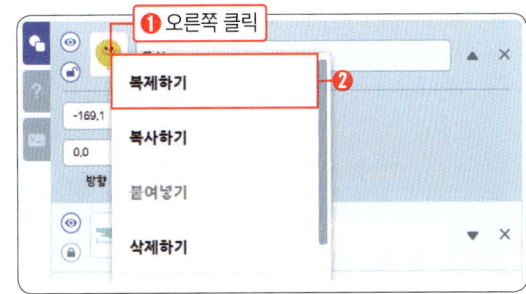

❷ '풍선1'이라는 오브젝트가 생겼어요. '풍선1' 오브젝트를 선택하면 '풍선'에 코딩했던 블록들이 그대로 복제되어 있답니다. 실행 화면에서는 오브젝트가 같은 자리에 복제되어서 하나의 오브젝트처럼 보여요. 드래그하여 오른쪽으로 옮겨주세요.

❗주의해요

3 왼쪽 풍선 오브젝트를 복제했기 때문에 [?자료] 블록 꾸러미에서 가져온 블록들이 전부 '왼쪽 풍선'이라고 되어있을 거예요. 이걸 전부 '오른쪽 풍선'으로 바꿔주고, 오른쪽 풍선은 Enter 키를 눌렀을 때 크기가 커지도록 <엔터▼ 키가 눌러져 있는가?> 로 바꿔주세요.

▶ 시작하기 버튼을 클릭했을 때
　계속 반복하기
　　만일 <오른쪽 풍선▼ 값> < 100 (이)라면
　　　풍선_웃는▼ 모양으로 바꾸기
　　아니면
　　　만일 <오른쪽 풍선▼ 값> < 150 (이)라면
　　　　풍선_놀란▼ 모양으로 바꾸기
　　　아니면
　　　　만일 <오른쪽 풍선▼ 값> < 200 (이)라면
　　　　　풍선_우는▼ 모양으로 바꾸기
　　　　아니면
　　　　　풍선_터짐▼ 모양으로 바꾸기
　　　　　빵 을(를) 1 초 동안 말하기
　　　　　초시계 정지하기▼
　　　　　끝났다▼ 신호 보내기
　　　　　모든▼ 코드 멈추기

▶ 시작하기 버튼을 클릭했을 때
　오른쪽 풍선▼ 를 50 (으)로 정하기
　계속 반복하기
　　크기를 오른쪽 풍선▼ 값 (으)로 정하기
　　만일 <엔터▼ 키가 눌러져 있는가?> (이)라면
　　　오른쪽 풍선▼ 에 1 만큼 더하기
　　0.1 초 기다리기

🐰 끝났다▼ 신호를 받았을 때
　풍선의 크기는 과(와) 오른쪽 풍선▼ 값 과(와) 이야. 를 합치기 를 합치기 을(를) 말하기▼

STEP 05 '끝났다' 신호로 모든 코드를 정지하는 코딩

지금까지는 풍선의 크기를 조건으로 주고 크기에 따라서 다른 명령을 실행하도록 코딩했어요. 이번에는 초시계를 시작하고 30초가 되면 '끝났다' 신호를 보내면서 게임이 끝나도록 코딩해 볼게요.

① 시작하기 버튼을 클릭했을 때
② 초시계 시작하기
③ 계속 반복하기
④ 만일 초시계 값 ≥ 30 (이)라면 ⑤
⑥ 초시계 정지하기
⑦ 끝났다▼ 신호 보내기
⑧ 모든▼ 코드 멈추기

① '구름 세상' 오브젝트를 선택하고 [시작] 블록 꾸러미에서 [시작하기 버튼을 클릭했을 때]를 드래그하여 블록 조립소 빈 곳으로 가져오세요.

② [시작하기] 버튼을 클릭하면 바로 초시계를 시작할 수 있도록 [계산] 블록 꾸러미에서 [초시계 시작하기]를 드래그하여 [시작하기 버튼을 클릭했을 때] 아래로 연결하세요.

★중요해요

③ 초시계를 시작한 후, 초시계 값이 30이 되었는지 계속 확인하여 조건이 맞았을 때 명령을 바로 실행할 수 있도록 해줍시다. [흐름] 블록 꾸러미에서 [계속 반복하기]를 가져와 ②과정 아래로 연결하세요.

④ [흐름] 블록 꾸러미에서 [만일 참 (이)라면]을 드래그하여 ③과정 블록 가운데에 쏙 넣어주세요.

★중요해요

5 이제 조건을 설정해야겠죠? 우리가 원하는 조건은 초시계가 30초가 되는 것이에요. 판단 블록 꾸러미에서 `10 ≥ 10`을 드래그하여 **4**과정의 `참` 자리에 넣어주세요. 앞부분의 '10' 자리에는 계산 블록 꾸러미에서 `초시계 값`을 가져와 넣고, 뒷부분의 '10' 자리에는 『30』을 입력하세요.

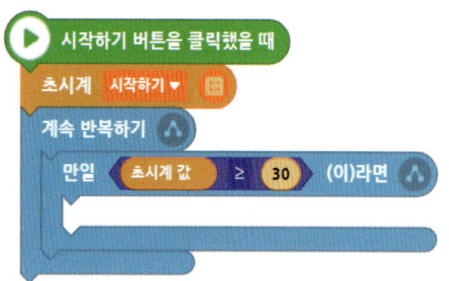

6 조건을 만족하면 초시계가 멈춰야겠죠? 계산 블록 꾸러미에서 `초시계 시작하기`를 가져와 `초시계 정지하기`로 바꾸고 **4**과정 가운데에 쏙 넣어주세요.

7 초시계가 정지했다는 것은 게임이 끝났다는 것을 의미해요. 시작 블록 꾸러미에서 `끝났다 신호 보내기`를 드래그하여 `초시계 정지하기` 아래로 연결하세요.

8 '끝났다' 신호를 보냈으니 실행 중이던 코드를 멈춰서 더이상 게임이 진행되지 않도록 해야겠죠? 흐름 블록 꾸러미에서 `모든 코드 멈추기`를 드래그하여 `끝났다 신호 보내기` 아래로 연결하세요.

전체 코드 CHECK!

WEEK 10

왼쪽 풍선

```
시작하기 버튼을 클릭했을 때
왼쪽 풍선▼ 를 50 (으)로 정하기
계속 반복하기
    크기를 왼쪽 풍선▼ 값 (으)로 정하기
    만일 shift▼ 키가 눌러져 있는가? (이)라면
        왼쪽 풍선▼ 에 1 만큼 더하기
    0.1 초 기다리기
```

```
시작하기 버튼을 클릭했을 때
계속 반복하기
    만일 왼쪽 풍선▼ 값 < 100 (이)라면
        풍선_웃는▼ 모양으로 바꾸기
    아니면
        만일 왼쪽 풍선▼ 값 < 150 (이)라면
            풍선_놀란▼ 모양으로 바꾸기
        아니면
            만일 왼쪽 풍선▼ 값 < 200 (이)라면
                풍선_우는▼ 모양으로 바꾸기
            아니면
                풍선_터짐▼ 모양으로 바꾸기
                빵! 을(를) 1 초 동안 말하기▼
                초시계 정지하기▼
                끝났다▼ 신호 보내기
                모든▼ 코드 멈추기
```

```
끝났다▼ 신호를 받았을 때
풍선의 크기는 과(와) 왼쪽 풍선▼ 값 과(와) 이야. 를 합치기 를 합치기 을(를) 말하기▼
```

오른쪽 풍선

시작하기 버튼을 클릭했을 때
- 오른쪽 풍선▼ 를 50 (으)로 정하기
- 계속 반복하기
  - 크기를 (오른쪽 풍선▼ 값) (으)로 정하기
  - 만일 〈엔터▼ 키가 눌러져 있는가?〉 (이)라면
    - 오른쪽 풍선▼ 에 1 만큼 더하기
  - 0.1 초 기다리기

시작하기 버튼을 클릭했을 때
- 계속 반복하기
  - 만일 〈(오른쪽 풍선▼ 값) < 100〉 (이)라면
    - 풍선_웃는▼ 모양으로 바꾸기
  - 아니면
    - 만일 〈(오른쪽 풍선▼ 값) < 150〉 (이)라면
      - 풍선_놀란▼ 모양으로 바꾸기
    - 아니면
      - 만일 〈(오른쪽 풍선▼ 값) < 200〉 (이)라면
        - 풍선_우는▼ 모양으로 바꾸기
      - 아니면
        - 풍선_터짐▼ 모양으로 바꾸기
        - (빵) 을(를) 1 초 동안 말하기
        - 초시계 정지하기▼
        - 끝났다▼ 신호 보내기
        - 모든 코드 멈추기

끝났다▼ 신호를 받았을 때
- (((풍선의 크기는) 과(와) (오른쪽 풍선▼ 값) 를 합치기) 과(와) (이야.) 를 합치기) 을(를) 말하기▼

시작하기 버튼을 클릭했을 때
- 초시계 시작하기▼
- 계속 반복하기
  - 만일 〈(초시계 값) ≥ 30〉 (이)라면
    - 초시계 정지하기▼
    - 끝났다▼ 신호 보내기
    - 모든 코드 멈추기

❖ 같은 명령이지만 처리 속도가 달라요.

아래 두 코드는 모두 키보드의 → 방향키, ← 방향키를 눌렀을 때 오브젝트가 움직이도록 명령하는 코드입니다. 동작은 똑같지만 움직임을 처리하는 속도에 차이가 있어요.

첫 번째 방법은 방향키를 언제 누르는지 계속 확인하고 있지만, 두 번째 방법은 방향키가 눌리면 그제야 명령이 무엇인지 확인하고 실행하기 때문에 첫 번째 코드가 두 번째 코드보다 빠른 속도로 오브젝트를 움직일 수 있어요.

여러분도 직접 코드를 작성해서 속도 차이를 꼭 확인해 보세요.

VS

 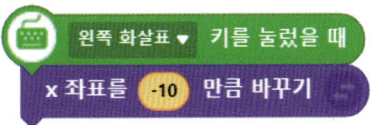

앞서 만든 작품의 풍선이 커지면 커질수록 색이 점점 변하도록 만들어 보세요.

미션 1 풍선이 커질수록 풍선의 색이 서서히 변할 수 있도록 코딩하기

〈 힌트 〉

1. 블록 꾸러미에 색을 바꿔주는 블록이 있어요. 이 블록을 활용하여 풍선의 색이 바뀔 수 있도록 해보세요.
2. 색을 바꾸는 블록의 값을 얼마로 입력해야 색이 서서히 바뀌는지도 알아보세요.

스마트폰 게임 대신 스도쿠를 즐겨 봐요!

친구를 기다리거나 지하철이나 버스로 이동하는 시간이 지루할 때 스도쿠를 즐겨 보세요. 스마트폰 게임만큼 화려한 영상과 속도감은 없지만 답을 찾을 때 얻는 성취감만큼은 게임에서 승리하는 것보다 훨씬 크답니다.

게임방법

1. 가로와 세로 9칸씩 모두 81칸으로 이루어진 정사각형이 있어요. 정사각형 각각의 가로줄과 세로줄에는 1부터 9까지 숫자를 한 번씩만 쓸 수 있어요.

2. 큰 정사각형은 가로와 세로 각 3칸으로 모두 9칸인 작은 사각형 9개로 이루어져 있어요. 이 작은 사각형에도 1부터 9까지 숫자를 겹치지 않게 한 번만 쓸 수 있어요.

3. 숫자가 겹치지 않아야 한다는 점을 꼭 명심하고 빈 칸에 알맞은 숫자를 채워보세요.

7	9	4		3	1	6	8	5
6	5	3			7	4		1
	1	8	5		6		3	7
8	7		4		9	2		3
	2	9	7	1	3		5	
1				8	2	7		4
5	6	1	9	2		3	7	
9				5	1		2	
	4	2	1		8		6	9

《 정답 》

7	9	4	2	3	1	6	8	5
6	5	3	8	9	7	4	2	1
2	1	8	5	4	6	9	3	7
8	7	5	4	6	9	2	1	3
4	2	9	7	1	3	8	5	6
1	3	6	5	8	2	7	9	4
5	6	1	9	2	4	3	7	8
9	8	7	3	5	1	4	6	2
3	4	2	1	7	8	5	6	9

WEEK. 11

이번에 배울 핵심 기능 ▶ 함수

명령어 어벤져스 모여라!

 **나에게 필요한 명령어를 한 곳으로 모으기**

❖ **코딩의 핵심, 함수**

운동회에서 승현이네 반이 응원할 박수 동작을 살펴볼까요? 응원 동작에는 '승리박수'라고 이름을 붙이고, 응원단장이 '승리박수'라는 구호를 외칠 때마다 승현이네 반 친구들은 미리 약속한 동작으로 응원을 합니다. 코딩의 함수도 '승리박수' 응원 구호와 비슷한 역할을 합니다.

==함수는 다양한 기능의 명령어를 모아놓은 것으로,==
=='~함수'와 같이 이름을 붙여,==
==필요할 때마다 호출하여 사용합니다.==

```
왼쪽으로 박수 2번
    ↓
오른쪽으로 박수 3번
    ↓
위로 박수 4번
    ↓
아래로 2번
```
↳ 승현이네 반 응원 동작 '승리박수'

즉, 함수를 사용하면 명령어들을 매번 입력할 필요 없이 여러 명령을 한 번에 실행할 수 있으며, 횟수에 상관없이 반복하여 사용할 수 있어요.

다시 말해, 어떤 동작을 실행하기 위해 필요한 블록들을 미리 조립해놓고 함수 이름을 붙이면 이 기능이 필요할 때마다 함수 이름만 호출해서 오브젝트들의 동작을 간단하게 만들 수 있어요!

178

내 꿈을 소개해보자!

▼ 작품 미리보기

▲ QR코드로 작품 보기

『http://naver.me/FUA5RoOK』에 접속한 후 시작(▶)을 클릭해 작품을 실행해 보세요.

WEEK 11

여러분은 미래에 어떤 사람이 되고 싶은가요? 나의 장래 희망을 친구들에게 소개해 봅시다. 비행기 승무원, 무용수, 로커가 되고 싶은 친구들의 꿈 이야기를 함께 만나 볼까요?

알고리즘
오브젝트의 동작을 순서대로 정리해서 알고리즘을 만들어 보세요.

1 '승무원(1)' 오브젝트를 클릭하면 오브젝트 크기가 커지면서 자신의 꿈을 소개한다.

2 '승무원(1)' 오브젝트를 클릭 해제하면 처음 상태로 되돌아간다.

3 다른 오브젝트(무용수, 락커)도 '승무원(1)'과 같은 동작을 한다.

오브젝트&블록 작품에 사용할 오브젝트 이미지와 블록 이미지를 함께 살펴보아요.

❖ 오브젝트

승무원(1)	무용수	락커	조명이 있는 무대

❖ 처음 만나는 블록

블록 꾸러미	블록	블록 설명
함수	함수 정의하기 함수	자주 쓰는 여러 코드를 블록으로 조립하여 하나의 함수로 만들어요. '함수 정의하기' 오른쪽 칸에 『이름』을 입력하면 함수 이름을 정할 수 있고, 함수를 실행할 때 입력 값이 필요한 경우 '문자/숫자값', '판단값'을 끼워 넣어 '매개변수'로 사용할 수 있어요.
	이름	'함수 정의하기'의 오른쪽에 위치한 빈칸에 이름을 입력하여 함수 이름을 만듭니다.
	문자/숫자값	함수를 실행하는데 문자나 숫자 값이 필요한 경우 빈칸 안으로 끼워 넣어 매개변수로 사용할 수 있어요. 해당 블록 내부의 '문자/숫자값'을 분리하여 함수 코드 중 필요한 부분에 넣어 사용합니다.
	판단값	함수를 실행할 때 참 또는 거짓으로 판단해야 할 경우, 빈칸에 끼워 넣어 '매개변수'로 사용합니다. 블록 내부의 '판단값'을 분리하여 함수 코드 중 필요한 부분에 넣어 사용합니다.

잠깐만요 매개변수가 무엇인가요?

매개변수란 함수에 여러 명령어를 저장할 때 특정한 값을 정하지 않고 내가 필요한 값을 그때그때 입력해서 사용할 수 있는 것을 의미해요. 예를 들어 오브젝트 크기 값을 처음에는 '30'으로 입력했는데, 코드를 실행하면서 '50'으로 바꾸고 싶다고 생각해 봅시다. 이때 매개변수를 사용하지 않으면 함수 값을 '50'으로 바꿔주어야 하지만, 매개변수를 사용하면 함수를 수정하지 않고도 원하는 값을 블록에 바로 입력할 수 있기 때문에 훨씬 편하게 코딩할 수 있답니다.

완성파일 | 장래희망소개(함수).ent

01 작품 만들기의 실행 화면에서 사용하지 않는 기본 엔트리봇 오브젝트를 삭제하기 위해 오브젝트 목록에서 ⓧ를 클릭하세요.

02 `+ 오브젝트 추가하기`를 클릭해 '오브젝트 추가하기' 창이 열리면 [사람]-[락커], [무용수], [승무원(1)]을 차례대로 선택하고 다시 [배경]-[실외]-[조명이 있는 무대]를 선택한 후, `추가하기`를 클릭하세요.

03 실행 화면 가운데로 모인 오브젝트를 원하는 위치로 배치하고, 모든 오브젝트가 배경 이미지 안으로 들어갈 수 있도록 크기를 조절하세요.

STEP 01 　오브젝트를 클릭했을 때 함수 만들기 코딩

오브젝트를 클릭하면 오브젝트 크기가 커지면서 장래희망을 이야기하도록 코딩해 볼게요. 오브젝트를 클릭했을 때 나타나는 동작은 같고, 장래희망만 달라지므로 함수를 사용해서 빠른 코딩을 해 볼게요.

✔ 꼭 해보세요

1 　　블록 꾸러미에서 [함수 만들기]를 클릭하세요.

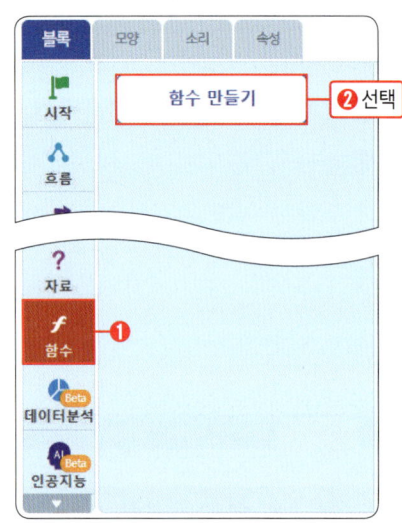

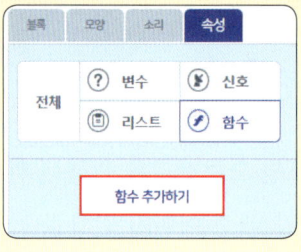

TipTalk [속성] 탭의 [함수]-[함수 추가하기]를 클릭해도 함수를 추가할 수 있어요. 이곳에서는 어떤 함수가 입력되었는지 확인하고 수정할 수도 있어요.

2 '함수 만들기'를 실행하면 블록 조립소에 　　　　　　가 추가돼요. 　　　　　의 '함수'를 『내 꿈 소개』로 바꿔주세요.

★ 중요해요

2 　　블록 꾸러미에서 　　　　을 드래그하여 블록 조립소의 　내꿈소개　 뒤로 연결하세요.

전 안되는데요!

연결이 잘 안 되나요? 이럴 땐 　문자/숫자값　 블록의 의 시작점을 　내꿈소개　의 끝 부분으로 가져가 보세요. '딸깍' 소리가 났다면 연결이 잘 된 거예요.

④ 　생김새　블록 꾸러미에서 　다음▼ 모양으로 바꾸기　와 　크기를 100 (으)로 정하기　, 　안녕! 을(를) 말하기▼　를 드래그하여 ❸과정 블록 아래에 차례로 연결하고 크기 항목의 '100'을 『200』으로 바꿔주세요.

⑤ 　계산　블록 꾸러미에서 　안녕! 과(와) 엔트리 를 합치기　를 블록 조립소로 두 번 드래그하세요. 첫 번째 　안녕! 과(와) 엔트리 를 합치기　의 '엔트리'에 　안녕! 과(와) 엔트리 를 합치기　를 끼워 넣어 그림과 같이 만들어 주세요.

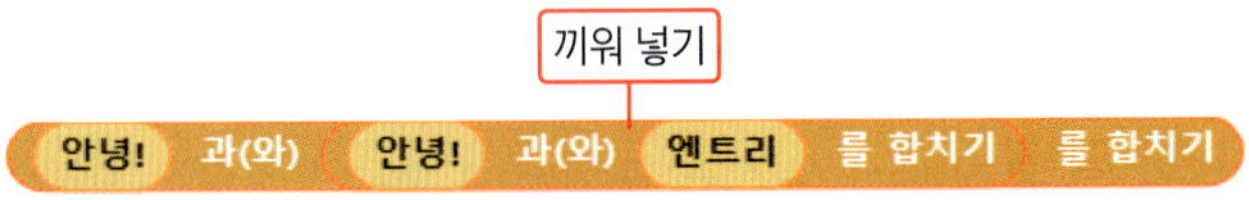

끼워 넣기

　안녕! 과(와) 안녕! 과(와) 엔트리 를 합치기 를 합치기　

!주의해요

④ ❺과정 블록 중 첫 번째 '안녕!'을 『내 꿈은 』으로 바꾸고, '엔트리'를 『입니다.』로 바꾸세요. 그런 다음 ❸과정 　문자/숫자값　을 두 번째 '안녕!'으로 드래그하여 끼워 넣어요.

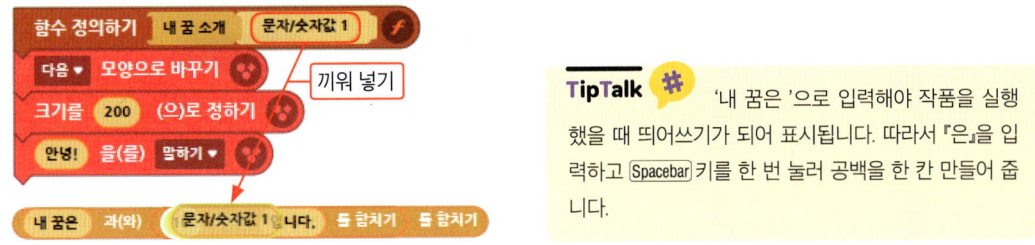

TipTalk '내 꿈은 '으로 입력해야 작품을 실행했을 때 띄어쓰기가 되어 표시됩니다. 따라서 『은』을 입력하고 Spacebar 키를 한 번 눌러 공백을 한 칸 만들어 줍니다.

⑦ ❻과정에서 만든 블록을 ❹과정의 　안녕! 을(를) 말하기▼　의 '안녕!'에 끼워 넣어요.

끼워 넣기

⑧ 블록 조립이 모두 완료되면 블록 조립소 화면 아래에 위치한 [확인]을 클릭해 함수 입력을 완성합니다.

클릭

오브젝트 클릭을 해제했을 때 함수 만들기 코딩

오브젝트 클릭을 해제하면 다시 처음으로 되돌아가는 함수를 만들어 볼게요.

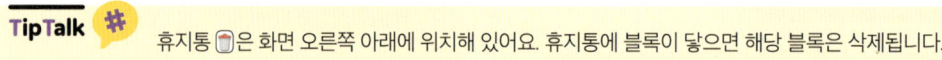

▶ 반복 작업

① 블록 꾸러미에서 [함수 만들기]를 클릭해서 함수를 추가하고 '함수' 이름을 『처음으로』로 바꾸세요.

② 블록 꾸러미에서 말하기 지우기 를 드래그하여 ①과정 아래로 연결하세요.

③ '승무원(1)' 오브젝트를 선택하고 블록 꾸러미에서 승무원(1)_1▼ 모양으로 바꾸기 를 드래그한 후 ②과정 아래로 연결하세요. 그런 다음 내부 블록인 승무원(1)_1▼ 을 휴지통으로 드래그하여 삭제하고 10 모양으로 바꾸기 으로 변경되면 '10'을 『1』로 바꾸세요.

TipTalk 휴지통은 화면 오른쪽 아래에 위치해 있어요. 휴지통에 블록이 닿으면 해당 블록은 삭제됩니다.

④ 블록 꾸러미에서 크기를 100 (으)로 정하기 를 드래그하여 ③과정 아래로 연결한 후 블록 조립소 화면 아래에 위치한 [확인]을 클릭하여 '처음으로' 함수를 완성하세요.

STEP 03 함수를 이용해 간단하게 명령어 입력하기

앞에서 만든 함수 블록을 이용하여 '오브젝트를 클릭했을 때'와 '오브젝트 클릭을 해제했을 때' 명령어를 실행하도록 만들어 볼게요.

❶ '승무원(1)' 오브젝트를 선택하고 시작 블록 꾸러미에서 오브젝트를 클릭했을 때 를 블록 조립소로 드래그하세요.

❷ 함수 블록 꾸러미에서 내꿈소개 10 을 드래그하여 ❶과정 아래로 연결하고 '10'을 『승무원』으로 바꿉니다.

!주의해요
❸ 시작 블록 꾸러미에서 오브젝트 클릭을 해제했을 때 를 블록 조립소의 빈 곳으로 드래그하세요. 앞 과정과 연결되지 않도록 떨어뜨려 배치합니다.

❹ 함수 블록 꾸러미에서 처음으로 를 드래그하여 ❸과정 아래로 연결하세요.

▶반복 작업
❺ ❶~❹과정과 같은 방법으로 '무용수'와 '락커' 오브젝트를 각각 선택하여 코딩을 완성하세요. 이때, 이름을 각각 다르게 넣어주세요.

> **TipTalk** 완성 작품을 실행해 보면 오브젝트를 클릭했을 때만 오브젝트가 말하는 내용을 읽을 수 있습니다. 클릭을 해제하면 내용이 사라지면서 오브젝트 크기도 줄어듭니다.

전체 코드 CHECK!

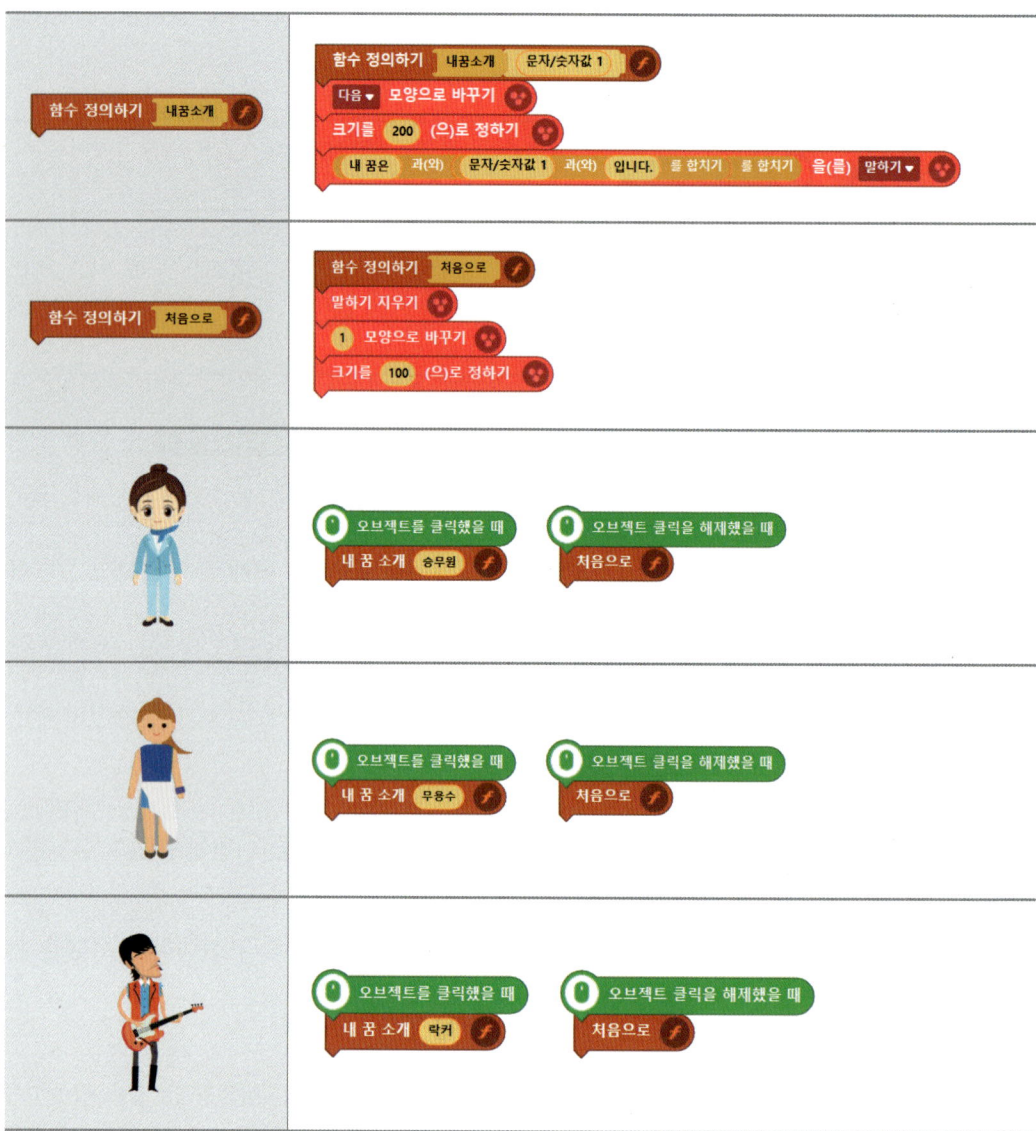

*정답 및 해설 273쪽

이렇게 만들어요! ▶
http://naver.me/xNOssrQF

앞에서 만든 작품의 오브젝트에 색깔 효과 함수를 추가하여 코딩을 완성해 보세요.

미션 1 오브젝트를 클릭했을 때 색깔 효과를 '10'만큼 주는 '색깔 효과' 함수 만들기

미션 2 오브젝트 클릭을 해제했을 때 색깔 효과가 사라지고 처음 상태로 되돌아가도록 만들기

〈 힌트 〉

'처음으로' 함수의 블록을 수정하려면 [속성] 탭의 [함수]를 클릭하세요. 함수 목록 중 [처음으로] 함수를 선택하고
블록 꾸러미에서 색깔 효과를 지울 수 있는 `효과 모두 지우기` 를 드래그합니다.

이번에 배울 핵심 기능 ▶ 데이터

이번 달엔 어떤 노래가 인기 있을까?

코딩 개념 이해 쏙쏙 : 데이터를 활용하여 내가 원하는 정보 알아보기

일기 예보 방송에서는 미래의 날씨를 예상해서 알려주고, 번역기는 내가 번역하고 싶은 말을 원하는 언어로 번역해줘요. 어떻게 이런 일들이 가능할까요? 그건 바로 데이터가 있기 때문이에요.

어떤 일을 빠르게 수행하거나 예측하기 위해서는 많은 양의 데이터가 필요해요. 과거의 데이터를 기반으로 앞으로의 일을 예측하거나 원하는 정보를 얻을 수 있어요. 번역기는 사람들이 번역할 때 입력하는 언어를 저장해 두었다가 다음 번역에 활용하기 때문에 번역기를 많이 쓸수록 번역의 정확도가 올라가요. 일기 예보는 과거의 우리나라 날씨 정보를 저장해 두었다가 계절별 바람의 방향이나 습도, 구름의 흐름 등을 보고 날씨를 예측한답니다.

이번 **WEEK 12**에서 우리는 과거의 데이터를 활용해서 월별로 어떤 장르의 노래가 인기가 있는지 알아보는 작품을 만들어 볼 거예요.

코딩 활용 퀴즈

▶ 정답 및 해설 274쪽

1 데이터를 활용한 설명 중 올바르지 <u>않은</u> 것은 무엇일까요? ( )

① 과거의 날씨 데이터를 활용해 태풍이 오는 시기를 예측하여 미리 주변 시설물 안전점검을 할 수 있다.
② 발굴된 유적물, 문화재 등을 바탕으로 과거 사람들이 어떻게 살았는지 추측할 수 있다.
③ 월평균 미세먼지 농도를 확인하여 호흡기 건강을 더 신경 써야 할 시기가 언제인지 알 수 있다.
④ 복권 1등에 당첨된 사람들이 꾼 꿈을 바탕으로 복권 1등에 당첨될 수 있다.
⑤ 전국의 초등학교 위치를 알려주는 데이터를 활용하여 친구의 학교가 어느 지역에 위치해 있는지 알아볼 수 있다.

2 그 외에도 데이터를 활용해서 할 수 있는 일에는 어떤 것이 있을까요?

신용카드 사용 내역을 바탕으로 사람들의 소비 생활을 예측하여 고객 맞춤 상품을 추천할 수 있다.

월별로 인기있는 음악 장르를 알아보자!

▼ 작품 미리보기

▲ QR코드로 작품 보기

『http://naver.me/FkPZtAks』에 접속한 후 시작(▶)을 클릭해 작품을 실행해 보세요.

엔트리는 코딩에 활용할 수 있는 다양한 데이터를 제공하고 있어요. 이번 작품에서는 엔트리에서 제공하는 '음악 재생 횟수 데이터'를 활용해 월별로 인기 있는 음악 장르를 알아볼 거예요. 이 작품을 만들기 위해서는 데이터 블록을 불러오고 활용할 수 있어야 해요.

알고리즘
오브젝트의 실행 순서를 생각하여 알고리즘을 만들어 보세요.

1. 음악 재생 횟수 데이터 블록을 불러온다.
2. 데이터를 확인하고 활용 가능한 차트를 만든다.
3. 월별로 인기 있는 장르를 확인한다.
4. 현재 월을 묻고 가장 인기 있는 장르를 대답한다.
5. 다시 질문할 수 있게 코딩한다.

오브젝트&블록
작품에 사용할 오브젝트 이미지와 블록 이미지를 함께 살펴보아요.

❖ 오브젝트

방(3)	가수 지망생	다시보기

❖ 처음 만나는 블록

블록 꾸러미	블록	블록 설명
인공지능	엔트리 읽어주고 기다리기	AI가 텍스트를 읽을 수 있도록 음성으로 변환해줘요.
	여성▼ 목소리를 보통▼ 속도 보통▼ 음높이로 설정하기	AI의 목소리, 속도, 음높이를 설정할 수 있어요.
데이터분석	테이블 네이버 VIBE 장르별 재생 수▼ 의 네이버 VIBE 장르별 재생 수_차트 제목▼ 차트 창 열기	내가 만든 차트를 열어줘요.
	테이블 차트 창 닫기	열려 있는 차트 창을 닫아줘요.

완성파일 | 월별 인기곡 알아보기(데이터 분석).ent

01 작품 만들기의 실행 화면에서 사용하지 않는 기본 엔트리봇 오브젝트를 선택하고 오브젝트 목록에서 ⓧ를 클릭해 삭제하세요.

02 [+ 오브젝트 추가하기] 버튼을 클릭해 '오브젝트 추가하기' 창이 열리면 [배경]-[실내]-[방(3)], [엔트리봇]-[행복한 앞 모습(2)], [인터페이스]-[음악 버튼]을 선택하고 [추가하기] 버튼을 클릭하세요.

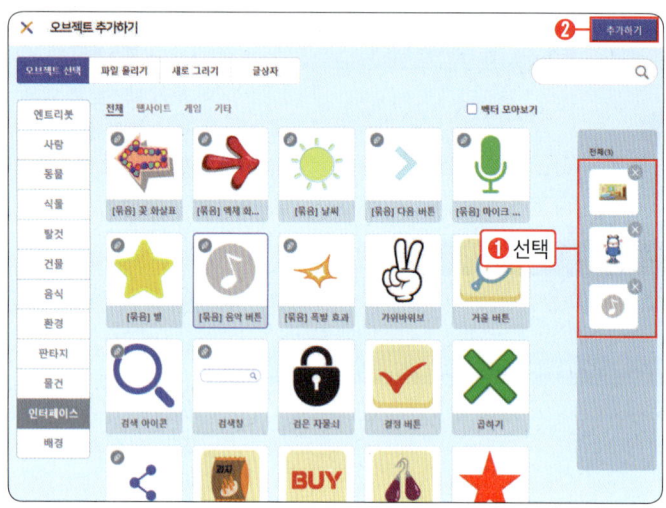

03 실행 화면에서 '행복한 앞 모습(2)'과 '음악 버튼' 오브젝트의 크기를 조절한 후 위치를 아래 그림과 같이 옮겨 주세요. 오브젝트의 이름도 바꿔줄 거예요. '행복한 앞 모습(2)'은 『가수 지망생』으로, '음악 버튼'은 『다시보기』로 바꿔주세요.

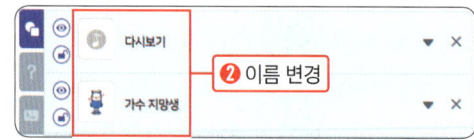

코딩에 사용할 데이터 준비하기

이번 작품에서는 엔트리에서 제공하는 데이터 블록을 활용해볼 거예요. 코딩을 하기에 앞서, 우리에게 필요한 데이터를 준비해 봅시다. 월별로 인기있는 음악 장르를 알아보려면 '월별 음악 재생 횟수 데이터'를 활용하면 되겠죠?

01  블록 꾸러미를 선택하고 `테이블 불러오기` 를 선택하세요. '테이블 불러오기' 창의 `테이블 추가하기` 를 누르면 계절별 기온, 국내 코로나19 일일 현황, 소비자물가지수, 일평균 스마트폰 이용 횟수 등 다양한 데이터를 확인할 수 있어요. `네이버 VIBE 장르별 재생 수` 를 선택하고 `추가하기` 를 누르세요.

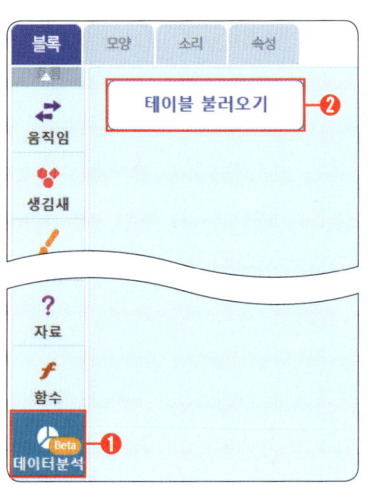
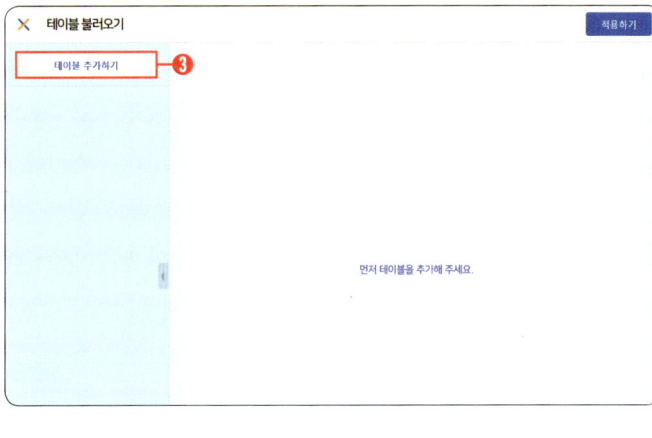

> **TipTalk** '테이블 불러오기'는 엔트리에서 제공하는 다양한 데이터를 활용할 수 있는 기능이에요.

02 테이블을 추가하면 월별로 어떤 장르의 음악이 몇 번 재생되었는지 숫자로 보여줘요. 숫자만 가득하니 보기가 너무 어렵죠? 좀 더 보기 쉽게 차트를 만들어 볼게요.

> **잠깐만요** **테이블과 차트는 어떻게 다른가요?**
>
> 테이블과 차트, 낯설고 어렵게 느껴지는 말들이죠? 쉽게 이야기하면 **테이블**은 정보를 정리해 놓은 표, **차트**는 정보를 보기 쉽게 정리한 그림이라고 생각하면 됩니다. **테이블**이 단순히 정보를 나열해 놓은 것이라면 **차트**는 알아보기 쉽게 그림으로 표현한 것이에요.

03 차트 를 선택하면 차트를 추가할 수 있는 화면이 나와요. + 버튼을 누르고 선 차트를 선택하세요. 월별로 어떤 노래 장르가 인기 있었는지 알아보기 위해 가로축은 [월]을, 계열은 합계를 제외한 모든 계열을 선택해 주세요.

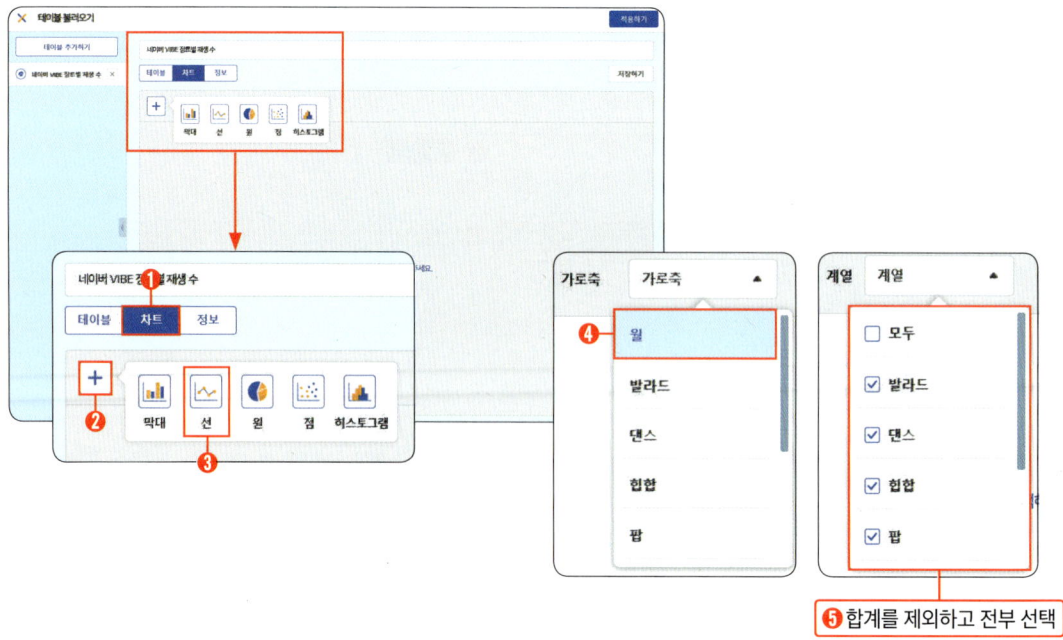

04 매월 어떤 장르가 가장 인기 있었는지 보여주는 꺾은선 차트가 생겼어요. 처음에 나온 테이블보다 훨씬 보기 쉬워졌죠? 적용하기 버튼을 눌러 블록 꾸러미에 데이터 블록이 생기도록 해주세요.

05 데이터분석 블록 꾸러미에 다양한 블록이 생성된 것을 확인할 수 있어요. 이제부터 이 데이터를 활용해 작품을 만들어 볼 거예요.

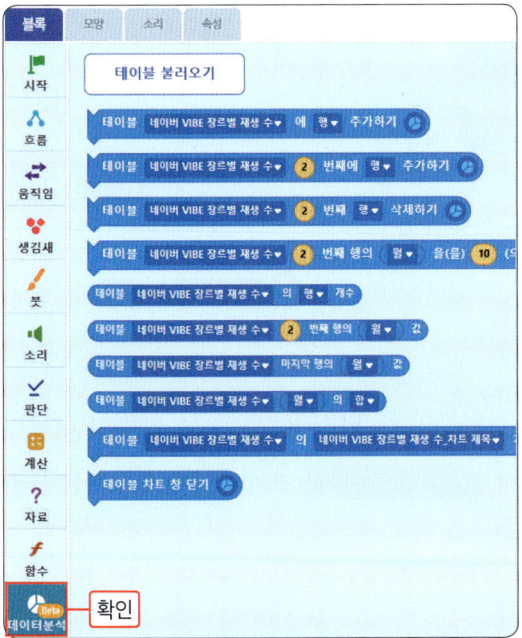

STEP 01 차트를 열고 지금이 몇 월인지 물어보는 코딩

앞서 만든 차트를 보면 월별로 사람들이 좋아하는 음악이 다르다는 점을 알 수 있죠? 우선, 지금이 몇 월인지 물어보고 대답을 입력하도록 코딩해 봅시다.

❶ '가수 지망생' 오브젝트를 선택하고, 시작 블록 꾸러미에서 시작하기 버튼을 클릭했을 때 블록 조립소의 빈 곳으로 드래그하세요.

❷ 지금이 몇 월인지 물어보고 대답을 입력할 수 있도록 해줄 거예요. 우선, 입력한 대답이 화면에서 보이지 않도록 자료 블록 꾸러미에서 대답 숨기기 를 드래그하여 ❶ 과정 블록 아래로 연결하세요.

★중요해요

❸ 가수 지망생이 하는 말을 읽어주는 '읽어주기' 블록을 추가해 봅시다. 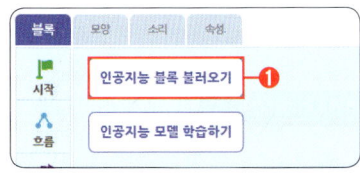 블록 꾸러미의 [인공지능 블록 불러오기] 버튼을 클릭하면 이미 학습되어 있는 인공지능 모델 창이 나타납니다. [읽어주기] 모델을 선택한 후 불러오기 버튼을 클릭해 주세요.

❹ 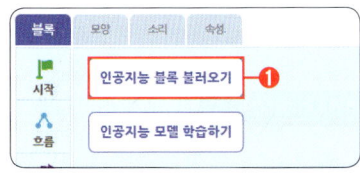 블록 꾸러미에 다양한 '읽어주기' 블록이 생겼어요. 그 중

여성▼ 목소리를 보통▼ 속도 보통▼ 음높이로 설정하기 를 드래그하여 ❷과정 아래로 연결하세요. 『장난스러운』 목소리를 『보통』 속도 『높은』 음높이로 설정해 볼게요.

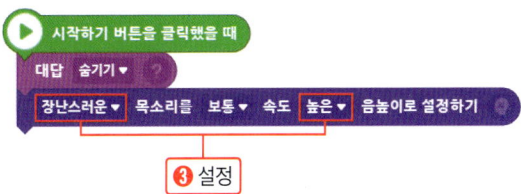

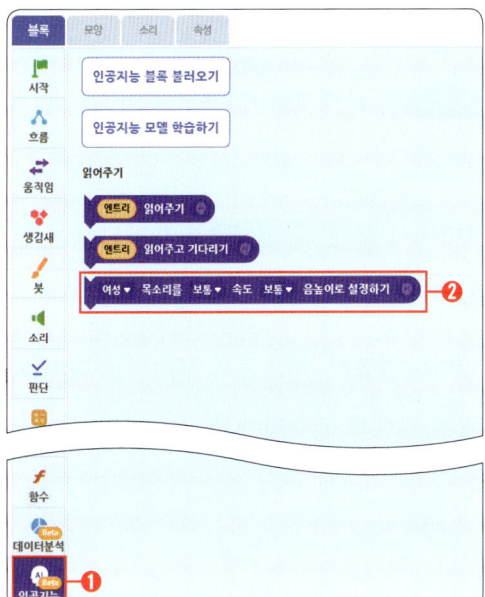

TipTalk 여성▼ 목소리를 보통▼ 속도 보통▼ 음높이로 설정하기 블록으로 AI의 목소리, 속도, 음높이를 설정할 수 있답니다.

❺ 이제 우리가 입력한 글자가 화면에도 보이고 AI가 읽어주도록 코딩해야 해요. 생김새 블록 꾸러미에서 안녕! 을(를) 말하기 를, 인공지능 블록 꾸러미에서 엔트리 읽어주고 기다리기 를 드래그하여 차례로 ❹과정 아래로 연결하세요. '안녕'과 '엔트리' 부분을 클릭하여『난 아주 인기있는 가수가 되는게 꿈이야』로 바꿔 주세요.

▶반복 작업
❻ ❺과정과 같은 방법으로 안녕! 을(를) 말하기 와 엔트리 읽어주고 기다리기 를 2개씩 드래그하여 차례로 ❺과정 아래로 연결하고,『차트를 보고 사람들이 좋아하는 음악을 알아보자』와『음표 버튼을 누르면 차트를 다시 열어볼 수 있어.』를 각각 입력하세요.

입력

❼ 가수 지망생의 말이 끝나면 차트 창을 열어서 보여 줄 거예요. 데이터분석 블록 꾸러미에서 테이블 네이버 VIBE 장르별 재생 수▼ 의 네이버 VIBE 장르별 재생 수_차트 제목▼ 차트 창 열기 를 드래그하여 ❻과정 아래로 연결하세요.

❽ 차트는 5초간 보여줄 거예요. 흐름 블록 꾸러미에서 2 초 기다리기 를 드래그하여 '2'초를『5』초로 바꿔준 뒤 ❼과정 아래로 연결하세요.

❾ 5초동안 차트를 보여줬으니 이제 차트 창을 닫아야겠죠? 데이터분석 블록 꾸러미로 다시 되돌아가서 테이블 차트 창 닫기 블록을 드래그하여 ❽과정 아래로 연결하세요.

⑩ 차트를 확인한 가수 지망생이 말을 할 수 있도록 [생김새] 블록 꾸러미에서 [안녕! 을(를) 말하기]를, [인공지능] 블록 꾸러미에서 [엔트리 읽어주고 기다리기]를 3개씩 블록 조립소로 가져와 번갈아가며 차례로 ❾과정 아래로 연결하세요.『사람들이 많이 듣는 장르가 월별로 다르네?』,『언제 어떤 음악을 좋아하는지 알아볼까?』,『지금이 몇 월이지?』를 각각 입력하세요.

⑪ 이번에는 지금이 몇 월인지 대답을 입력할 수 있도록 코딩해 봅시다. [?자료] 블록 꾸러미에서 [안녕! 을(를) 묻고 대답 기다리기]를 드래그하여 ⑩과정 아래로 연결한 후, '안녕!'을『지금이 몇 월이지?』로 바꿔 주세요.

✓꼭 해보세요

⑫ 질문에 대한 대답을 차트에서 찾을 수 있도록 저장해 줄 거예요. 그러기 위해서는 변수를 만들어줘야 해요. [속성] 탭의 [변수]-[변수 추가하기]를 클릭해『현재 월』변수를 만듭니다. 실행 화면에 변수 창이 보이지 않도록 [👁]를 눌러 [🙈]로 바꿔주세요.

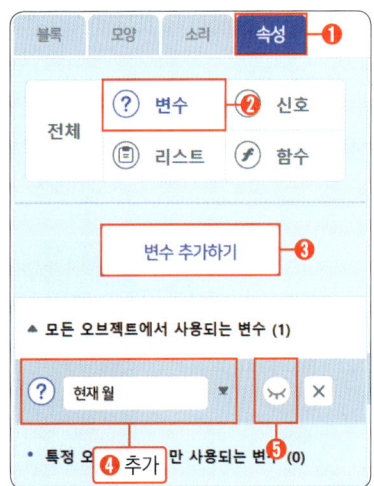

⑬ 변수를 만들었으면 [?자료] 블록 꾸러미에서 [현재 월▼ 를 10 (으)로 정하기]를 드래그하여 ⑪과정 아래로 연결한 후, '10'자리에 [대답]을 넣어주세요. 내가 입력한 대답이 변수에 저장될 수 있도록 하는 과정이랍니다.

✓ 꼭 해보세요

⑭ 이제 내가 입력한 월에 어떤 음악 장르가 가장 인기 있는지 알아봐야겠죠? 가수 지망생이 차트를 보고 대답할 수 있도록 신호를 보내 줍시다. [속성] 탭의 [신호]-[신호 추가하기]를 클릭해 『대답하기』 신호를 만듭니다.

⑮ [블록] 탭으로 돌아와 　 블록 꾸러미에서 　 를 드래그하여 ⑬과정 아래로 연결합니다.

STEP 02 　 차트를 확인하여 인기 있는 음악 장르를 알려주는 코딩

신호를 받으면 가수 지망생이 차트를 확인해서 현재 월에 인기 있는 음악 장르가 무엇인지 얘기해 줄 거예요.

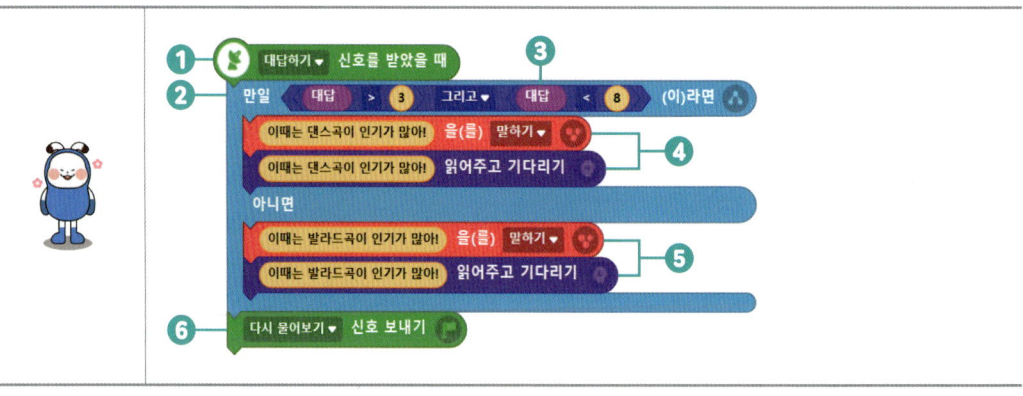

❶ 　 블록 꾸러미에서 　 를 블록 조립소의 빈 곳으로 가져오세요.

★중요해요

❷ 입력한 월에 따라서 인기 있는 음악 장르를 찾아 대답해 봅시다. 우선, 월별로 어떤 음악 장르가 인기 있는지 알아볼까요? [데이터분석] - [테이블 불러오기] - [차트] 버튼을 차례로 누르면 앞서 만들었던 차트를 확인할 수 있어요. 차트를 살펴보면 4월 ~ 7월에는 '댄스' 장르가, 8월 ~ 3월까지는 '발라드' 장르가 가장 많이 재생된 것을 확인할 수 있어요.

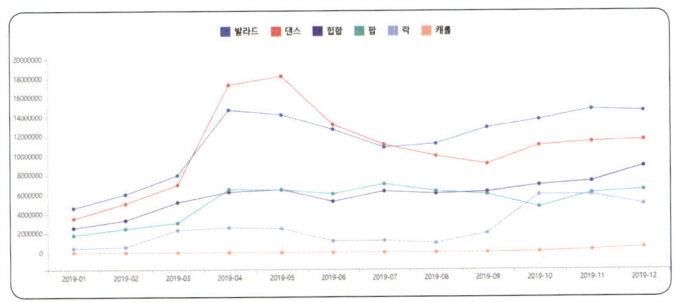

그렇다면 대답에 4 ~ 7을 입력 했을 때는 댄스곡이, 8 ~ 3을 입력 했을 때는 발라드곡이 인기가 많다는 대답을 해줘야겠죠? [흐름] 블록 꾸러미에서 [만일 참 (이)라면 / 아니면] 을 가져와 ❶과정 아래로 연결하세요.

❸ [판단] 블록 꾸러미에서 [참 그리고▼ 참] 을 가져와 ❷과정의 [참] 자리에 쏙 넣어주세요. [참 그리고▼ 참] 에 넣어줘야 할 조건은 대답이 4 ~ 7일 때에요. 4 ~ 7은 3보다는 크고 8보다는 작죠? 우리는 이 두 가지 조건을 다 입력해줘야 해요. 첫 번째 [참] 자리에는 '3보다 크다'는 조건을 입력해주고, 두 번째 [참] 자리에는 '8보다 작다'는 조건을 입력해 봅시다.

[판단] 블록 꾸러미에서 [10 > 10] 을 가져와 ❷과정의 [참] 자리에 넣어 주세요. 앞부분의 '10'에는 [자료] 블록 꾸러미의 [대답] 을 가져와 넣고, 뒷부분의 '10'은 『3』으로 바꿔주세요.

[판단] 블록 꾸러미에서 [10 < 10] 을 가져와 두 번째 [참] 자리에 넣어주세요. 앞부분의 '10'에는 [자료] 블록 꾸러미에서 [대답] 을 가져와 넣고, 뒷부분의 '10'은 『8』로 바꿔주세요.

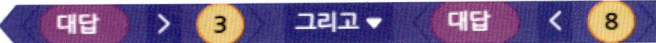

④ ❸과정의 두 가지 조건을 만족하는 경우는 4월~7월까지예요. 4월~7월까지는 댄스곡이 인기가 많았죠? [생김새] 블록 꾸러미에서 [안녕! 을(를) 말하기]를, [인공지능] 블록 꾸러미에서 [엔트리 읽어주고 기다리기]를 드래그하여 '안녕!'과 '엔트리'를 각각 『이때는 댄스곡이 인기가 많아!』로 바꿔주세요. 그리고 ❷과정의 만일 ~ 라면 자리에 쏙 넣어주세요.

⑤ 4월~7월이 아닌 달에는 발라드곡이 인기가 많았죠? ❹과정의 '아니면' 아래쪽 자리에는 발라드곡이 인기 있다는 대답이 들어가야 해요. [생김새] 블록 꾸러미에서 [안녕! 을(를) 말하기]를, [인공지능] 블록 꾸러미에서 [엔트리 읽어주고 기다리기]를 드래그하여 '안녕!'과 '엔트리'를 각각 『이때는 발라드곡이 인기가 많아!』로 바꿔주세요. 그리고 ❷과정의 아니면 자리에 넣어주세요.

❻ 대답이 끝나면 지금이 몇 월인지 다시 물어볼 수 있도록 신호를 보내 줄 거예요. [속성] 탭의 [신호]-[신호 추가하기]를 클릭해 『다시 물어보기』 신호를 만듭니다. [블록] 탭으로 돌아와 [시작] 블록 꾸러미에서 [다시 물어보기▼ 신호 보내기]를 드래그하여 조건 블록 아래로 연결하세요.

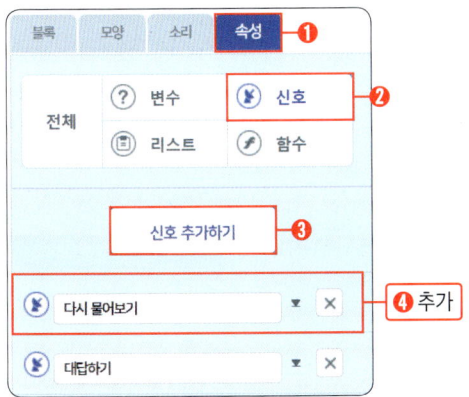

STEP 03 현재 월을 다시 물어보는 코딩

다시 물어보기 신호를 받으면 지금이 몇 월인지 다시 물어볼 수 있도록 코딩해 볼 거예요. '지금이 몇 월이지?' 질문을 화면에 보여주고, AI가 음성으로 읽어주고, 대답을 입력할 수 있는 창을 띄워야겠죠?

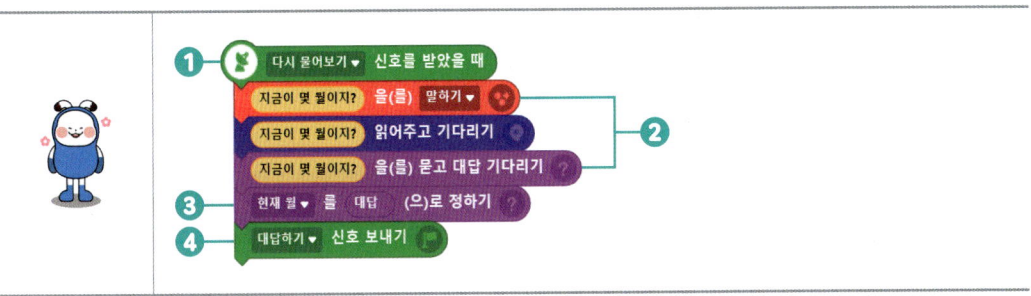

❶ [시작] 블록 꾸러미에서 [다시 물어보기▼ 신호를 받았을 때] 블록을 블록 조립소의 빈 곳으로 가져오세요.

❷ [생김새] 블록 꾸러미에서 [안녕! 을(를) 말하기]를, [AI Beta 인공지능] 블록 꾸러미에서 [엔트리 읽어주고 기다리기]를, [? 자료] 블록 꾸러미에서 [안녕! 을(를) 묻고 대답 기다리기]를 드래그하여 차례로 ❶과정 아래로 연결하고 '안녕!', '엔트리', '안녕!' 자리에 『지금이 몇 월이지?』를 입력하세요.

★중요해요
❸ 내가 입력한 대답이 '현재 월' 변수에 저장되어야 해요. [? 자료] 블록 꾸러미에서 [현재 월▼ 를 10 (으)로 정하기]를 드래그하여 ❷과정 아래로 연결한 후 '10' 자리에 [대답]을 넣어 주세요.

❹ 현재 월이 입력되었으니 대답을 해줘야겠죠? [시작] 블록 꾸러미의 [대답하기▼ 신호 보내기]를 드래그하여 ❸과정 아래로 연결하세요.

STEP 04 오브젝트를 클릭하면 차트 창을 다시 보여주는 코딩

'다시보기' 오브젝트를 클릭하면 차트 창을 다시 보여주도록 코딩해 봅시다.

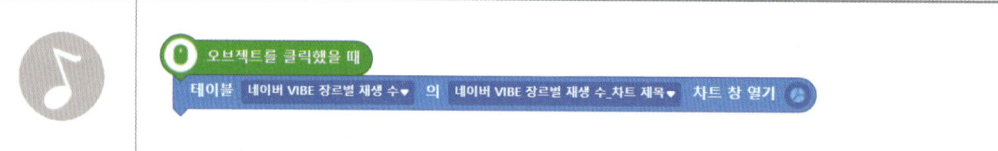

❶ '다시보기' 오브젝트를 선택하고, [시작] 블록 꾸러미에서 [오브젝트를 클릭했을 때]를 블록 조립소의 빈 곳으로 가져오세요.

❷ [데이터분석 Beta] 블록 꾸러미에서 [테이블 네이버 VIBE 장르별 재생 수▼ 의 네이버 VIBE 장르별 재생 수_차트 제목▼ 차트 창 열기]를 드래그하여 [오브젝트를 클릭했을 때] 아래로 연결하세요.

전체 코드 CHECK!

❖ 다양한 데이터 테이블 활용하기

앞서 활용한 음악 장르별 재생 수 데이터 외에도 다양한 데이터 테이블을 활용하여 작품을 만들 수 있어요. 엔트리에서 제공하는 데이터 테이블에는 어떤 것들이 있는지, 이를 어떻게 활용하면 좋을지 같이 알아봅시다.

데이터 테이블	사용 예시
계절별 기온 우리나라의 연평균 기온과 계절별 평균 기온입니다. (℃) 연도, 연평균, 봄 외 3개의 속성 자세히 보기	48년간의 계절별 기온 변화 현황을 통해 기후 변화 데이터를 보여주는 테이블이에요. 우리나라의 여름 기온이 어떻게 변화했는지 알아볼 수 있겠죠?
소비자물가지수 우리나라의 대표 품목별 소비자물가지수입니다. 연도, 빵, 우유 외 11개의 속성 10년 전 핸드폰 가격은 얼마였을까? > 자세히 보기	빵, 우유, 달걀, 바나나, 아이스크림, 생수, 전기료, 냉장고, TV, 컴퓨터, 신문, 짜장면 등 우리나라의 대표 품목 14가지의 가격 변화를 보여주는 데이터 테이블이에요. 과거의 짜장면 값과 현재의 짜장면 값을 비교해 볼 수 있겠죠?
월전체 강수량 우리나라의 각 시도별 전체 강수량입니다. (mm) 월, 강원도, 경기도 외 14개의 속성 비가 가장 많이 내리는 지역은 어딜까? > 자세히 보기	16개 시도별 강수량을 월별로 확인할 수 있는 데이터 테이블이에요. 비가 많이 오는 지역과 비가 적게 내리는 지역을 확인해 재배하기 적합한 농작물을 추천해 줄 수 있겠죠?

＊정답 및 해설 274쪽

다른 데이터 테이블을 활용해 볼까요? '음악 재생 수 및 연령별 선호도' 테이블을 활용하여 나이대별로 가장 선호하는 아티스트를 원형 차트로 만들고, 오브젝트가 결과를 말해주는 작품을 만들어 보세요.

미션 1 '음악 재생 수 및 연령별 선호도' 테이블 추가하기

미션 2 원형 차트를 활용해 나이대별로 어떤 아티스트를 가장 선호하는지 확인하기

미션 3 나이를 입력하고 입력한 나이대가 가장 선호하는 아티스트 말하기

〈 힌트 〉

1. 원형 차트를 선택하고 계열은 '아티스트', 값은 '10대 선호도'로 설정하면 쉽게 차트를 만들 수 있어요.
2. 값 항목을 바꿔가며 나이대별 원형 차트를 만들어보고 가장 선호하는 아티스트를 찾아보세요.
3. 10대~30대까지는 '폴킴'을 선호하고, 10대 미만과 40대~60대 이상은 '강다니엘'을 선호해요. 이 결과값을 활용하면 쉽게 문제를 풀 수 있어요.

실력 쑥쑥 마당

코딩 레벨 UP! 멋진 작품을 만들어요

'기초탄탄마당'을 끝낸 친구들~ 여기까지 잘 따라와 주었네요! 이제 누구에게나 자랑할 만한 멋진 작품을 만들어 보아요.

앞에서 배운 엔트리 필수 명령들을 레고 블럭 놀이하듯이 이리저리 조합해보면 여러분이 상상하는 대로 게임이 진행될 거예요.

여러분이 만든 작품들을 엔트리 홈페이지의 작품 공유하기에서 자랑 해보세요. 다른 친구들이 여러분의 작품을 '좋아요'라고 추천한다면 엄청 뿌듯한 기분이 들겠죠? 코딩 마스터로 한 걸음 더 다가가기 위한 '실력쑥쑥마당'을 시작해 볼까요?

WEEK 13. 외계인으로부터 지구를 지켜라!

코딩 준비 READY! 키보드 방향키로 조종하는 게임 만들기

키보드 방향키로 오브젝트를 조종하여 다른 오브젝트를 맞추는 게임을 만들어 볼게요. 제한 시간 안에 총알을 발사하여 외계인을 맞히면 점수를 획득하도록 코딩 블록을 조립해 보세요.

▼ 작품 미리보기

◀ QR코드로 작품 보기

『http://naver.me/Fctq2U5F』에 접속한 후 시작(▶)을 클릭해 작품을 실행해 보세요.

> **알고리즘** 오브젝트에 적용한 동작을 순서대로 정리해서 알고리즘을 만들어 보세요.

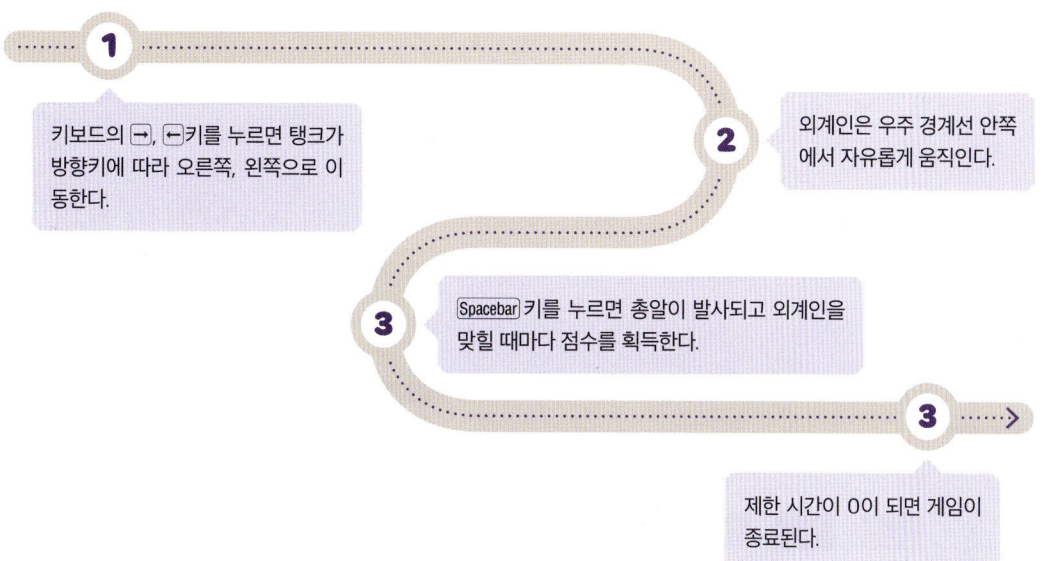

1. 키보드의 →, ← 키를 누르면 탱크가 방향키에 따라 오른쪽, 왼쪽으로 이동한다.
2. 외계인은 우주 경계선 안쪽에서 자유롭게 움직인다.
3. Spacebar 키를 누르면 총알이 발사되고 외계인을 맞힐 때마다 점수를 획득한다.
3. 제한 시간이 0이 되면 게임이 종료된다.

> **오브젝트&블록** 작품에 사용할 오브젝트 이미지와 블록 이미지를 함께 살펴보아요.

❖ 오브젝트

탱크(2)	총알	외계인(1)
경계선	우주(3)	글상자

❖ 처음 만나는 블록

블록 꾸러미	블록	블록 설명
계산	탱크(2)▼ 의 x 좌푯값▼	현재 오브젝트가 위치하고 있는 x 또는 y 좌푯값을 나타내는 블록으로, 좌푯값만큼 이동하거나 좌푯값을 연산에 사용하여 오브젝트를 움직일 수 있습니다.

완성파일 | 우주전쟁게임.ent

01 작품 만들기의 실행 화면에서 사용하지 않는 기본 엔트리봇 오브젝트를 선택하고 오브젝트 목록의 ⓧ를 클릭해 삭제하세요.

02 + 오브젝트 추가하기 를 클릭하고 '오브젝트 추가하기' 창이 열리면 [탈것]-[땅]-[탱크(2)], [판타지]-[외계인(1)], [인터페이스]-[동그란 버튼], [배경-자연-우주(3)]를 차례로 선택하고 추가하기 를 클릭하세요.

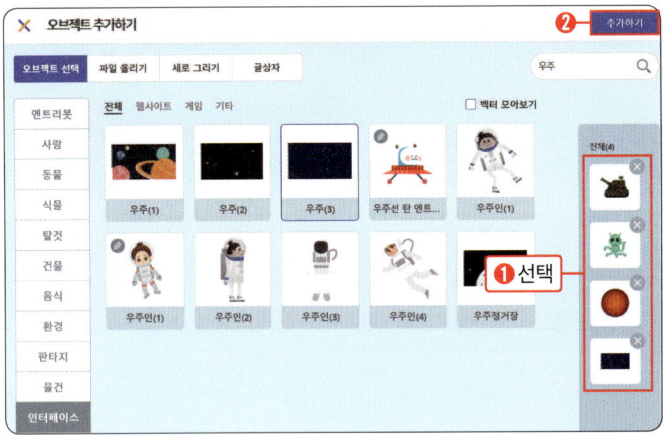

✔ 꼭 해보세요

03 지금까지 우리는 엔트리가 만들어 놓은 오브젝트만 사용했는데, 여기서는 내가 직접 그린 오브젝트를 추가해 볼게요. + 오브젝트 추가하기 를 클릭하고 '오브젝트 추가하기' 창이 열리면 [새로 그리기] 탭을 클릭합니다. '그림을 직접 그려서 추가할 수 있습니다. 그리기 화면으로 이동할까요?'라는 텍스트가 나타나면 [이동하기]를 클릭하세요.

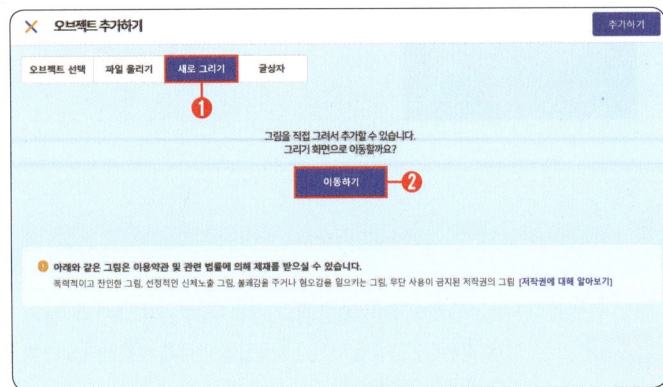

04 화면 왼쪽에 나타난 그리기 도구 모음에서 ▣을 선택하고 윤곽선 색상과 채우기 색상을 모두 '검은색'으로 바꾸세요.

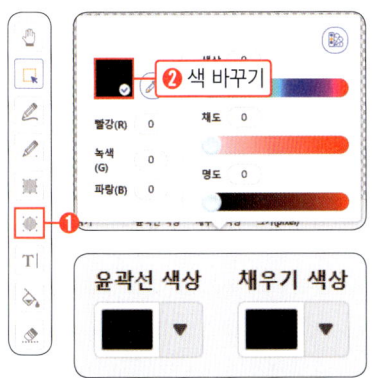

색 팔레트를 선택하면 색을 변경하는 창이 나타납니다. 여기서는 슬라이더를 움직여 내가 원하는 색을 만들 수 있어요. 만약 색을 만드는 것이 어렵다면 🎨 버튼을 눌러 이미 만들어져 있는 색을 사용할 수 있어요. 다시 원래의 색 선택창으로 돌아가려면 🎨 버튼을 눌러주세요.

★중요해요

05 그림판의 빈 곳을 클릭한 상태에서 드래그하면 검은색 사각형이 그려져요. 가로로 꽉 차게 긴 모양의 사각형을 그려주세요. 그림이 완성되면 [저장하기]-[저장하기]를 클릭해 새로운 모양으로 저장하고 이름도 『경계선』으로 바꾸세요.

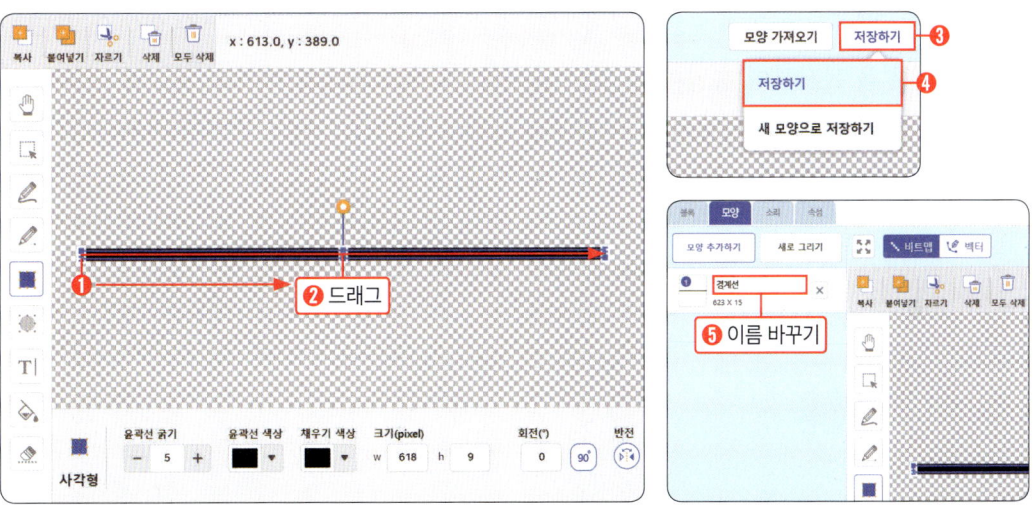

06 05과정에서 그린 그림이 오브젝트 목록에 등록됩니다. 오브젝트의 이름을 『경계선』으로 바꿔주세요.

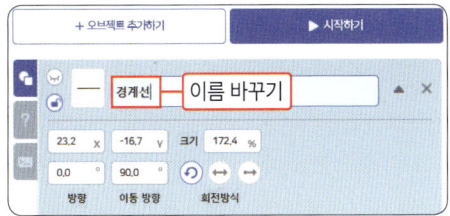

▶ 반복 작업

07 원래 '동그란 버튼' 오브젝트는 한 발의 총알만 보여요. 하지만 완성된 작품에서는 두 발의 총알을 발사할 수 있어요. 총알이 두 발씩 나가도록 오브젝트를 수정해 봅시다. 오브젝트 목록에서 '동그란 버튼' 오브젝트를 선택한 후 **[모양]** 탭을 클릭하세요.

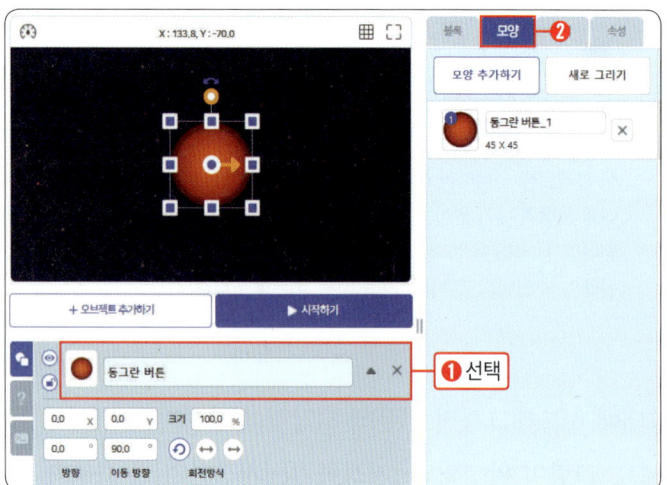

08 [모양] 탭에서는 현재 오브젝트의 모양을 수정하거나 복사, 삭제할 수 있어요. 우리는 '동그란 버튼'을 복사하여 총알이 두 발씩 발사될 수 있도록 만들 거예요. 동그란 버튼을 선택한 상태에서 **[복사]-[붙여넣기]**를 차례대로 클릭하여 그림과 같이 동그란 버튼이 두 개가 될 수 있도록 만들어주세요.

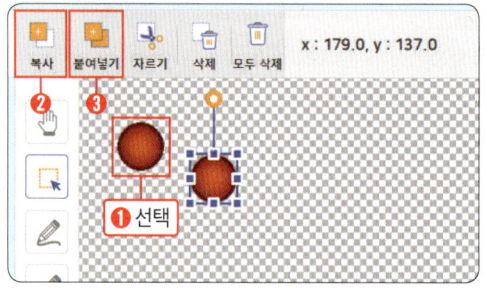

09 복사된 동그란 버튼을 드래그하여 나란히 배치하고, **[저장하기]** 버튼을 눌러서 수정한 오브젝트 모양을 저장해 주세요.

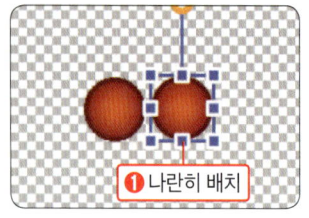 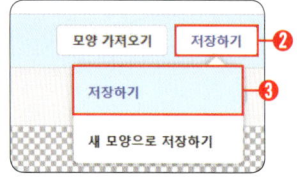

10 수정한 모양이 잘 저장되었다면 모양 이름을 『총알』로 변경하세요. 오브젝트 목록에서 수정된 모양을 확인하고 오브젝트 이름도 『총알』로 바꾸세요.

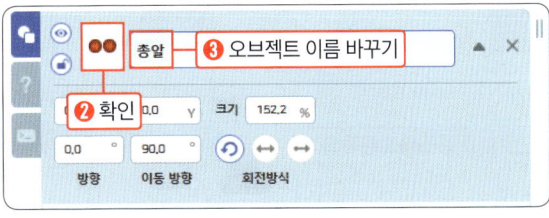

> **잠깐만요** 새로 그린 그림이 마음에 들지 않아요. 어떻게 지워야 할까요?
>
> 내가 그린 그림이 마음에 들지 않는다면? 혹은 중간 부분만 지우고 싶다면 어떻게 해야 할까요? 그림을 지울 수 있는 두 가지 방법에 대해 알려줄게요.
>
> ❶ 🔲 을 클릭하고 지우고 싶은 부분을 드래그하여 선택한 후, Delete 키를 누르면 해당 부분이 지워져요.
>
>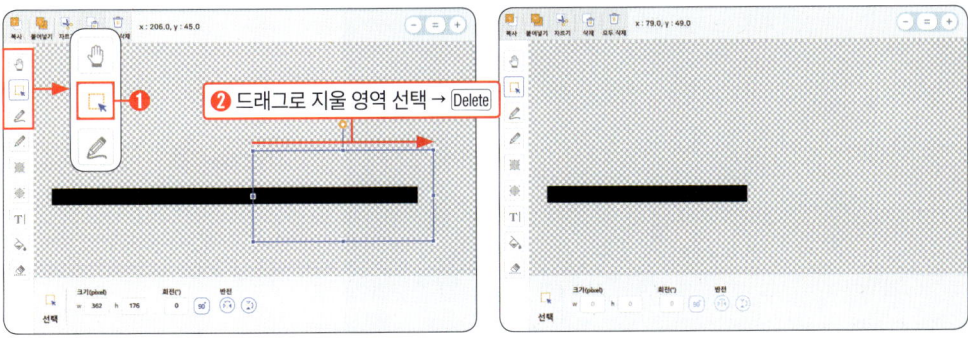
>
> ❷ 🔘 을 선택하면 원 모양의 지우개가 나타납니다. 마우스를 클릭한 상태에서 지우고 싶은 부분을 지나가면 해당 부분이 지워져요. 굵기를 변경하여 지우개 크기를 바꿀 수도 있습니다.
>
>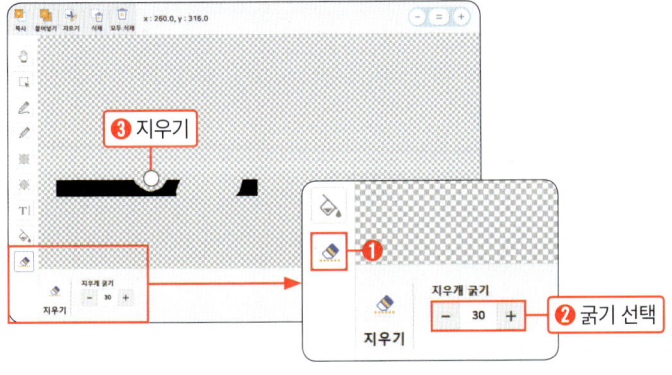

11 오브젝트 목록에서 '탱크(2)'를 선택하고 [모양] 탭에서 '탱크(2)_1'과 '탱크(2)_2'를 마우스 오른쪽 버튼으로 누르고 [삭제하기]를 클릭해 '탱크(2)_4'만 남깁니다.

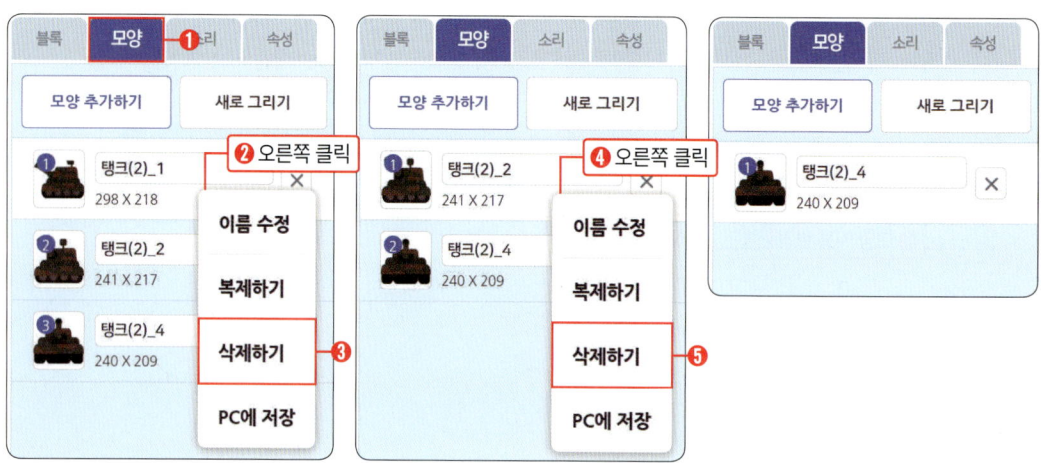

12 실행 화면에 오브젝트들이 겹쳐 보이므로 오브젝트를 각각 드래그하여 그림과 같이 위치를 옮겨주세요.

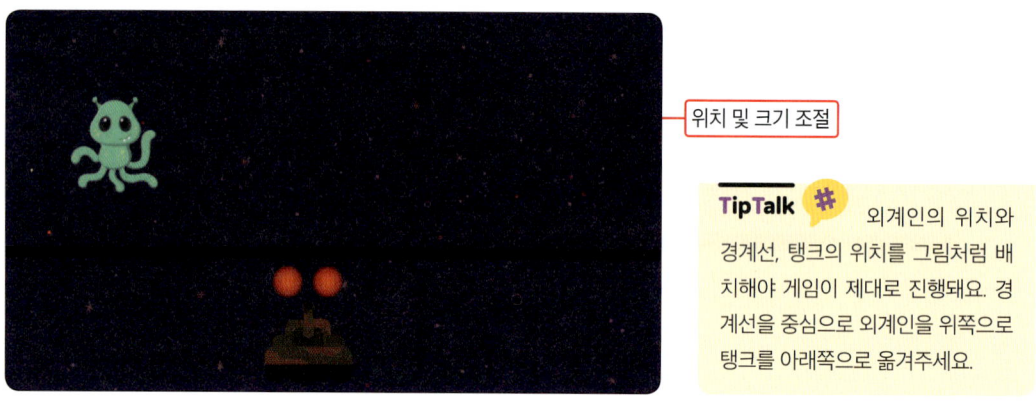

위치 및 크기 조절

TipTalk 외계인의 위치와 경계선, 탱크의 위치를 그림처럼 배치해야 게임이 제대로 진행돼요. 경계선을 중심으로 외계인을 위쪽으로 탱크를 아래쪽으로 옮겨주세요.

★중요해요

13 오브젝트 목록에서 '외계인(1)' 오브젝트를 선택하고 이동 방향을 '90'°에서 『46.8』로 바꿔요.

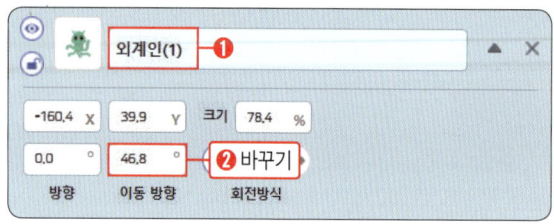

TipTalk 이동 방향에 꼭 '46.8'로 입력하지 않아도 됩니다. 1부터 359까지 원하는 값을 입력하세요.

216

잠깐만요 왜 '외계인' 오브젝트의 이동 방향 값을 바꾸나요?

오브젝트 이동 방향의 기본값은 90°로 설정되어 있고 오브젝트 화살표는 오른쪽을 향하고 있어요. 즉, 화살표가 가리키는 방향으로만 움직일 수 있는 것이죠. 하지만 우리는 외계인 오브젝트를 화면 속 여기저기로 날아다니게 만들어야 해요. 따라서 이동 방향값을 1부터 359까지 원하는 값으로 바꾸는 것입니다.

▲ 이동 방향값이 90°인 경우 ▲ 이동 방향값을 수정한 경우

14 '외계인(1)' 오브젝트에 새로운 모양을 추가할 거예요. '외계인(1)' 오브젝트를 선택하고 [모양] 탭의 [모양 추가하기]를 클릭하세요. '모양 추가하기' 창이 열리면 검색 창에 『폭발』을 입력하고 [폭발 효과_2]를 선택한 후 추가하기 를 클릭하세요. 모양 이름은 『외계인_폭발』로 바꾸고 다시 [외계인(1)_1]을 선택합니다.

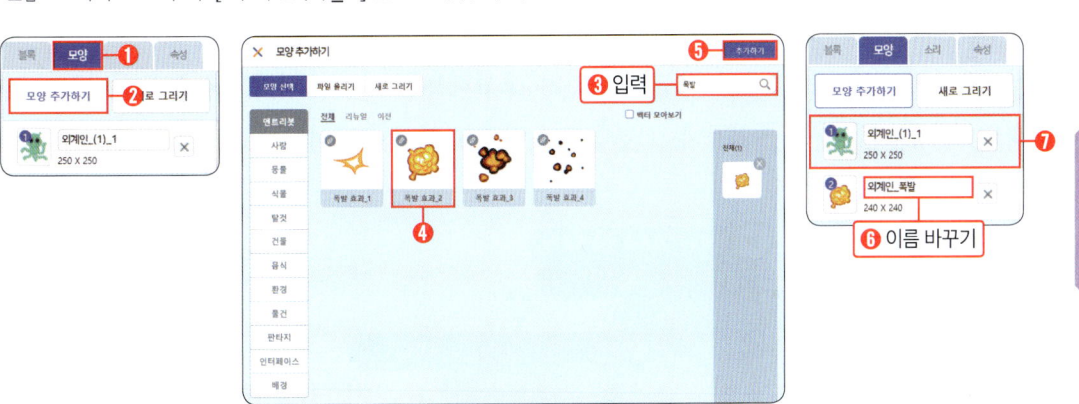

15 게임 제한 시간이 종료되면 'Game Over'가 나타나도록 [오브젝트 추가하기]-[글상자]를 클릭하세요. 글꼴은 '나눔고딕'체, 글자색은 '검정', 배경색은 '노랑'으로 선택한 후, 『Game Over』를 입력하고 추가하기 를 클릭하세요.

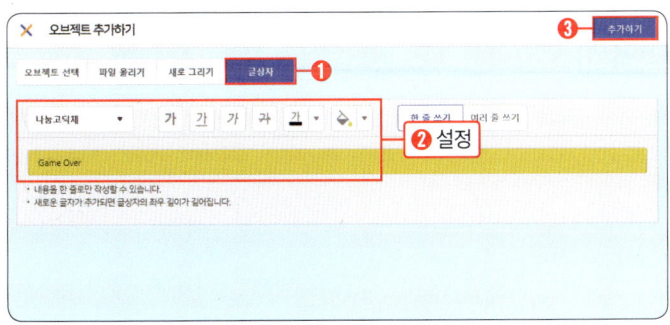

16 오브젝트 목록에 추가된 '글상자' 이름을 『게임오버』로 바꾸고, ◉를 클릭해 화면에서는 보이지 않도록 ◌ 표시로 바꿔주세요.

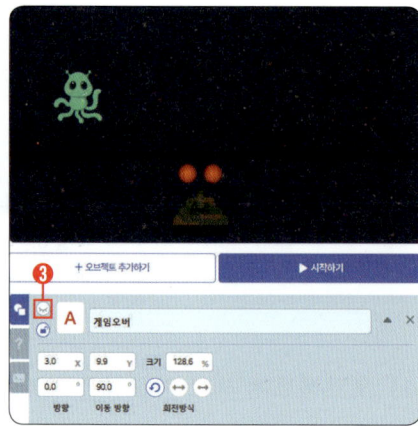

STEP 01   탱크 오브젝트가 움직이면서 총알원위치 신호를 보내는 코딩

작품이 시작되면 '총알' 오브젝트가 '탱크(2)' 오브젝트를 따라 움직이도록 신호를 만들어 볼게요. 또 키보드의 →, ← 키를 누르면 탱크가 방향에 따라 움직이도록 코딩해 봅시다.

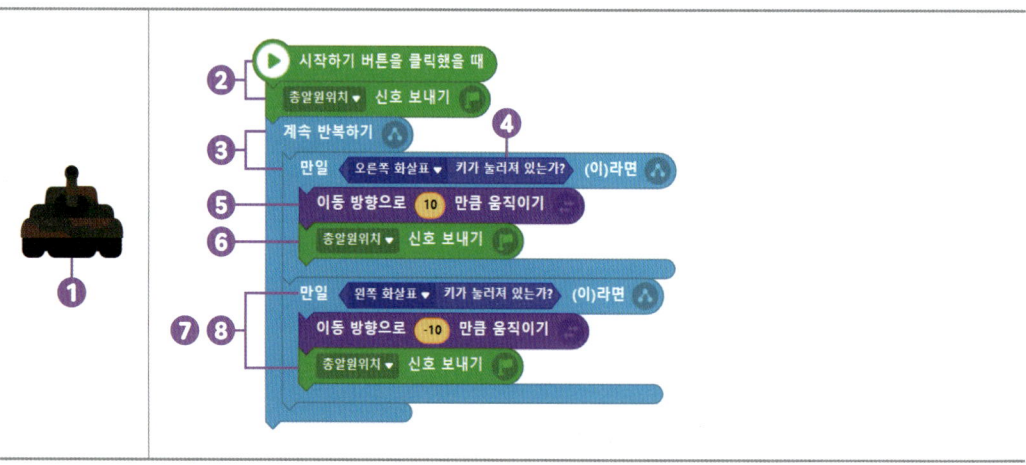

❶ [속성] 탭의 [신호]-[신호 추가하기]를 클릭해 새로운 신호를 만들고 신호 이름을 『총알원위치』로 바꾸세요.

❷ '탱크(2)' 오브젝트를 선택하고 [블록] 탭의 [시작] 블록 꾸러미에서 [시작하기 버튼을 클릭했을 때] 와 [총알원위치▼ 신호 보내기]를 블록 조립소로 드래그하여 차례로 연결하세요.

❸ [흐름] 블록 꾸러미에서 [계속 반복하기]를 드래그하여 ❷과정 아래로 연결하세요. 그런 다음 [만일 참 (이)라면]을 드래그하여 반복 블록 안쪽에 넣어주세요.

❹ [판단] 블록 꾸러미에서 [q▼ 키가 눌러져 있는가?]를 드래그하여 ❸과정 [만일 참 (이)라면]의 참과 바꾸세요. 'q'를 클릭하고 키보드의 →를 누릅니다.

❺ [움직임] 블록 꾸러미에서 [이동 방향으로 10 만큼 움직이기]를 드래그하여 [만일 오른쪽 화살표▼ 키가 눌러져 있는가? (이)라면]의 안쪽에 쏙 넣어주세요.

❻ [시작] 블록 꾸러미에서 [총알원위치▼ 신호 보내기] 드래그하여 ❺과정 아래로 연결합니다.

TipTalk →키를 누르면 '탱크(2)' 오브젝트가 오른쪽으로 '10'만큼 이동합니다. 이때 '총알' 오브젝트도 '탱크(2)' 오브젝트를 따라 움직일 수 있도록 '총알원위치' 신호를 연결한 거예요.

❼ ❸ ~ ❻과정에서 완성한 [블록]의 맨 위쪽 블록을 마우스 오른쪽 버튼으로 눌러 [코드 복사&붙여넣기]를 선택하세요.

❽ 복사된 블록에서 '오른쪽 화살표'를 『왼쪽 화살표』로, 이동 방향 '10'을 『-10』으로 바꾼 다음 ❼과정 블록 아래로 연결하세요.

219

STEP 02 : 총알이 탱크의 움직임에 따라 움직이는 코딩

작품이 시작되면 앞에서 만든 '총알원위치' 신호를 받아 '총알' 오브젝트가 '탱크(2)' 오브젝트를 따라 움직이도록 코딩할게요.

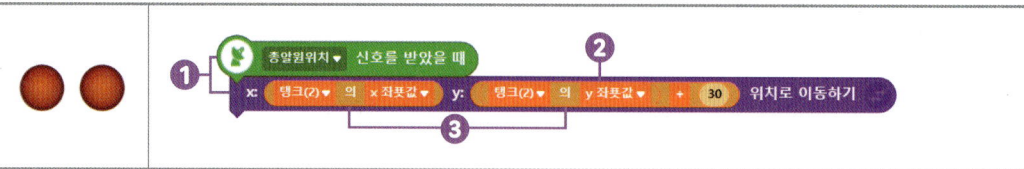

❶ '총알' 오브젝트를 선택하고 [시작] 블록 꾸러미의 [총알원위치 신호를 받았을 때] 와 [움직임] 블록 꾸러미의 [x: 0 y: 0 위치로 이동하기] 를 블록 조립소로 드래그하여 차례로 연결하세요.

❷ '총알' 오브젝트는 '탱크(2)' 오브젝트를 따라 움직이기 때문에 '탱크(2)' 오브젝트의 x, y좌푯값을 알아야 해요. [계산] 블록 꾸러미에서 [게임오버의 x좌푯값] 두 개와 [10 + 10] 를 블록 조립소로 드래그하세요. [게임오버의 x좌푯값] 에서 ▼를 클릭해 각각 [탱크(2)의 x좌푯값], [탱크(2)의 y좌푯값] 으로 바꾸세요. '총알' 오브젝트가 '탱크(2)' 오브젝트보다 위쪽에 놓이도록 '탱크(2)' 오브젝트의 y 좌푯값에 '30'을 더할 거예요. [10 + 10] 의 첫 번째 '10'을 [탱크(2)의 y좌푯값] 으로, 두 번째 '10'을 『30』으로 바꾸세요.

> **TipTalk** [계산] 블록 꾸러미에서 [게임오버의 x좌푯값] 의 초깃값은 다를 수 있으니 잘 보고 선택하세요. ▼를 클릭하여 원하는 값을 선택하세요.

❸ ❶과정의 [x: 0 y: 0 위치로 이동하기] 의 x좌푯값을 ❷과정의 [탱크(2)의 x좌푯값] 으로 바꾸고, y좌푯값은 [탱크(2)의 y좌푯값 + 30] 으로 바꾸세요.

> **TipTalk** 만약 작품을 실행했을 때 '총알' 오브젝트가 '탱크(2)' 오브젝트와 겹친다면 [탱크(2)의 y좌푯값 + 30] 의 '30'보다 큰 수로 바꾸세요.

STEP 03 총알이 발사되는 코딩

키보드의 Spacebar 키를 누르면 총알이 앞으로 발사되도록 코딩해 볼게요.

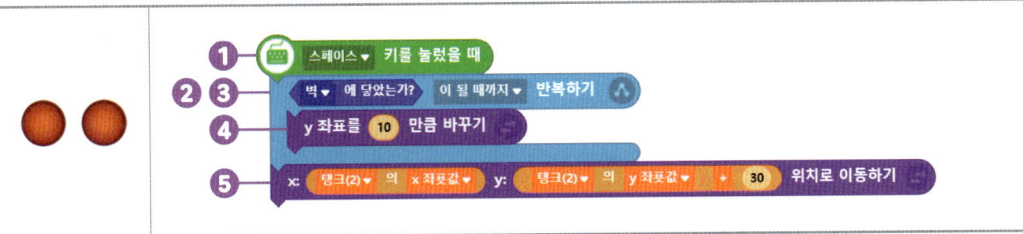

!주의해요

❶ Spacebar 키를 눌렀을 때 '총알' 오브젝트가 발사되려면 '총알' 오브젝트가 벽에 닿을 때까지 y좌푯값을 크게 설정하면 됩니다. [시작] 블록 꾸러미에서 [q▼ 키를 눌렀을 때]를 드래그하여 'q'를 클릭하고 키보드의 Spacebar 키를 눌러 [스페이스▼ 키를 눌렀을 때]로 바꾸세요.

TipTalk 앞에서 만든 블록과 연결되지 않도록 블록 조립소 빈 곳에 배치하세요.

❷ [흐름] 블록 꾸러미에서 [참 이 될 때까지▼ 반복하기]를 블록 조립소로 드래그하여 ❶과정 아래로 연결하세요.

❸ [판단] 블록 꾸러미에서 [마우스포인터▼ 에 닿았는가?]를 드래그하고 ▼를 클릭하여 [벽▼ 에 닿았는가?]로 변경한 후 [참 이 될 때까지▼ 반복하기]의 참과 바꿔 주세요.

❹ [움직임] 블록 꾸러미에서 [y좌표를 10 만큼 바꾸기]를 드래그하여 ❷과정의 블록 안쪽에 쏙 넣어주세요.

❺ '총알' 오브젝트가 발사되어 벽에 닿은 후 다시 '탱크(2)' 오브젝트로 되돌아와야 해요. 220쪽 ❷ ~ ❸과정의 [x: 탱크(2)▼ 의 x좌푯값▼ y: 탱크(2)▼ 의 y좌푯값▼ + 30 위치로 이동하기]를 [코드 복사&붙여넣기]하여 ❷과정에서 만든 블록 아래로 연결하세요.

STEP 04 점수와 제한 시간을 표시하는 코딩

작품이 시작되면 화면에 점수와 제한 시간을 표시합니다. 시간은 '60'부터 시작해 '1'씩 줄어들어 '0'이 되면 게임이 종료되도록 만들 거예요.

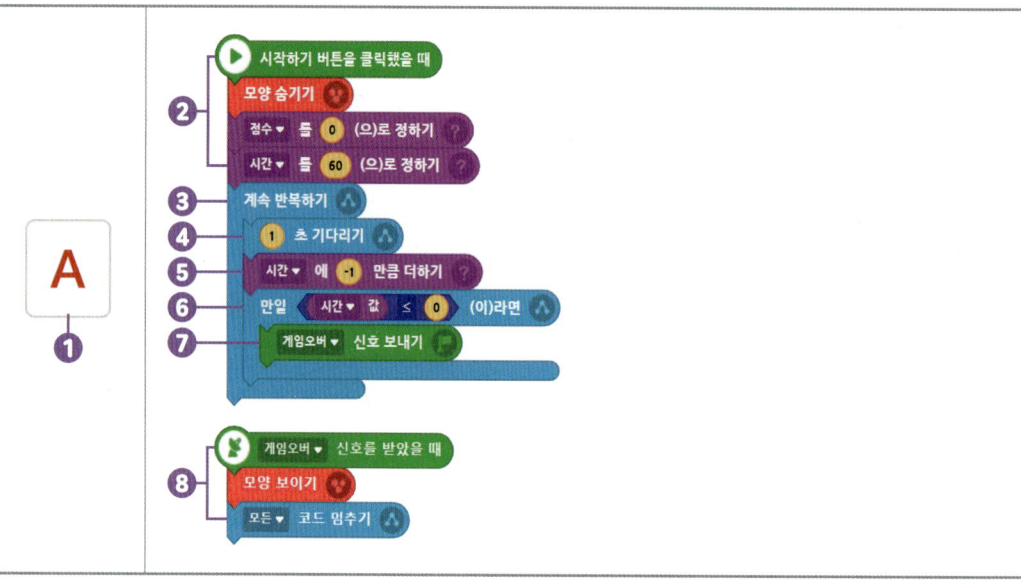

★중요해요

① 화면에 표시할 변수를 만들기 위해 '글상자' 오브젝트를 선택하고 [속성] 탭의 [변수]-[변수 추가하기]를 클릭한 후 '점수'와 '시간' 변수를 각각 만드세요. 제한 시간이 '0'이 됐을 때 보낼 신호도 필요합니다. [신호]-[신호 추가하기]를 클릭하여 '게임오버' 신호를 만들어 주세요.

❷ 제한 시간이 '0'이 되면 모든 코드를 멈추고 '게임오버' 문구가 화면에 나타나도록 '게임오버' 글상자 오브젝트를 선택한 상태에서 [블록] 탭의 `시작` 블록 꾸러미에서 `시작하기 버튼을 클릭했을 때`와 `생김새` 블록 꾸러미에서 `모양 숨기기`, `자료` 블록 꾸러미에서 `시간▼ 를 10 (으)로 정하기`를 두 개 드래그하고 ▼를 클릭해 각각 `점수▼ 를 0 (으)로 정하기`와 `시간▼ 를 60 (으)로 정하기`로 바꾸고 차례로 연결하세요.

❸ `흐름` 블록 꾸러미에서 `계속 반복하기`를 드래그하여 ❷과정 아래로 연결하세요.

❹ `흐름` 블록 꾸러미에서 `2 초 기다리기`를 드래그하고 '2'초를 『1』초로 바꾸고 ❸과정 블록 안쪽으로 넣어주세요.

❺ `자료` 블록 꾸러미에서 `시간▼ 에 10 만큼 더하기`를 드래그하여 ❹과정 아래로 연결하고 '10'은 『-1』로 바꾸세요.

★중요해요
❻ `흐름` 블록 꾸러미의 `만일 참 (이)라면`과 `판단` 블록 꾸러미의 `10 ≤ 10`, `자료` 블록 꾸러미의 `시간▼ 값`을 드래그하세요. 시간 변수 값이 '0'보다 작거나 같을 때 '게임오버' 신호를 보내도록 `10 ≤ 10`의 첫 번째 '10'을 `시간▼ 값`으로, 두 번째 '10'은 『0』으로 바꾸세요. 그런 다음 `만일 참 (이)라면`의 `참`과 바꿔주고 ❺과정 아래로 연결하세요.

❼ `시작` 블록 꾸러미에서 `게임오버▼ 신호 보내기`를 드래그하여 ❻과정 블록 안쪽에 넣어주세요.

!주의해요
❽ '게임오버' 신호를 받으면 '글상자' 오브젝트가 나타나고, 작품이 종료되도록 `시작` 블록 꾸러미에서 `게임오버▼ 신호를 받았을 때`와 `생김새` 블록 꾸러미에서 `모양 보이기`, `흐름` 블록 꾸러미에서 `모든▼ 코드 멈추기`를 드래그하여 차례로 연결해요. 이때 앞 과정의 블록과 연결되지 않도록 합니다.

STEP 05 외계인 오브젝트 코딩

작품을 시작하면 '외계인' 오브젝트는 이동을 하다가 벽에 닿으면 방향을 바꿔 튕겨 나가고, 만약 '총알' 오브젝트에 닿으면 '외계인폭발' 오브젝트 모양으로 바뀐 후 예상할 수 없는 위치에 다시 나타나도록 코딩해 볼게요.

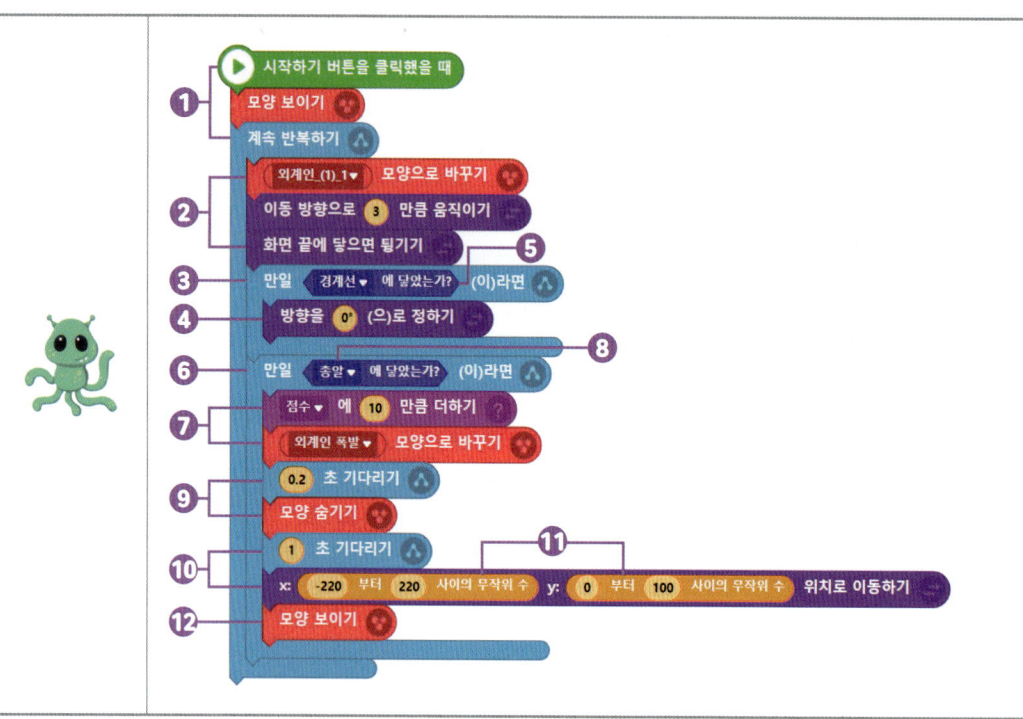

① '외계인(1)' 오브젝트를 선택하고 [시작] 블록 꾸러미에서 [시작하기 버튼을 클릭했을 때] 와 [생김새] 블록 꾸러미에서 [모양 보이기], [시작] 블록 꾸러미에서 [계속 반복하기] 를 드래그하여 차례로 연결하세요.

② [생김새] 블록 꾸러미에서 [외계인_(1)_1 모양으로 바꾸기] 와 [움직임] 블록 꾸러미에서 [이동 방향으로 10 만큼 움직이기], [화면 끝에 닿으면 튕기기] 를 드래그해 차례로 연결하고 '10'을 『3』으로 바꾸세요. 그런 다음 ①과정의 반복 블록 안쪽에 넣으세요.

③ [흐름] 블록 꾸러미에서 [만일 참 (이)라면] 를 드래그하여 ②과정 아래로 연결하세요.

④ [움직임] 블록 꾸러미에서 [방향을 90° (으)로 정하기] 를 드래그하여 ③과정 블록 안쪽에 쏙 넣고 '90'을 『0』으로 바꿔주세요.

224

5. [판단] 블록 꾸러미에서 〈마우스포인터▼ 에 닿았는가?〉를 드래그하고 ▼를 클릭하여 〈경계선▼ 에 닿았는가?〉로 바꾼 뒤 ❸과정의 〈참〉 자리에 넣어주세요.

6. [흐름] 블록 꾸러미에서 [만일 〈참〉 (이)라면] 을 드래그하여 ❸과정 아래로 연결하세요.

7. [자료] 블록 꾸러미에서 [시간▼ 에 10 만큼 더하기], [생김새] 블록 꾸러미에서 [외계인_(1)_1▼ 모양으로 바꾸기]를 드래그하여 차례로 연결하고 ❻과정 블록 안쪽으로 넣어주세요. 그런 다음 [시간▼ 에 10 만큼 더하기]의 ▼를 클릭해 '시간'을 『점수』로, [외계인_(1)_1▼ 모양으로 바꾸기]의 ▼를 클릭해 '외계인_1'을 『외계인_폭발』로 바꾸세요.

8. [판단] 블록 꾸러미에서 〈마우스포인터▼ 에 닿았는가?〉를 드래그하고 ▼를 클릭해 〈총알▼ 에 닿았는가?〉로 바꾼 뒤 ❻과정의 〈참〉 자리에 넣어주세요.

9. [흐름] 블록 꾸러미에서 [2 초 기다리기]와 [생김새] 블록 꾸러미에서 [모양 숨기기]을 드래그하고 차례로 연결해요. '2'초를 『0.2』초로 바꾸고 ❼과정 아래로 연결하세요.

10. [흐름] 블록 꾸러미에서 [2 초 기다리기]와 [움직임] 블록 꾸러미에서 [x: 0 y: 0 위치로 이동하기]를 드래그하고 차례로 연결한 후 '2'초를 『1』초로 바꾸세요. 그런 다음 ❾과정 아래로 연결하세요.

11. '외계인(1)' 오브젝트가 무작위로 다시 나타날 수 있도록 [계산] 블록 꾸러미에서 [0 부터 10 사이의 무작위 수]를 두 개 드래그하고, 첫 번째 블록의 '0'은 『-220』으로, '10'은 『220』으로 바꾸세요. 같은 방법으로 두 번째 블록 값은 각각 『0』과 『100』으로 바꾸세요. 그런 다음 첫 번째 블록은 ❿과정의 x에, 두 번째 블록은 y에 끼워 넣으세요.

> **TipTalk** # y좌푯값의 범위를 0부터 100으로 정한 이유는 '경계선' 오브젝트 아래로 나타나지 않고 위쪽으로만 나타나도록 하기 위해서지요. 여러분이 만든 '경계선' 오브젝트의 y좌푯값은 다를 수 있으니 자신이 만든 오브젝트의 y좌푯값을 확인하고 알맞은 좌푯값을 입력하세요.

⑫ 이제 예상하지 못한 위치에서 '외계인(1)' 오브젝트가 나타나도록 생김새 블록 꾸러미에서 모양 보이기 를 드래그하여 ⑩과정 아래로 연결하세요.

★중요해요
⑬ '외계인(1)' 오브젝트를 복제하여 여러 개로 만들어볼게요. 오브젝트 목록에서 '외계인(1)' 오브젝트를 마우스 오른쪽 버튼으로 눌러 **[복제하기]**를 선택하세요. 같은 방법으로 '외계인(1)' 오브젝트를 두 개 더 만들고, 원하는 위치에 배치하세요.

전체 코드 CHECK!

탱크

- 시작하기 버튼을 클릭했을 때
- 총알원위치 ▼ 신호 보내기
- 계속 반복하기
  - 만일 〈 오른쪽 화살표 ▼ 키가 눌러져 있는가? 〉(이)라면
    - 이동 방향으로 10 만큼 움직이기
    - 총알원위치 ▼ 신호 보내기
  - 만일 〈 왼쪽 화살표 ▼ 키가 눌러져 있는가? 〉(이)라면
    - 이동 방향으로 -10 만큼 움직이기
    - 총알원위치 ▼ 신호 보내기

총알

- 총알원위치 ▼ 신호를 받았을 때
- x: 탱크(2) ▼ 의 x좌푯값 ▼ y: 탱크(2) ▼ 의 y좌푯값 ▼ + 30 위치로 이동하기

- 스페이스 ▼ 키를 눌렀을 때
- 벽 ▼ 에 닿았는가? 이 될 때까지 ▼ 반복하기
  - y 좌표를 10 만큼 바꾸기
- x: 탱크(2) ▼ 의 x좌푯값 ▼ y: 탱크(2) ▼ 의 y좌푯값 ▼ + 30 위치로 이동하기

A

- 시작하기 버튼을 클릭했을 때
- 모양 숨기기
- 점수 ▼ 를 0 (으)로 정하기
- 시간 ▼ 를 60 (으)로 정하기
- 계속 반복하기
  - 1 초 기다리기
  - 시간 ▼ 에 -1 만큼 더하기
  - 만일 〈 시간 ▼ 값 ≤ 0 〉(이)라면
    - 게임오버 ▼ 신호 보내기

- 게임오버 ▼ 신호를 받았을 때
- 모양 보이기
- 모든 ▼ 코드 멈추기

WEEK 13

내가 만든 게임으로
친구들과 누가 더 높은 점수를
획득하는지 실력을 겨뤄봐!

*정답 및 해설 276쪽

이렇게 만들어요! ▶
http://naver.me/5A8rolgH

앞에서 만든 게임을 업그레이드 해 볼게요. 외계인을 맞췄을 때 효과음도 넣어보고, 탱크의 움직임도 함수로 만들어 블록 조립소를 깔끔하게 정리해 보세요.

미션 1 총알이 외계인을 맞혔을 때 '전자신호음2' 소리내기

미션 2 탱크의 움직임을 '오른쪽 방향키 이동', '왼쪽 방향키 이동' 함수로 만들기

〈 힌트 〉

1. 총알이 외계인을 맞혔을 때 '전자신호음2'를 삽입하려면 '외계인' 오브젝트를 선택하고 [소리] 탭의 [소리 추가하기]를 클릭하세요. '소리 추가하기' 창이 열리면 [판타지]-[전자신호음2]를 선택하고 [추가하기]를 클릭하세요. 각각의 외계인마다 같은 작업을 반복해 주어야 합니다.

2. 함수 만들기는 182쪽에서 배운 내용이에요. '탱크' 오브젝트를 선택하고 반복하기 블록 안쪽에 끼워 넣은 블록을 함수로 만들어 간편하게 사용해 보세요.

나에게 어울리는 옷을 골라줘!

선택한 값에 따라 오브젝트 모양을 바꾸기

도현이와 윤아가 나들이를 가려고 해요. 어떤 옷을 입고 가면 좋을까요? 성별에 따라 옷을 자동으로 입혀 주는 의상 코디 게임을 만들어 도현이와 윤아의 옷을 골라주세요. 남자 옷과 여자 옷을 미리 구분해주고, 예쁘고 멋진 액세서리를 골라 코딩해 보세요.

▼ 작품 미리보기

◀ QR코드로 작품 보기

『http://naver.me/FUA8yxe0』에 접속한 후 시작(▶)을 클릭해 작품을 실행해 보세요.

> **알고리즘** 오브젝트의 동작을 순서대로 정리해서 알고리즘을 만들어 보세요.

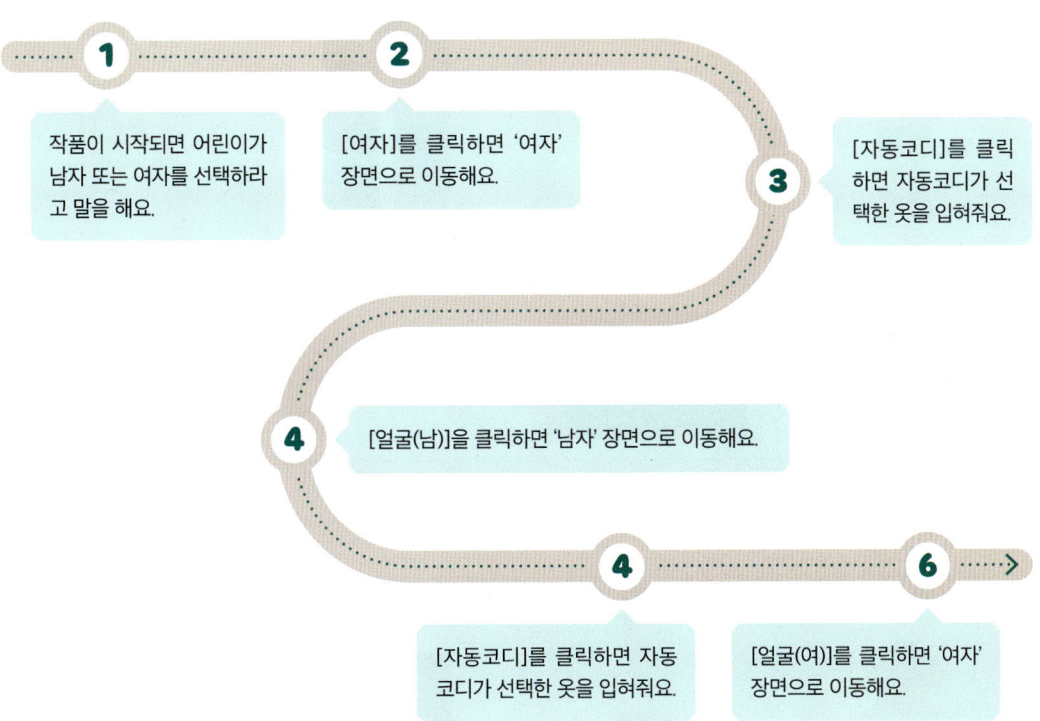

1. 작품이 시작되면 어린이가 남자 또는 여자를 선택하라고 말을 해요.
2. [여자]를 클릭하면 '여자' 장면으로 이동해요.
3. [자동코디]를 클릭하면 자동코디가 선택한 옷을 입혀줘요.
4. [얼굴(남)]을 클릭하면 '남자' 장면으로 이동해요.
4. [자동코디]를 클릭하면 자동코디가 선택한 옷을 입혀줘요.
6. [얼굴(여)]를 클릭하면 '여자' 장면으로 이동해요.

오브젝트&블록

❖ 장면 1 오브젝트

어린이(2)	글상자	칠판
	A 여자 A 남자 A 옷 고르기	

❖ 장면 2 오브젝트

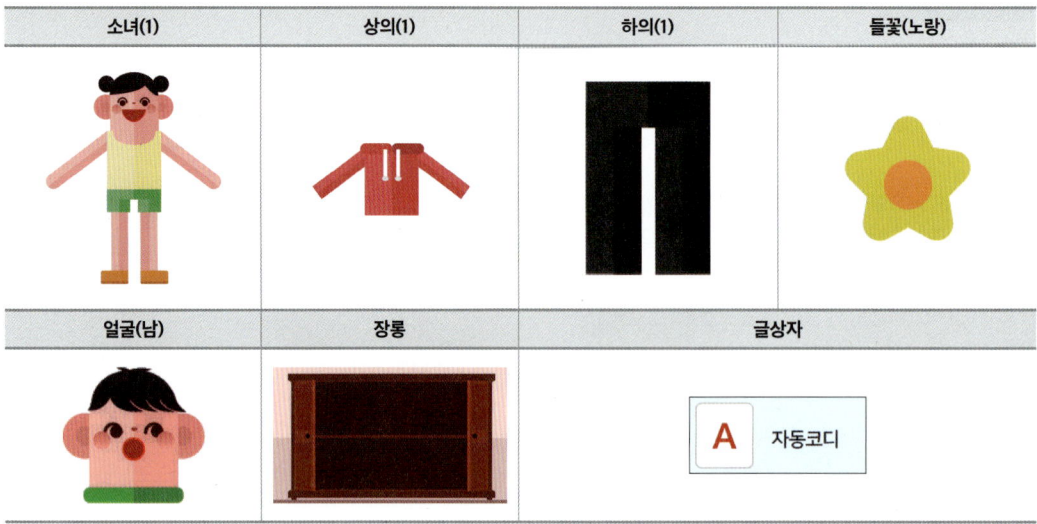

❖ 장면 3 오브젝트

장면 1의 오브젝트 만들기

완성파일 | 옷고르기.ent

01 작품 만들기의 실행 화면에서 사용하지 않는 기본 엔트리봇 오브젝트를 선택하고 오브젝트 목록에서 ⓧ를 클릭해 삭제하세요. [+ 오브젝트 추가하기]를 클릭하고 '오브젝트 추가하기' 창이 열리면 [사람]-[어린이(2)], [배경]-[실내]-[칠판]을 차례로 선택하고 [추가하기]를 클릭하세요. 겹쳐 보이는 오브젝트의 위치를 옮기고 크기도 조절해 주세요.

02 [+ 오브젝트 추가하기]를 클릭해 '오브젝트 추가하기' 창을 다시 열고, [글상자] 탭을 클릭한 후 『옷 고르기』를 입력하세요. 글꼴은 '나눔고딕체'로, 글자 색은 '하양'으로 지정합니다. 그런 다음 글상자의 배경을 없애기 위해 🪣▾를 선택하고 ▨를 클릭하여 빨간색 사선이 생기도록 만들어 주세요. [추가하기]를 클릭하여 오브젝트가 실행 화면에 삽입되면 칠판 위치로 이동시켜 주세요.

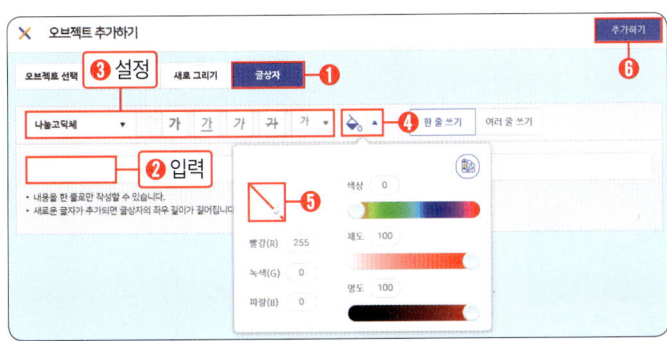

TipTalk 글자 색을 '하양'으로 선택하면 '오브젝트 추가하기'에 입력한 글자가 안 보일 수도 있지만, 제대로 입력된 것이니 걱정마세요.

▶ 반복 작업

03 02과정과 같은 방법으로 '글상자' 오브젝트를 두 개 더 추가하세요. 각각 『여자』와 『남자』로 입력하고 글꼴은 '나눔고딕체'로, 글자 색은 '검정'으로 지정하세요. '여자' 글상자의 배경 색은 [분홍]으로, '남자' 글상자의 배경 색은 [노랑]으로 선택하고 [추가하기]를 클릭하세요. 그런 다음 오브젝트 목록에 오브젝트가 삽입되면 크기를 모두 『50』으로 바꾸고 그림과 같이 오브젝트를 배치해 주세요.

장면 2의 오브젝트 만들기

01 실행 화면 [장면 1] 탭 옆의 `+` 를 클릭해 '장면 2'를 추가해 주세요. 그런 다음 장면 이름을 『여자』로 바꿔주세요. `+오브젝트 추가하기` 를 클릭해 '오브젝트 추가하기' 창이 열리면 [사람]-[소녀(1)], [얼굴(남)]과 [물건]-[생활]-[상의(1)], [하의(1)], [식물]-[꽃]-[들꽃(노랑)], [배경]-[실내]-[장롱]을 차례로 선택하고 `추가하기` 를 클릭하세요. 겹쳐 보이는 오브젝트의 위치를 옮겨주세요.

> **TipTalk** 각 오브젝트의 정확한 위치와 크기는 **03**과정에서 지정할 거예요. 여기에서는 오브젝트가 제대로 삽입되었는지 확인하기 위해 겹쳐 보이지 않도록 배치합니다.

02 `+오브젝트 추가하기` 를 클릭해 '오브젝트 추가하기' 창의 [글상자] 탭을 선택하세요. 『자동코디』를 입력하고 글꼴은 '나눔고딕체'로, 글자 배경은 '분홍'으로 지정한 후 `추가하기` 를 클릭하세요. '얼굴(남)' 오브젝트와 '자동코디' 글상자는 아래 사진을 참고하여 배치하세요.

> **TipTalk** '얼굴(남)' 오브젝트는 '자동코디' 글상자 오브젝트 위쪽에 배치하세요.

★중요해요

03 옷을 갈아입히려면 오브젝트의 좌표 위치와 크기가 중요합니다. 해당 수치가 계산 블록에서 사용되기 때문이죠. 오브젝트 목록에서 '소녀(1)', '상의(1)', '하의(1)', '들꽃(노랑)'의 속성을 다음과 같이 바꿔주세요.

오브젝트	x	y	크기
소녀(1)	-145	0	200
상의(1)	0	40	200
하의(1)	0	0	200
들꽃(노랑)	140	80	50

04 옷과 액세서리를 바꿀 수 있도록 [모양] 탭의 [모양 추가하기]를 클릭해 오브젝트 모양을 추가해 볼게요. 각각의 오브젝트를 선택하고 다음 표와 같이 모양을 추가해 주세요. '모양 추가하기' 창의 검색 창에 이름을 입력하면 오브젝트를 쉽게 찾을 수 있어요.

오브젝트	모양 추가
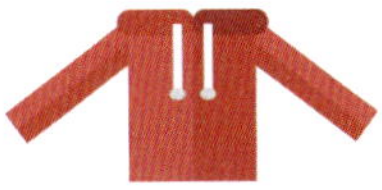 상의(1)	[물건]-[생활]-[상의(2)_1] [물건]-[생활]-[상의(3)_1] [물건]-[생활]-[상의(4)_1] [물건]-[생활]-[상의(5)_1] 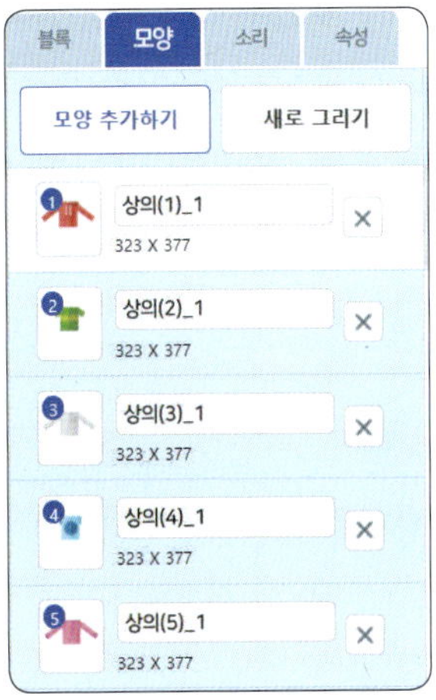
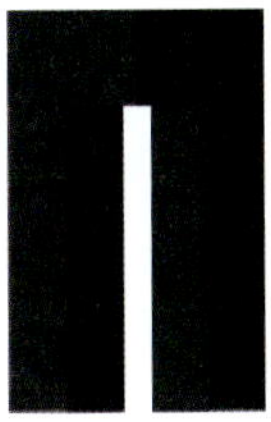 하의(1)	[물건]-[생활]-[하의(2)_1] [물건]-[생활]-[하의(3)_1] [물건]-[생활]-[하의(4)_1] [물건]-[생활]-[하의(5)_1] 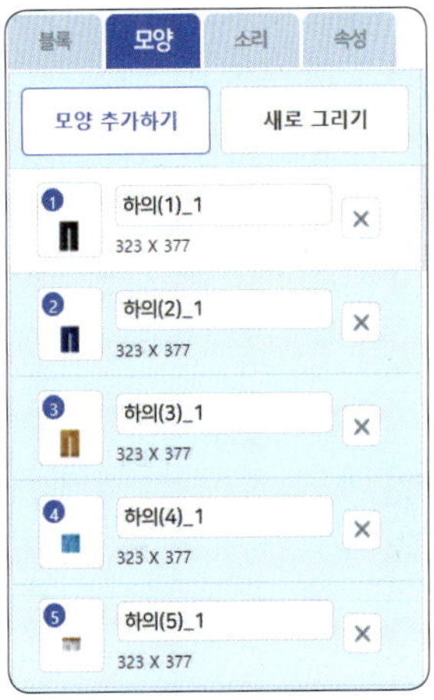
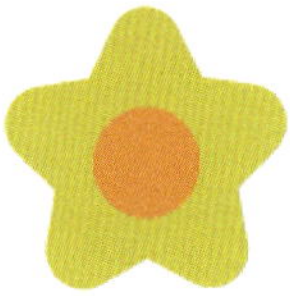 들꽃(노랑)	[식물]-[꽃]-[들꽃(분홍)_1] [식물]-[꽃]-[들꽃(연보라)_1] 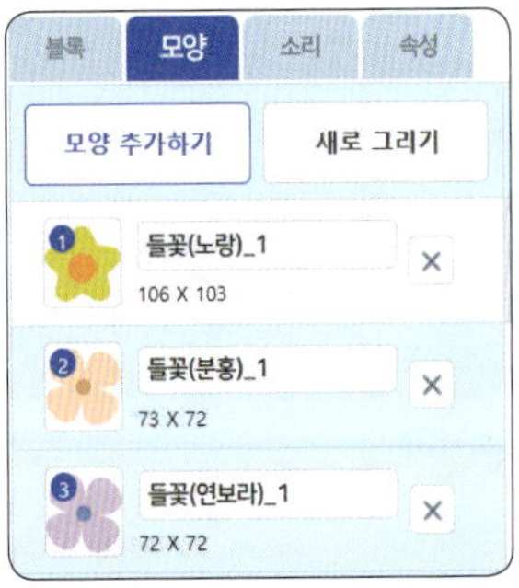

 각 오브젝트의 모양을 추가한 후에는 꼭 첫 번째 모양을 다시 선택해 주어야 실행 화면에 첫 번째 모양이 나타나요.

장면 3의 오브젝트 만들기

01 '여자' 장면과 같은 방법으로 오브젝트만 바꾸어 배치할게요. 실행 화면 **[여자]** 탭 옆의 +를 클릭해 '장면 2'를 추가하고, 장면 이름을 『남자』로 바꿔주세요. [+ 오브젝트 추가하기]를 클릭해 '오브젝트 추가하기' 창이 열리면 **[사람]-[소년(1)], [얼굴(여)]**와 **[물건]-[생활]-[상의(1)], [하의(1)], [물건]-[생활]-[모자(5)], [배경]-[실내]-[장롱]**을 차례로 선택하고 [추가하기]를 클릭하세요. 겹쳐 보이는 오브젝트의 위치를 옮겨주세요.

> **TipTalk** 각 오브젝트의 정확한 위치와 크기는 **03**과정에서 지정할 거예요. 여기서는 오브젝트가 제대로 삽입되었는지 확인하기 위해 겹쳐 보이지 않도록 배치합니다.

02 [+ 오브젝트 추가하기]를 클릭해 '오브젝트 추가하기' 창의 **[글상자]** 탭을 선택하세요. 『자동코디』를 입력하고 글꼴은 '나눔고딕체'로, 글자 색은 '하양', 글자 배경은 '노랑'으로 지정한 후 [추가하기]를 클릭하세요. '얼굴(여)' 오브젝트와 '자동코디' 글상자는 아래 사진을 참고하여 배치하세요.

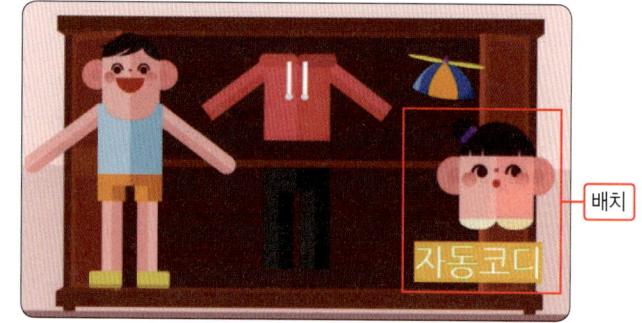

★ 중요해요

03 옷을 갈아입히려면 오브젝트의 좌표 위치와 크기를 알아두어야겠죠? 해당 수치는 계산 블록에서 사용할 거예요. 오브젝트 목록에서 '소년(1)', '상의(1)', '하의(1)', '모자'의 속성을 다음과 같이 바꿔주세요.

오브젝트	x	y	크기
소년(1)	-145	0	200
상의(1)	0	40	200
하의(1)	0	0	200
모자(5)	140	80	50

04 옷과 액세서리를 바꿀 수 있도록 [모양] 탭의 [모양 추가하기]를 클릭해 오브젝트 모양을 추가해 볼게요. 각각의 오브젝트를 선택하고 다음 표와 같이 모양을 추가해 주세요.

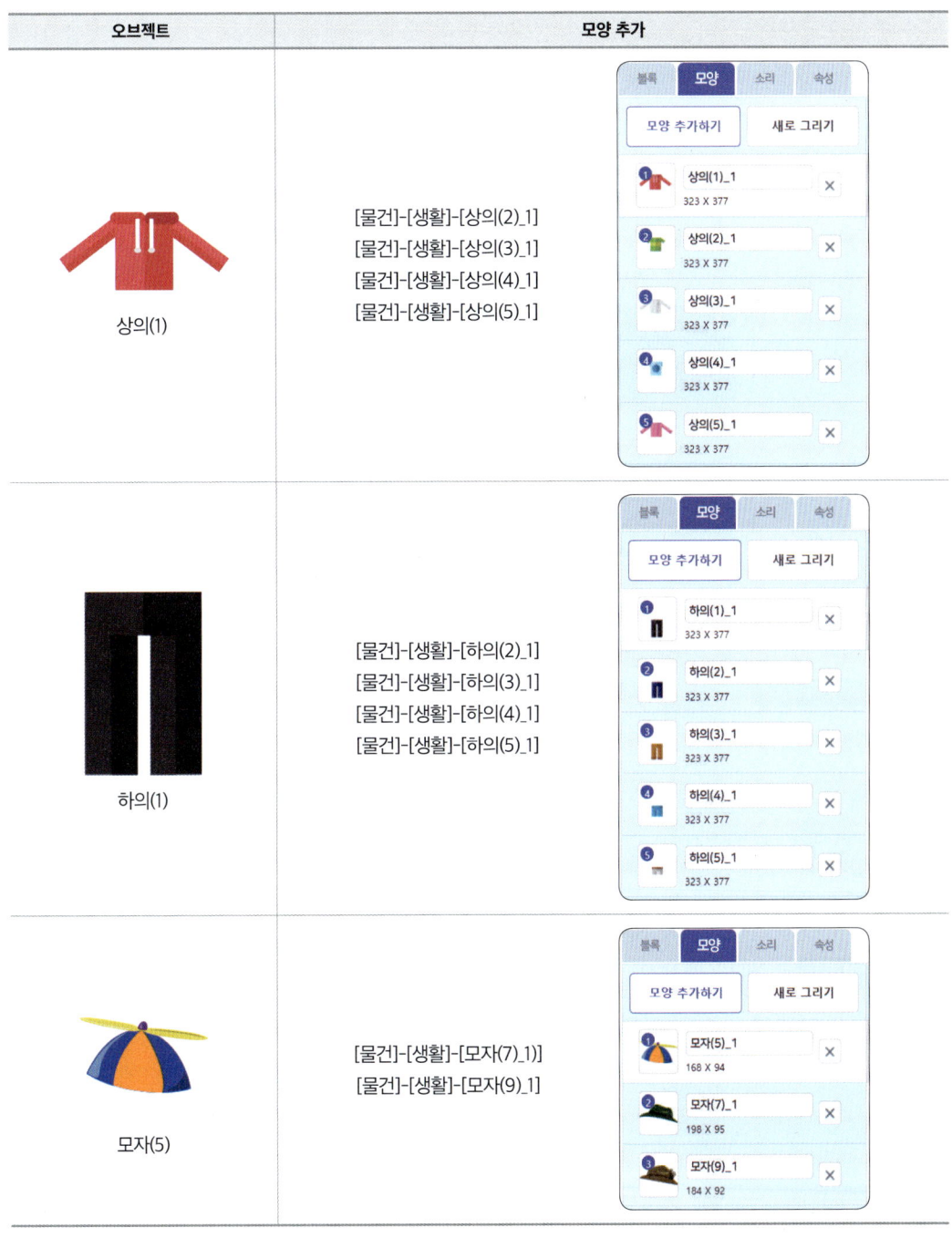

> **TipTalk** 각 오브젝트의 모양을 추가한 후에는 꼭 첫 번째 모양을 다시 선택해 주어야 실행 화면에 첫 번째 모양이 나타나요.

STEP 01 　어린이와 글상자 오브젝트 코딩

작품이 시작되면 '어린이' 오브젝트가 성별에 따라 옷을 추천해 준다고 말해요. 성별을 선택하면 선택한 성별 장면으로 이동하도록 코딩해 볼게요.

❶ '장면 1'의 '어린이(2)' 오브젝트를 선택하고 [블록] 탭의 ▶시작 블록 꾸러미에서 ▶시작하기 버튼을 클릭했을 때 와 생김새 블록 꾸러미에서 안녕! 을(를) 4 초 동안 말하기 를 블록 조립소로 드래그하여 차례로 연결하세요. '안녕!'을 『무엇을 입을지 고민되나요? 성별을 클릭하면 옷을 추천해 줄게요.』로, '4'초를 『3』초로 바꾸세요.

❷ 성별을 선택하면 해당 성별 장면으로 넘어가도록 '여자 글상자' 오브젝트를 선택하고 시작 블록 꾸러미에서 오브젝트를 클릭했을 때 와 장면 1 ▼ 시작하기 를 가져와 ▼를 누르고 여자 ▼ 시작하기 로 바꿔 주세요. 흐름 블록 꾸러미에서 2 초 기다리기 를 드래그하고 다음 그림과 같이 연결해 주세요. 그런 다음 '2'초를 『0.5』초로 바꿔줍니다.

238

▶반복 작업

❸ '남자 글상자' 오브젝트에도 똑같은 코드가 들어가므로 ❷과정의 첫 번째 블록을 마우스 오른쪽 버튼으로 눌러 [코드 복사]를 선택하세요. '남자 글상자' 오브젝트를 선택하고 블록 조립소의 빈 곳을 마우스 오른쪽 단추로 눌러 [붙여넣기]를 선택하세요. 그런 다음 `여자▼ 시작하기`의 ▼를 클릭해 `남자▼ 시작하기`로 바꾸세요.

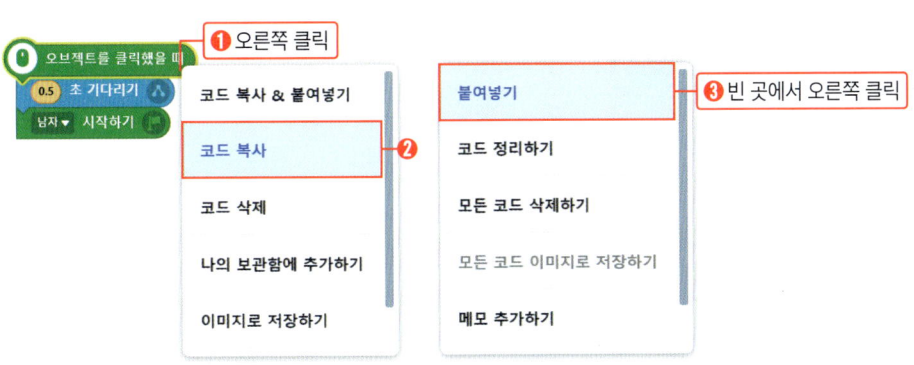

STEP 02 여자 옷 입히기 코딩

'여자' 장면의 [자동코디]를 클릭하면 윤아에게 자동으로 옷을 입혀주도록 코딩해 보세요. 또 '얼굴(남)' 오브젝트를 클릭하면 '남자' 장면으로 이동하도록 만들어 주세요.

❶ '여자' 장면의 '자동코디' 오브젝트를 클릭했을 때 '상의(1)', '하의(1)' 오브젝트와 '들꽃(노랑)' 오브젝트로 보내줄 신호가 필요합니다. [속성] 탭의 [신호]-[신호 추가하기]를 클릭해『옷입히기』신호를 만듭니다.

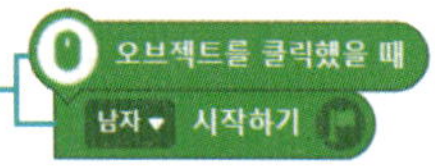

❷ '자동코디' 오브젝트를 선택하고 [블록] 탭의 시작 블록 꾸러미에서 오브젝트를 클릭했을 때 와 옷입히기▼ 신호 보내기 를 블록 조립소로 드래그하고 차례로 연결하세요.

★중요해요

❸ '옷 입히기' 신호를 받으면 '상의' 오브젝트가 '소녀(1)' 오브젝트의 좌푯값으로 이동하고, 추가한 세 가지 모양으로 바뀌도록 해볼게요. '상의(1)' 오브젝트를 선택하고 시작 블록 꾸러미에서 옷입히기▼ 신호를 받았을 때 와 붓 블록 꾸러미에서 모든 붓 지우기 , 생김새 블록 꾸러미에서 모양 보이기 , 크기를 100 (으)로 정하기 를 드래그하여 차례로 연결하세요. 그런 다음 '100'은 『200』으로 바꿔줍니다.

TipTalk 소녀에게 옷을 입혔을 때, 딱 알맞게 입혀지는 크기가 '200'이에요. 만약 조금 더 크게 입히고 싶다면 '200'보다 큰 수를 입력하세요.

❹ 흐름 블록 꾸러미에서 10 번 반복하기 를 드래그하여 ❸과정 아래로 연결하세요.

❺ 생김새 블록 꾸러미에서 다음▼ 모양으로 바꾸기 와 흐름 블록 꾸러미에서 2 초 기다리기 를 드래그하고 차례로 연결한 후 ❹과정 블록 안쪽으로 넣어주세요. 그런 다음 '2'초는 『0.1』초로 바꿔줍니다.

잠깐만요 왜  블록을 연결하나요?

'옷 입히기' 신호를 받은 후 모든 붓 지우기 를 연결하는 이유는 새로운 옷을 입히기 위해서예요. 지금 코디 된 옷이 마음에 들지 않는다면 다시 [자동코디]를 클릭해 새로운 옷을 입힐 수 있어요. 이때 원래 입었던 옷이 남아있다면 옷 위에 옷을 또 입게 되겠죠? 따라서 원래 입혔던 옷을 지우고 새로운 옷을 입히기 위해 해당 블록을 사용한답니다.

⑥ 〈생김새〉 블록 꾸러미에서 [상의(1)_1 모양으로 바꾸기]를, 〈계산〉 블록 꾸러미에서 [0 부터 10 사이의 무작위 수]를 드래그하세요. 그런 다음 '0'은 『1』로, '10'은 『5』로 바꾸고, [상의(1)_1 모양으로 바꾸기]의 '상의(1)_1'에 끼워 넣은 후, ❹과정 아래로 연결하세요. 빠져 나온 [상의(1)_1▼]는 휴지통으로 드래그하여 삭제합니다.

> **TipTalk** [0 부터 10 사이의 무작위 수]에 '1'과 '5'를 입력한 이유는 235쪽 모양에서 추가한 다섯 가지의 옷을 무작위로 선택하기 위해서예요. '상의' 오브젝트를 선택하고 [모양] 탭을 클릭하면 추가한 모양에 1부터 5까지 번호가 붙어 있는 것을 확인할 수 있어요.

⑦ 〈움직임〉 블록 꾸러미에서 [2 초 동안 x: 10 y: 10 위치로 이동하기]를 드래그하고 ⑥과정 아래로 연결한 후 '2'초를 『1』초로 바꾸고, '소녀(1)' 오브젝트의 좌푯값인 『x:-145, y:0』을 입력하세요.

⑧ 〈붓〉 블록 꾸러미에서 [도장 찍기]와 〈생김새〉 블록 꾸러미에서 [크기를 100 (으)로 정하기], [모양 숨기기]를 드래그하여 차례로 연결한 후 '100'을 『200』으로 바꾸세요. 그런 다음 ⑦과정 아래로 연결합니다.

⑨ 〈움직임〉 블록 꾸러미에서 [x: 0 y: 0 위치로 이동하기]를 드래그하고 '상의(1)' 오브젝트의 좌푯값인 『x:0, y:40』을 입력한 후 ⑧과정 아래로 연결하세요.

잠깐만요 '상의(1)' 오브젝트의 코딩에 사용한 블록에 대해 자세히 알아봐요.

블록 꾸러미	블록 설명
[도장 찍기]	같은 오브젝트를 하나 더 만들어주는 블록입니다. 하나는 소녀가 입고, 나머지 하나는 원래 위치인 옷장으로 옮겨주기. 따라서 [자동코디]를 클릭했을 때 원래의 옷장 위치에서 옷을 코디할 수 있어요.
[모양 숨기기]	[도장 찍기]로 하나 더 만든 오브젝트가 원래의 위치로 이동하는 모습을 숨겨주기 위해 사용하는 블록이에요.
[x: 0 y: 0 위치로 이동하기]	'상의' 오브젝트를 원래 있던 옷장 위치로 옮겨주기 위해 사용하는 블록이에요. [모양 숨기기]를 사용해서 모양이 보이지는 않지만 [자동코디]를 클릭할 때 대비해 옷이 원래 위치로 되돌아가도록 만들어 줍니다.

▶ 반복 작업

⑩ '상의(1)' 오브젝트와 같은 방법으로 '하의(1)' 오브젝트도 코딩해 주세요. '하의(1)' 오브젝트에 사용되는 블록은 모두 같지만, 마지막 블록은 꼭 '하의(1)' 오브젝트의 좌푯값인 `x: 0 y: 0 위치로 이동하기`로 바꿔주어야 합니다.

⑪ '들꽃(노랑)' 오브젝트로 머리를 장식할 수 있도록 '상의(1)' 오브젝트의 블록을 복사해서 붙여넣어요. 단, 이때 오브젝트의 모양 개수와 좌푯값을 정확하게 수정하여 입력해 주어야 합니다.

전 안되는데요! '들꽃(노랑)'이 예쁘게 코디되지 않아요!

들꽃 코디가 잘 안되나요? 우선 실행 화면에 마우스 포인터를 올려놓고 들꽃이 위치할 좌푯값을 직접 확인해 보세요. 또 들꽃 크기에 따라 꾸미는 느낌도 달라질 거예요. 여기서는 대략 '25'정도로 정했어요. 입력 값에 따라 들꽃 코디가 완성 파일과 달라질 수 있으니 다양한 값을 입력해보고, 원하는 값이 나오면 최종 선택하세요.

⑫ '얼굴(남)' 오브젝트를 클릭하면 남자 옷을 코디할 수 있는 장면으로 바뀌도록 '얼굴(남)' 오브젝트를 선택하고 🏁 블록 꾸러미에서 `오브젝트를 클릭했을 때` 와 `남자▼ 시작하기` 를 블록 조립소로 드래그하여 차례로 연결하세요.

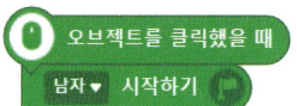

STEP 03 　남자 옷 입히기 코딩

'남자' 장면의 [자동코디]를 클릭하면 도현이에게 자동으로 옷을 입혀주도록 코딩해 보세요. 또 '얼굴(여)' 오브젝트를 클릭하면 '여자' 장면으로 이동하도록 만들어 주세요. 앞에서 배운 여자 옷 입히기 코딩과 비슷해 쉽게 따라할 수 있어요.

A 자동코디	① 오브젝트를 클릭했을 때 옷입히기 ▼ 신호 보내기
👕	옷입히기 ▼ 신호를 받았을 때 모든 붓 지우기 모양 보이기 크기를 200 (으)로 정하기 10 번 반복하기 　다음 ▼ 모양으로 바꾸기 　0.1 초 기다리기 1 부터 5 사이의 무작위 수 모양으로 바꾸기 1 초 동안 x: -145 y: 0 위치로 이동하기 도장 찍기 크기를 200 (으)로 정하기 모양 숨기기 x: 0 y: 40 위치로 이동하기
👖	옷입히기 ▼ 신호를 받았을 때 모든 붓 지우기 모양 보이기 크기를 200 (으)로 정하기 10 번 반복하기 　다음 ▼ 모양으로 바꾸기 　0.1 초 기다리기 1 부터 5 사이의 무작위 수 모양으로 바꾸기 1 초 동안 x: -145 y: 0 위치로 이동하기 도장 찍기 크기를 200 (으)로 정하기 모양 숨기기 x: 0 y: 0 위치로 이동하기

(프로펠러 모자)	**②** 옷입히기▼ 신호를 받았을 때 모든 붓 지우기 모양 보이기 크기를 50 (으)로 정하기 10 번 반복하기 　다음▼ 모양으로 바꾸기 　0.1 초 기다리기 1 부터 3 사이의 무작위 수 모양으로 바꾸기 1 초 동안 x: -144 y: 104 위치로 이동하기 도장 찍기 크기를 50 (으)로 정하기 모양 숨기기 x: 140 y: 80 위치로 이동하기
(얼굴(여))	오브젝트를 클릭했을 때 여자▼ 시작하기

❶ '글상자', '상의(1)', '하의(1)', '얼굴(여)' 오브젝트에는 모두 '여자' 장면에 사용된 똑같은 블록을 사용할거예요. 따라서 코드를 복사하여 해당 오브젝트에 붙여 넣어요. 또 오브젝트의 좌푯값도 동일하게 지정합니다. 단, '얼굴(여)' 오브젝트의 경우 오브젝트를 클릭했을 때 '여자' 장면으로 이동하도록 블록에서 [여자]를 선택해 주세요.

오브젝트를 클릭했을 때
여자▼ 시작하기

❷ '모자(5)' 오브젝트를 머리에 씌워볼게요. '상의(1)' 오브젝트의 블록을 복사해서 붙여 넣은 다음, 모자 오브젝트의 개수와 좌푯값을 정확하게 수정하여 입력하세요.

*정답 및 해설 277쪽

이렇게 만들어요! ▶
http://naver.me/xZ1alli3j

앞의 작품에서 고른 옷을 입고 나들이를 떠나 볼까요? 나들이를 어디로 가면 좋을지 자동으로 배경이 선택되도록 코딩해 보세요.

미션1 [배경]-[실외]-[제주도 돌담집_1]

[배경]-[자연]-[이집트 풍경_1]

[배경]-[실외]-[중국_1]

[배경]-[실외]-[경회루_1]

미션1 자동 코디한 옷을 입고 나들이를 떠날 수 있도록 신호를 만들고 '여행떠나기'로 신호 이름 정하기

미션2 '여행떠나기' 신호를 받았을 때 배경을 무작위로 선택하기

〈 힌트 〉

1. [속성] 탭의 [신호]-[신호 추가하기]를 클릭해 『여행떠나기』 신호를 만들어요. 그런 다음 '배경' 오브젝트를 선택하고 [모양] 탭의 [모양 추가하기]를 클릭해 나들이 장소로 선택하고 싶은 배경을 추가합니다. 여러 개의 배경을 연속적으로 보여주다가 무작위로 하나의 배경을 선택하도록 반복 블록을 사용하고, ⓪ 부터 ⑩ 사이의 무작위 수 에는 '장롱'을 제외한 배경 숫자인 '2'와 '5'를 각각 입력합니다.

2. '여자'와 '남자' 장면 각각을 선택하고 '상의(1)' 오브젝트의 🏁 블록 꾸러미에서 여행 떠나기▼ 신호 보내기 🏁 를 드래그하여 맨 아래로 연결하면 옷을 갈아입은 후 배경이 바뀌면서 나들이 장소를 골라줍니다.

엄마, 아빠와 함께하는 숫자 야구 게임

숫자 야구 게임은 1부터 9까지의 숫자 중 무작위로 중복되지 않는 3개를 골라 세 자리 수를 만들고 상대방에게 맞추도록 하는 게임이에요. 게임 출제자가 정한 숫자에서 숫자와 자리까지 모두 맞으면 스트라이크(S), 숫자는 맞고 자리가 틀리면 볼(B), 숫자와 자리 모두 틀리면 아웃(O)이라고 알려주세요. 예를 들어 내가 마음속으로 생각한 세 자리 숫자가 351일 때, 엄마가 316을 말했다면, 1S 1B 1O이라고 말해주면 돼요.

게임방법

1. 게임의 순서를 정하고 첫 번째 사람이 1~9까지 중 중복되지 않는 숫자 3개로 세 자리 수를 만들어요. 물론, 마음속으로만 생각해야 해요.
2. 나머지 사람은 문제를 맞힐 수 있는 10번의 기회를 갖습니다.
3. 출제자는 상대방이 부른 숫자에 따라 스트라이크, 볼, 아웃을 정확하게 알려주세요.
4. 정답을 알아낸 사람은 "홈런"이라고 외치고, 세 자리 숫자를 불러보세요.

게임 참여자 1			게임 참여자 2		
횟수	숫자	SBO	횟수	숫자	SBO
1			1		
2			2		
3			3		
4			4		
5			5		
6			6		
7			7		
8			8		
9			9		
10			10		

똑똑한 AI로 색깔을 분류해 보자!

 **스스로 학습하는 능력, 인공지능!**

이세돌 기사와 알파고의 바둑 대결을 보았나요? 알파고는 수많은 바둑 기사들의 바둑 경기를 학습해서 스스로 바둑을 둘 수 있는 AI 로봇이에요. 이세돌 기사는 세계에서 가장 실력있는 프로 바둑 기사 중 한 사람인데, 5전 1승 4패로 알파고에게 지고 말았어요. 알파고는 비교적 실력이 높은 바둑 기사들의 게임 16만 개를 복기하고 약 3천만 가지의 수를 가져와 학습했어요. 아무리 암기력이 뛰어난 사람도 16만 개의 게임을 다 외울 수는 없을 거예요.

AI는 학습을 통해 미래의 상황을 예측하기도 해요. 교통량을 수집하는 AI의 경우, 어느 시간대에 어느 도로가 막히는지 미리 예측해서 운전자에게 알려주기도 하고, 주변의 사람 및 사물에 대한 정보를 파악해 시각 장애인이 어떻게 대처할지 알려주기도 해요.

이처럼 AI는 사람이 하기 힘든 엄청난 양의 데이터를 학습하고 이것을 굉장히 빠른 속도로 처리하기 때문에 산업, 교육, 의료, 생활 등 다양한 분야에 널리 사용되고 있어요. 이번 **WEEK 12**에서는 우리가 직접 AI를 학습시키고 이를 활용한 간단한 작품을 만들어 봄으로써 AI가 어떻게 학습하고 작동되는지 알아볼 수 있을 거예요.

코딩 활용 퀴즈

▶ 정답 및 해설 278쪽

1 다음 중 AI에 대한 설명으로 알맞은 것은 무엇일까요?   (   )

① AI는 산업 분야 한 군데에만 활용된다.
② 사람보다 많은 양의 데이터를 학습하기 힘들다.
③ 많은 양의 데이터를 학습할수록 더 정확한 결과를 도출할 수 있다.
④ AI를 활용하는 데에는 아무런 문제점이 존재하지 않는다.
⑤ AI는 기존의 데이터를 분류하는 작업만 할 수 있고 미래의 상황을 예측하는 데이터는 도출할 수 없다.

2 내가 AI를 연구하는 과학자나 개발자라면 AI를 활용해 사람들에게 어떤 도움을 줄 수 있을지 적어 보세요.

시각 장애인의 눈이 되어주는 휴대용 길 안내 AI 렌즈를 개발하고 싶다.

사진의 색을 맞춰주는 신기한 AI 로봇!

▼ 작품 미리보기

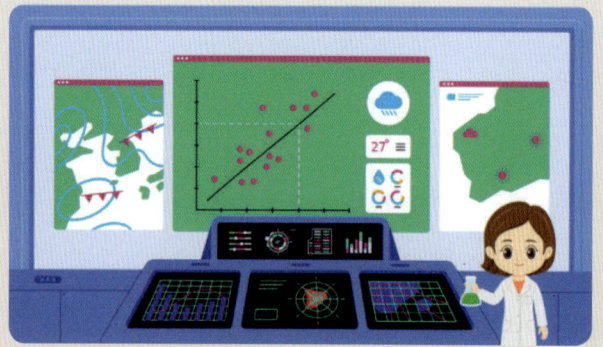

▲ QR코드로 작품 보기

『http://naver.me/FGy4ze8j』에 접속한 후 시작(▶)을 클릭해 작품을 실행해 보세요.

내가 직접 찍은 사진이나 인터넷에서 다운로드 받은 사진을 사용하여 어떤 색인지 척척 맞추는 AI 작품을 만들어 볼 거예요. 이 작품을 만들기 위해서는 AI 블록을 사용할 수 있어야 해요.

알고리즘

오브젝트의 실행 순서를 생각하여 알고리즘을 만들어 보세요.

1. 빨간색, 노란색, 파란색의 이미지를 준비한다.
2. 이미지를 업로드하여 AI를 학습한다.
3. 새로운 이미지를 업로드하여 해당 이미지가 어떤 색인지 분류한다.
4. 처음부터 다시 시작할 수 있도록 한다.

오브젝트&블록 — 작품에 사용할 오브젝트 이미지와 블록 이미지를 함께 살펴보아요.

❖ 오브젝트

소놀 연구실	과학자(1)
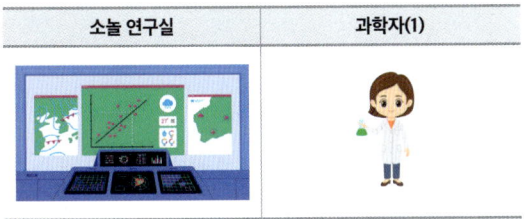	

❖ 처음 만나는 블록

블록 꾸러미	블록	블록 설명
인공지능	엔트리 읽어주기	AI가 읽을 수 있도록 텍스트를 음성으로 변환해요.
	학습한 모델로 분류하기	이미 학습한 내용을 바탕으로 새로운 이미지를 분류해요.
	분류 결과가 노랑 인가?	분류 결과에 따른 실행을 도와주는 조건 블록이에요.
흐름	처음부터 다시 실행하기	작품을 처음부터 다시 실행해요.

완성파일 | 자동 색 분류(인공지능).ent

01 작품 만들기의 실행 화면에서 사용하지 않는 기본 엔트리봇 오브젝트를 삭제하기 위해 오브젝트 목록에서 ⓧ를 클릭하세요.

02 [+ 오브젝트 추가하기] 버튼을 클릭해 '오브젝트 추가하기' 창이 열리면 [배경]-[실내]-[소놀 연구실], [사람]-[과학자(1)]을 선택하고 [추가하기] 버튼을 클릭하세요.

03 실행 화면에서 '과학자(1)' 오브젝트를 선택하고 적당한 크기로 조절한 후 오브젝트의 위치를 오른쪽 아랫부분으로 움직여 주세요.

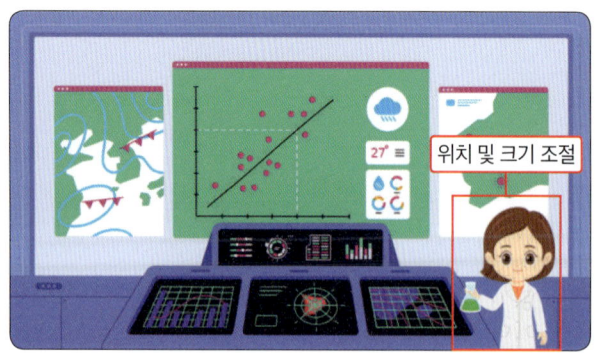

AI가 학습할 이미지 준비하기

이제 AI가 사진의 색깔을 분류할 수 있도록 '인공지능 모델 학습하기'를 시작할 거예요. 그러기 위해서는 먼저 AI가 학습할 이미지가 필요해요. **WEEK 01**에서 저작권에 대해 배웠기 때문에 인터넷에 있는 아무 이미지나 가져와서 사용할 수 없다는 것을 알고 있죠? 저작권에 전혀 문제가 없는 이미지를 사용해 작품을 만들어 봅시다.

> **TipTalk #** AI는 학습할 자료가 많을수록 똑똑해지기 때문에 이미지가 많을수록 정답을 맞힐 확률이 높아져요.

❖ 직접 찍은 사진 사용하기

✓ 꼭 해보세요

01 휴대폰이나 디지털 카메라로 필요한 사진을 직접 찍어서 사용하면 다른 사람의 저작권을 확실히 보호해줄 수 있어요. 휴대폰을 들고 빨간색, 노란색, 파란색의 이미지를 10장씩 찍어 봅시다. 집 안에 있는 옷이나 물건을 찾아 찍어도 좋고, 밖에 나가서 찍어도 좋아요. 내가 직접 그린 그림을 찍어도 되니까 다양한 사진을 준비해 보세요.

> **TipTalk #** 밖에 나가서 사진을 찍을 때는 다른 사람의 얼굴이나 개인정보가 찍히지 않도록 조심해야 해요.

02 색깔별로 10장씩 사진을 다 찍었나요? 이제 열심히 찍은 사진을 컴퓨터로 옮겨 볼까요? 먼저, 한 쪽은 휴대폰 충전 포트, 다른 쪽은 USB 포트가 달려있는 케이블을 준비해주세요. 양쪽 포트를 각각 휴대폰과 컴퓨터에 꽂으면, 컴퓨터가 자동으로 휴대폰을 인식해서 파일을 다운로드 받을 수 있게 해줄 거예요.

> **TipTalk #** 휴대폰과 컴퓨터를 직접 연결하지 않고 메일이나 메신저로 보낸 후에 컴퓨터에 저장해도 좋아요.

03 위와 같은 방법으로 휴대폰과 컴퓨터를 연결하면 '휴대전화 데이터에 접근 허용'이라는 알림이 뜰 거예요. [허용] 버튼을 눌러 컴퓨터에서 휴대전화의 사진을 확인할 수 있도록 해주세요.

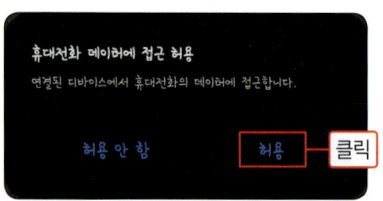

전 안되는데요! 케이블을 연결해도 알림이 뜨지 않아요!

데이터 전송 기능이 없는 케이블을 사용했을 경우, '휴대전화 데이터에 접근 허용' 알림이 뜨지 않아요. 케이블은 충전만 할 수 있는 케이블과 충전과 데이터 전송이 모두 가능한 케이블이 있으니 잘 확인하고 케이블을 선택하세요.

03 휴대폰과 컴퓨터가 연결되면 이런 창이 열릴 거예요. '내 휴대폰'의 여러 폴더 중, 'DCIM' 폴더를 찾아 들어가세요. 'DCIM'은 사진을 저장하는 폴더로, 모든 휴대폰에 같은 폴더가 있답니다. 'DCIM' 안에 있는 여러 폴더 중 기본 카메라로 찍은 사진들은 'Camera' 폴더에 저장되어 있으니, Camera 폴더에 들어가서 내가 열심히 찍은 빨강, 파랑, 노랑 사진을 컴퓨터로 옮겨주세요.

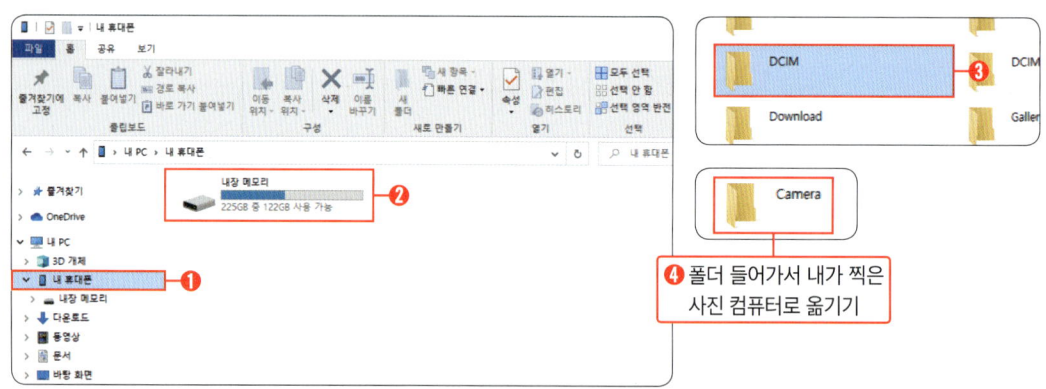

TipTalk # 휴대폰 아이콘 📱 옆에 쓰여있는 폴더 이름은 기기마다 다를 수 있으니, 꼭 휴대폰 아이콘 📱을 찾아서 선택 해주세요.

전 안되는데요!

휴대폰에 저장된 사진을 컴퓨터로 옮기는 작업이 어렵거나 아직 메일 주소가 없다면 부모님께 도움을 요청해서 사진을 컴퓨터로 옮겨 보세요.

❖ 인터넷에서 다운로드 받은 이미지 사용하기

01 사진을 직접 찍지 않고 인터넷에서 검색한 사진을 사용하는 방법도 있어요. 물론 저작권을 침해하지 않는 사진을 사용해야겠죠? 저작권에서 자유로운 이미지를 다운로드하기 위해 인터넷 창을 열고 구글 검색 창에 『빨강』 또는 『red』를 검색한 뒤 [이미지] 탭으로 이동하세요.

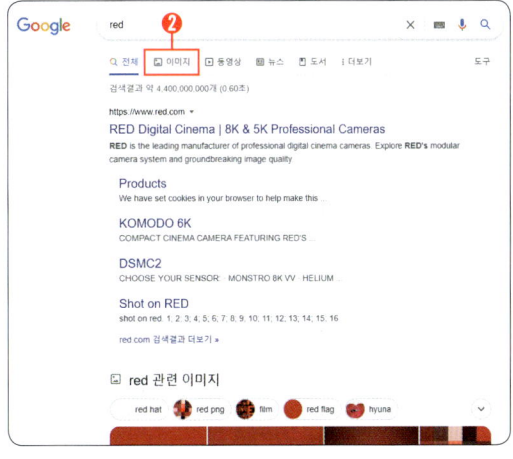

TipTalk 구글은 외국 사이트이기 때문에 영어로 검색했을 때 더 다양한 이미지를 검색할 수 있어요.

★중요해요

02 저작권 유무에 상관없이 모든 이미지를 검색한 결과가 나왔어요. 이번에는 저작권에서 자유로운 이미지만 결과에 나올 수 있도록 필터를 걸어줄 거예요. **[도구]-[사용권]-[크리에이티브 커먼즈 라이선스]** 순서대로 클릭해 주세요. 이렇게 필터를 걸어주면 우리가 작품을 만들 때 자유롭게 사용할 수 있는 이미지만 검색이 된답니다.

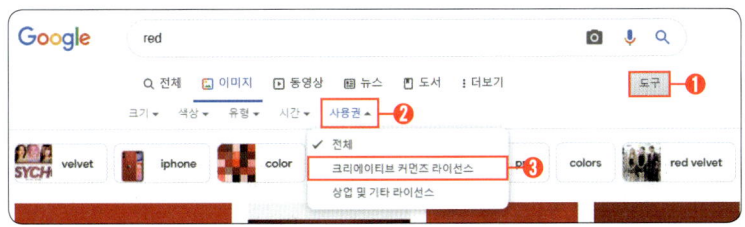

TipTalk '크리에이티브 커먼즈 라이선스'는 창작자가 자신의 창작물에 대해 일정한 조건을 두고 자유 이용을 허락한 라이선스에요.

03 **01~02**과정을 반복하여 빨강, 파랑, 노랑 이미지를 10장씩 다운로드해 봅시다.

색깔을 구분하는 인공지능 모델 학습하기

01 블록 꾸러미의 `인공지능 모델 학습하기`를 클릭합니다. '학습할 모델 선택하기' 창이 열리면 제일 처음에 있는 [분류: 이미지]를 선택하고 `학습하기`를 클릭하세요.

★중요해요

02 '분류: 이미지 모델 학습하기' 창에서는 학습할 모델과 업로드할 데이터 군집을 추가하고 이름을 정해줄 수 있어요. 우리는 이미지를 빨강, 노랑, 파랑 세 가지 색으로 분류할 예정이니, `+ 클래스 추가하기` 버튼을 눌러 클래스를 세 개로 만들어 주세요. 모델의 이름은 『색깔 분류하기』, 클래스의 이름은 『빨강』, 『노랑』, 『파랑』으로 바꾸어 주세요.

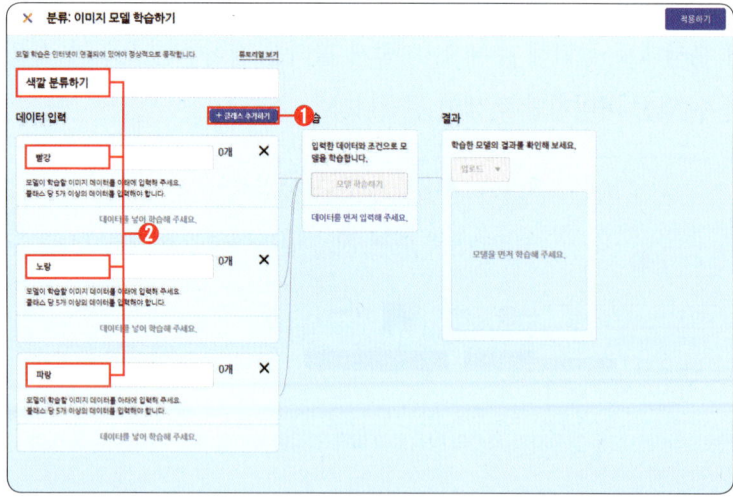

▶반복 작업

03 '빨강' 클래스의 [파일 올리기] 버튼을 눌러 준비해둔 이미지 중 빨간색 이미지를 업로드 하세요. '노랑' 클래스와 '파랑' 클래스도 같은 방법으로 이미지를 업로드하세요.

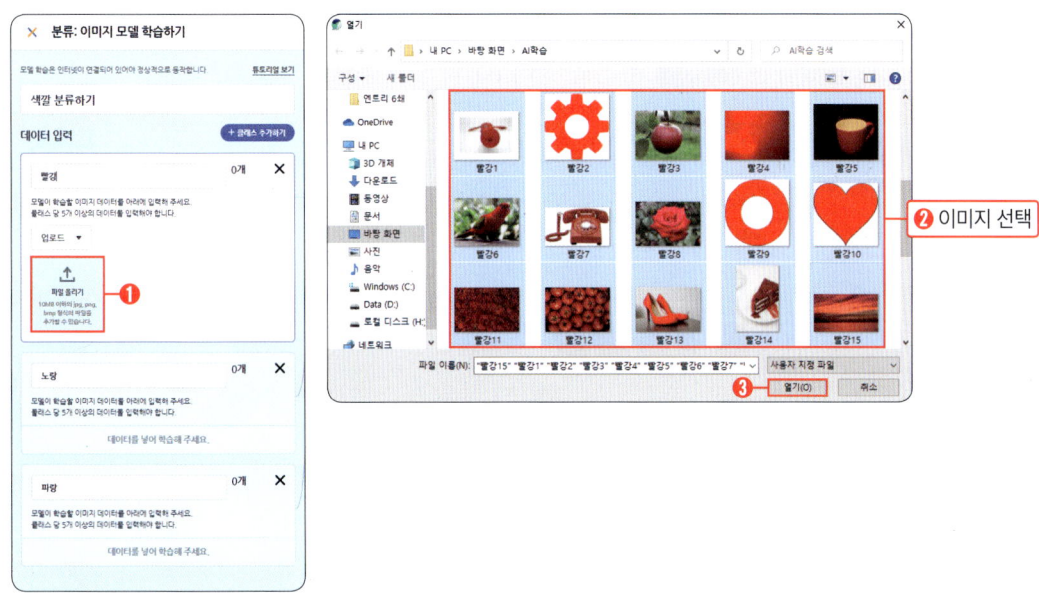

TipTalk 이미지는 하나씩 업로드할 수도 있지만, 한꺼번에 편하게 업로드할 수도 있어요. 첫 번째 이미지를 클릭하고 키보드의 Shift 키를 누른 상태로 마지막 이미지를 클릭하면 이미지를 한 번에 선택할 수 있어요.

04 모든 이미지를 업로드했다면 [모델 학습하기] 버튼을 눌러 AI가 입력된 데이터를 바탕으로 모델을 학습할 수 있도록 해줘요. 학습이 끝나면 '학습을 완료했습니다.'라는 메시지가 보일 거예요.

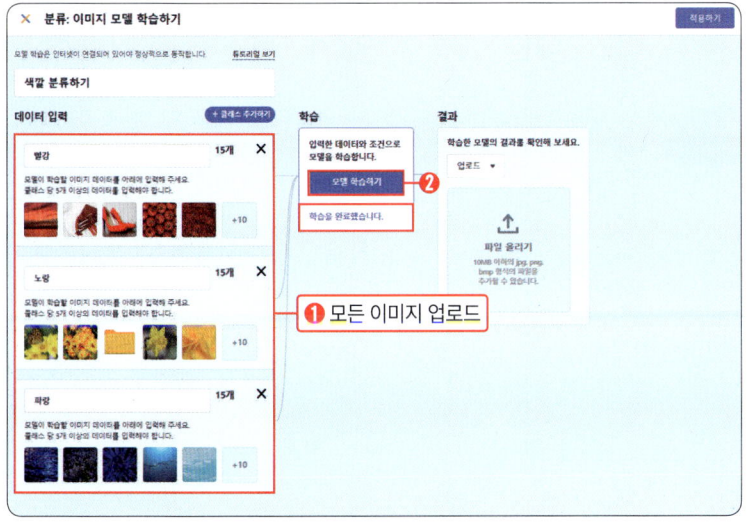

✓ 꼭 해보세요

05 이제 AI가 사진을 색깔별로 잘 분류할 수 있는지 테스트를 해 봐야겠죠? 253쪽과 같은 방법으로 새로운 이미지를 준비한 다음, '결과' 부분의 [**파일 올리기**]를 클릭하여 이미지를 업로드하면 AI가 빨강, 노랑, 파랑 중 어떤 색과 가장 유사한지 퍼센트로 보여줘요. 테스트가 성공적으로 끝났다면 적용하기 버튼을 눌러 AI 학습을 종료하세요.

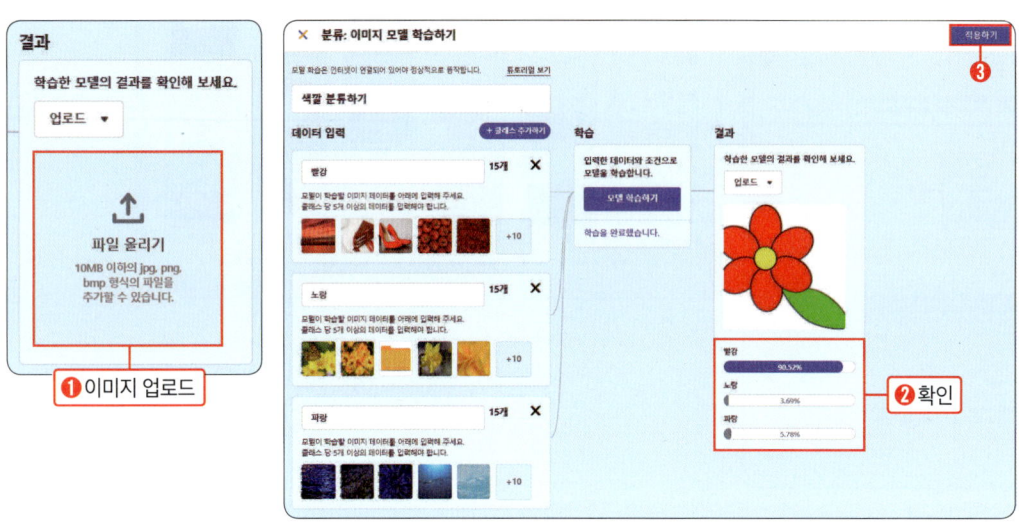

06 앞의 과정을 [인공지능] 블록 꾸러미에 '분류: 이미지 모델' 블록이 생성된 것을 확인할 수 있어요. 우리는 분류뿐만 아니라 글자를 읽어주는 AI 모델도 필요해요. 이번에는 '읽어주기' 블록을 추가해 봅시다.

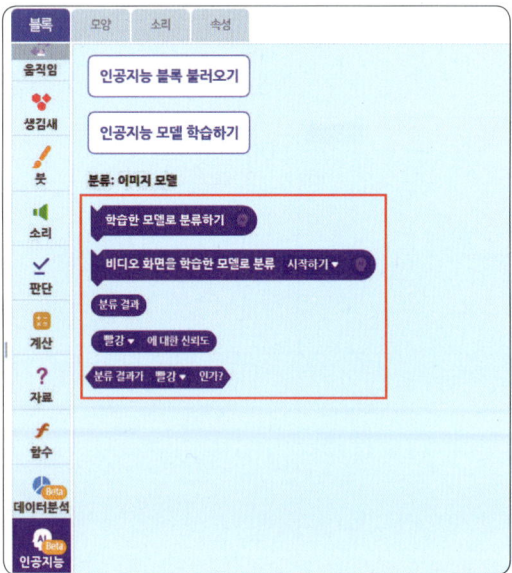

258

07 [인공지능 블록 불러오기] 버튼을 클릭하면 이미 학습되어 있는 인공지능 모델창이 나타납니다. [읽어주기] 모델을 선택한 후 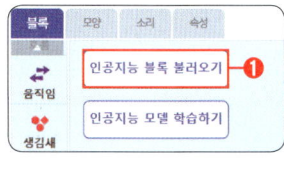 버튼을 클릭해 주세요.

08 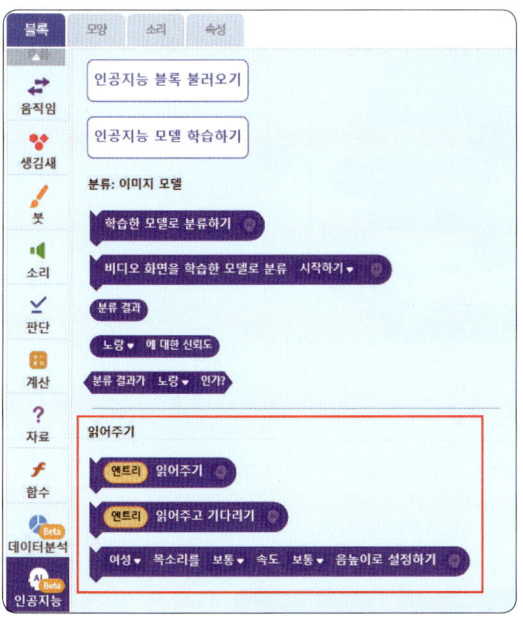 블록 꾸러미를 확인하면 다음과 같은 '읽어주기' 블록이 나타나 있는 것을 확인할 수 있답니다.

STEP 01 이미지를 업로드하면 어떤 색인지 분류해주는 코딩

이제 학습한 AI 모델을 실전에 적용해 볼까요? AI가 업로드한 사진의 색을 맞출 수 있다는 점을 텍스트와 음성으로 설명해 준 다음, AI가 학습한 내용에 따라 업로드된 사진의 색을 분류하고 결과를 알려주도록 코딩해 봅시다.

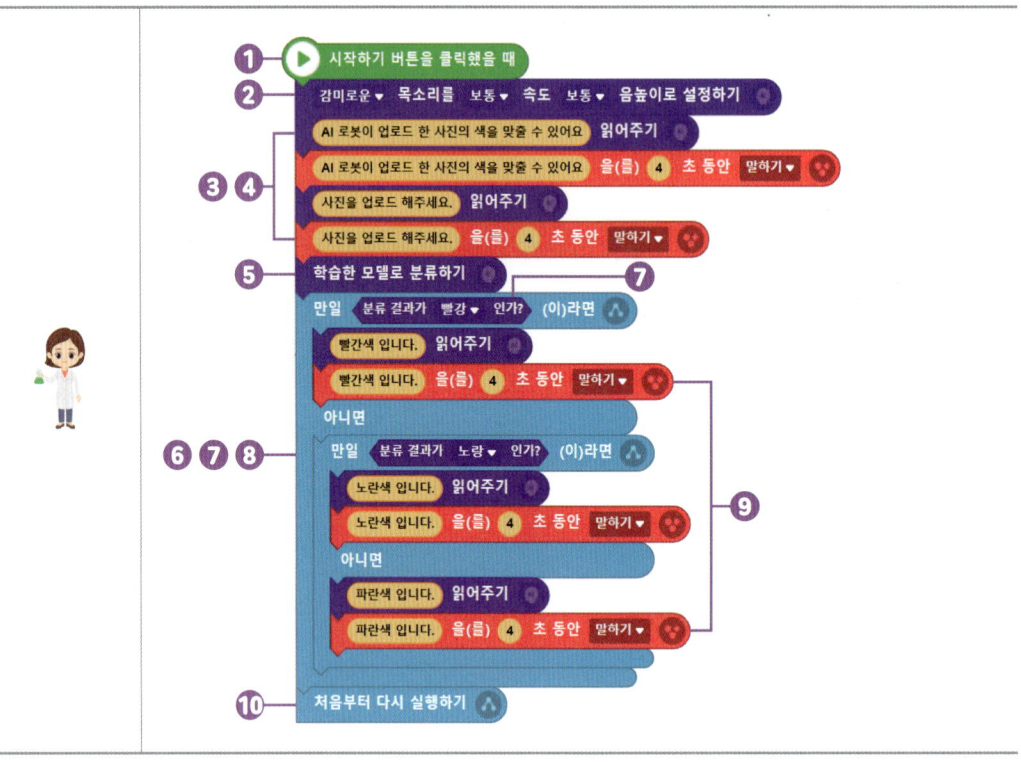

① 화면에서 '과학자(1)' 오브젝트를 선택하세요. 블록 꾸러미에서 `시작하기 버튼을 클릭했을 때`를 블록 조립소의 빈 곳으로 드래그하세요.

② 블록 꾸러미에서 `여성 목소리를 보통 속도 보통 음높이로 설정하기` 블록을 드래그하여 ①과정 아래로 연결합니다. ▼를 클릭하여 [감미로운] 목소리를 선택하세요.

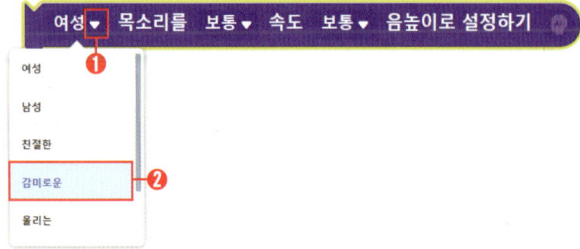

TipTalk 목소리는 작품이 완성된 후, 원하는 목소리로 바꿔도 된답니다. 속도와 음높이는 모두 보통으로 선택할 것이기 때문에 따로 설정해주지 않아도 됩니다.

❸ 인공지능 블록 꾸러미에서 엔트리 읽어주기 를, 생김새 블록 꾸러미에서 안녕! 을(를) 4 초 동안 말하기 를 블록 조립소로 가져와 엔트리 와 안녕! 을 『AI로봇이 업로드 한 사진의 색을 맞힐 수 있습니다.』로 바꾸세요. 그런 다음 차례대로 ❷과정 아래에 연결합니다.

❹ ❸과정과 같은 방법으로 엔트리 읽어주기 와 안녕! 을(를) 4 초 동안 말하기 를 가져와 엔트리 와 안녕! 을 『사진을 업로드 해주세요.』로 바꾼 후, ❸과정 아래로 연결합니다.

★중요해요
❺ 이제 앞서 학습해 두었던 AI 모델을 사용해 볼까요?

새로운 사진을 업로드하면 AI가 색을 분류할 수 있도록 인공지능 블록 꾸러미에서 학습한 모델로 분류하기 를 ❹과정 아래로 연결합니다.

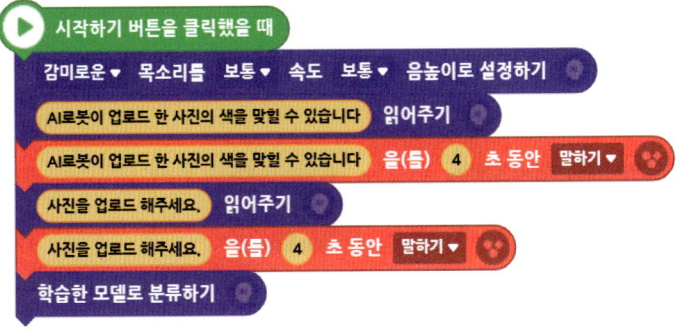

TipTalk 새로운 사진은 코딩을 모두 완성하고 나서 ▶시작하기 버튼을 누르면 업로드할 수 있습니다.

❻ 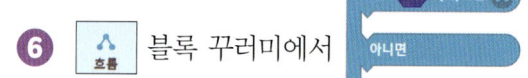 블록 꾸러미에서 두 개를 블록 조립소로 가져와, 블록 한 개를 나머지 한 블록의 '아니면' 아래쪽 자리에 끼워 넣으세요. 이렇게 배치한 블록을 ❺과정 아래로 연결하세요.

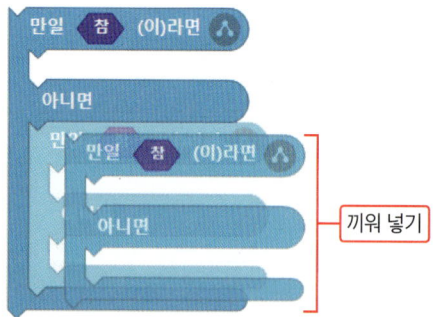
끼워 넣기

TipTalk 블록을 이렇게 배치하는 이유는 우리가 설정해야 할 조건이 3개이기 때문이에요. 분류해야 할 색깔이 빨강, 노랑, 파랑 3가지이기 때문에 조건도 3개를 설정해야 하는 것이죠.

❼ 인공지능 블록 꾸러미에서 `분류 결과가 빨강▼ 인가?` 블록을 가져와 ❻과정의 첫 번째 `참` 자리에 넣고, 같은 방법으로 두 번째 `참` 자리에 `분류 결과가 노랑▼ 인가?` 블록을 넣어주세요.

❽ 사진을 분류한 결과를 텍스트와 음성으로 알려줍시다. ❸과정과 같은 방법으로 인공지능 블록 꾸러미에서 `엔트리 읽어주기`를, 생김새 블록 꾸러미에서 `안녕! 을(를) 4 초 동안 말하기▼`를 가져와 `엔트리`와 `안녕!`을 『빨간색 입니다.』로 바꾼 후, 첫 번째 조건의 결과를 나타내는 부분에 차례로 끼워 넣으세요.

끼워 넣기

▶반복 작업

9 **8** 과정과 같은 방법으로 두 번째 조건에 대한 결과와 세 번째 조건에 대한 결과를 나타내는 블록을 만들어서 끼워 넣으세요.

10 AI가 사진을 분류한 결과를 읽어준 다음, 다시 처음으로 돌아가게 하기 위해 [흐름] 블록 꾸러미에서 [처음부터 다시 실행하기] 블록을 가져와 **9** 과정 아래로 연결하세요.

11 코딩이 모두 완료되었어요. [▶시작하기] 버튼을 클릭하면 아래처럼 사진을 업로드할 수 있는 창이 나타나요. [**파일 올리기**]를 클릭하여 사진을 업로드하고, [**적용하기**]를 클릭하면 AI가 결과를 알려줍니다.

전체 코드 CHECK!

```
▶ 시작하기 버튼을 클릭했을 때
  감미로운▼ 목소리를 보통▼ 속도 보통▼ 음높이로 설정하기
  AI 로봇이 업로드 한 사진의 색을 맞출 수 있어요 읽어주기
  AI 로봇이 업로드 한 사진의 색을 맞출 수 있어요 을(를) 4 초 동안 말하기▼
  사진을 업로드 해주세요. 읽어주기
  사진을 업로드 해주세요. 을(를) 4 초 동안 말하기
  학습한 모델로 분류하기
  만일 분류 결과가 빨강▼ 인가? (이)라면
      빨간색 입니다. 읽어주기
      빨간색 입니다. 을(를) 4 초 동안 말하기▼
  아니면
      만일 분류 결과가 노랑▼ 인가? (이)라면
          노란색 입니다. 읽어주기
          노란색 입니다. 을(를) 4 초 동안 말하기▼
      아니면
          파란색 입니다. 읽어주기
          파란색 입니다. 을(를) 4 초 동안 말하기▼
  처음부터 다시 실행하기
```

❖ 다양한 인공지능 모델 활용하기

앞서 활용한 '읽어주기' 인공지능 외에도 이미 학습이 완료된 다양한 인공지능 모델을 활용하여 작품을 만들 수 있어요. 어떤 모델들이 있고 어떻게 활용하면 좋을지 같이 알아봅시다.

인공지능 모델	사용 예시
번역 파파고를 이용하여 다른 언어로 번역할 수 있는 블록 모음입니다.	외국의 도서를 번역하거나 외국 친구에게 우리나라에 대한 문화를 설명하는 작품을 만들 수 있어요.
비디오 감지 카메라를 이용하여 사람(신체), 얼굴, 사물 등을 인식하는 블록들의 모음입니다. (IE 및 iOS 미지원)	카메라에 찍힌 사람의 수나 자동차의 수를 파악하여 사람이나 자동차의 이동량을 파악할 수 있어요.
오디오 감지 마이크를 이용하여 소리와 음성을 감지할 수 있는 블록 모음입니다. (IE/Safari 브라우저 미지원)	음성을 텍스트로 변환하는 기능을 사용하여 친구들에게 들은 재밌는 이야기를 나만의 책으로 만들 수 있어요.

*정답 및 해설 278쪽

이렇게 만들어요! ▶
http://naver.me/FPuloYrT

앞서 완성한 작품에 '색깔에 대한 신뢰도' 조건을 주어 색을 분류해 보세요. 엔트리의 AI 블록은 신뢰도가 높을수록 신뢰도 값이 1에 가까워져요. 신뢰도 값이 0.7 이상일 때 색을 분류하여 읽어주고, 0.7 미만일 때는 『색을 분류할 수 없습니다.』라고 말할 수 있도록 코드를 수정해보세요.

미션1 색깔에 대한 신뢰도가 0.7 이상일 때 색을 분류할 수 있도록 만들기

미션2 신뢰도가 0.7 미만일 때 『색을 분류할 수 없습니다.』라고 읽어주도록 만들기

《 힌트 》

1. `노랑 에 대한 신뢰도` 블록과 `10 ≥ 10` 블록을 사용해서 신뢰도 값을 비교할 수 있어요.
2. 기존 예제와 같이 `만일 참 (이)라면 아니면` 블록을 3개 사용하여 코딩해 보세요.

부록

정답 및 해설

코딩 활용 퀴즈 와 도전! 코딩 마스터 에 대한 정답 및 해설을 제공합니다. 여기에서 제공하는 정답과 해설로도 궁금증이 풀리지 않는다면 길벗 홈페이지(www.gilbut.co.kr)를 방문하여 [고객센터] - [1:1 문의] - [도서이용] 게시판에 문의사항을 남겨주세요.

준비 마당
코딩 준비! 소프트웨어와 친해져요

01 출발, 소프트웨어 세상 속으로!

코딩 활용 퀴즈 20쪽

① (소프트웨어를 사용하기 전) 멀리 사는 친구를 보려면 직접 만나러 가야 해요.
(소프트웨어를 사용한 후) 언제든지 영상 통화로 얼굴을 보고 대화를 나눌 수 있어요.

해설 정답은 여러 가지로 나올 수 있어요. 부모님과 함께 다양한 의견을 나눠보세요.

② 드론 운항 관리사, 로봇 윤리학자, 착용로봇 개발자, 로봇지능 개발자 등

해설 미래의 직업은 무궁무진해요. 소프트웨어로 인해 새로 등장한 물건과 관련된 직업을 생각해 보세요.

코딩 활용 퀴즈 22쪽

①

해설 개인 정보란 다른 사람과 나를 구별해주는 나만의 특별한 정보를 말해요. 나머지 예는 특별한 정보라고 볼 수 없으므로 정답이 아닙니다.

② 가입하지 않는다. / 개인 정보가 유출되면 범죄에 이용되어 위험에 빠지거나 금전적 손해를 입을 수 있습니다.

해설 화면에 나온 정보들은 개인 정보에 해당합니다. 범죄자들이 이러한 개인 정보를 악용할 수 있으므로 절대 가입하면 안 됩니다.

코딩 활용 퀴즈 25쪽

① ④

해설 저작권을 침해하는 경우는 크게 두 가지로 볼 수 있어요. 첫 번째는 자료를 다른 사람이 볼 수 있게 공유했는가, 두 번째는 자료를 내 것으로 둔갑시켜 사용했는가입니다. ④번은 자료를 공유하지 않고, 사용하지도 않았으므로 저작권 침해에 해당하지 않습니다.

WEEK 03 알쏭달쏭! 알고리즘 제대로 알기

코딩 활용 퀴즈 32쪽

① (위에서부터 순서대로) 12시, 볼링장, 2시 45분, 영화

② ② 한 칸 ③ 왼쪽 ④ 앞으로 한 칸 가기 ⑤ 왼쪽 ⑥ 앞으로 한 칸 가기

③ (위에서부터 순서대로) 한 칸, 왼쪽, 앞으로 한 칸 가기, 왼쪽, 앞으로 한 칸 가기

기초 탄탄 마당
코딩 출발! 시작해요. 엔트리

WEEK 05 야구 연습 기계 만들기

코딩 활용 퀴즈 59쪽

❶ ①

해설 아이스크림은 아래에서부터 위로 쌓입니다. 따라서 처음 선택한 딸기 맛이 맨 밑으로, 마지막에 선택한 초콜릿 맛이 제일 위에 놓입니다.

❷ ③

해설 치타는 한 번 점프할 때마다 10m씩 이동하므로 100m를 가려면 10m씩 10번을 점프해야 합니다.

❸ 순차, 반복, 반복, 순차

도전! 코딩 마스터 80쪽

완성파일 : [도전]야구연습(순차와 반복).ent

   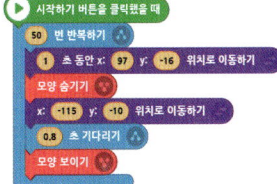

WEEK 06 친구들에게 줄 빵을 만들어보자

코딩 활용 퀴즈 83쪽

❶ ④

해설 복제된 발자국 모양을 주의깊게 살펴보세요. 앞 과정의 발자국 모양이 반복되고 있어요.

도전! 코딩 마스터 101쪽

완성파일 : [도전]빵 만들기(신호와 복제).ent

WEEK 07 로켓을 타고 우주여행을 떠나자!

코딩 활용 퀴즈　　103쪽

❶ 방 이름은 여러분이 원하는 이름으로 정하세요.

해설 공부방에는 컴퓨터(모니터), 책상, 연필과 책, 시계가 필요합니다.

❷

해설 변수는 다른 값으로 바꿀 수 있으며, 이름도 바꿀 수 있습니다. 또한 숫자가 아닌 조건(연산식이나 변수)을 저장할 수도 있어요.

도전! 코딩 마스터　　125쪽

완성파일 : [도전]우주여행게임(변수).ent

해설 [속성] 탭에서 '생명' 변수는 삭제하고, '점수' 변수를 새로 만들어 주세요. 그런 다음 모든 오브젝트의 '생명' 변수 자리에 '점수' 변수를 넣어요. 그리고 게임이 끝나는 조건을 수정하세요.

WEEK 08 어떤 계산이든 빠르게 척척!

도전! 코딩 마스터   143쪽

완성파일 : [도전]계산왕(연산).ent

해설 [속성] 탭에서 '문항수' 변수를 추가합니다. '얼굴(남) 오브젝트'의 시작하기 블록 아래에 '문항수' 변수 숨기기를 추가하고, 반복하기 블록의 아래에 질문을 추가로 넣어주면 되는데, '어떤 문제를 풀고 싶나요?' 블록 코드를 복사해서 붙여넣기하고, 변수와 질문만 바꿔주면 간단하게 수정할 수 있어요.

WEEK 09 장바구니에 물건을 넣고 빼기

코딩 활용 퀴즈　　　　　　　　　　　　　　　　　　　　　　　　　　145쪽

❶ 하고 싶은 일이라면 무엇이든 정답이 될 수 있어요. 마음껏 적어보세요.

도전! 코딩 마스터　　　　　　　　　　　　　　　　　　　　　　　　157쪽

완성파일 : [도전]장바구니목록(리스트).ent

해설 [속성] 탭에서 '가격표' 리스트를 추가합니다. 각 물건 오브젝트에 가격 블록을 추가하세요. 그런 다음 '반환 버튼' 오브젝트에서는 가격표 리스트를 삭제할 블록도 추가합니다.

WEEK 10 누가 누가 가장 크게 부나?

코딩 활용 퀴즈　　　　　　　　　　　　　　　　　　　　　　　　　　159쪽

❶

운동용품 \ 배우고 싶은 운동	수영	테니스	축구
스키고글	×	×	×
테니스라켓	×	○	×

수영복	○	×	×
탁구라켓	×	×	×
축구화	×	×	○
축구공	×	×	○
테니스공	×	○	×
축구 유니폼	×	×	○
셔틀콕	×	×	×
물안경	○	×	×

② ①

도전! 코딩 마스터 176쪽

완성파일 : [도전]풍선 터뜨리기(조건, 비교연산).ent

해설 풍선이 커질수록 풍선의 색이 바뀌어야 하기 때문에  블록을 사용해야 해요. 이때, '10' 부분의 값에 따라 색이 변하는 빠르기가 달라져요. 먼저 『1』로 바꾸어 실행해 보고 다른 값도 입력해 보세요.

WEEK 11 명령어 어벤져스 모여라!

도전! 코딩 마스터 187쪽

완성파일 : [도전]장래희망소개(함수).ent

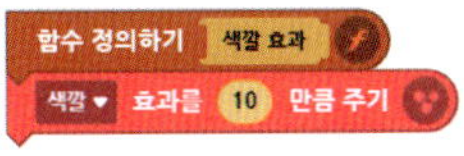

WEEK 12 이번 달엔 어떤 노래가 인기 있을까?

코딩 활용 퀴즈   189쪽

❶ ④

❷ 데이터를 활용해 동물들이 병에 걸리는 시기를 예측하고 미리 예방할 수 있다. / 사람들이 대중교통을 많이 이용하는 시간을 알아보고 약속 장소에 가는 시간을 미리 예측할 수 있다.

도전! 코딩 마스터   207쪽

완성파일 : [도전]월별 인기곡 알아보기(데이터 분석).ent

해설 '음악 재생 수 및 연령별 선호도' 테이블을 추가하여 원형 차트를 만들어보면, 10대~30대는 '폴킴'을 선호하고 나머지 나이대는 모두 '강다니엘'을 선호한다는 결과를 알 수 있어요. 이 결과를 기억하고 기존 예제와 같이 코딩하면 된답니다. 기존 예제의 변수는 '현재 월'이었지만, 지금은 나이를 물어봐야겠죠? 변수 이름을 '연령'으로 바꾸고, 질문 내용도 알맞게 바꿔 주세요. 10대~30대의 결과와 그 외 나이대의 결과가 다르기 때문에 비교 값을

으로 입력하고, 조건 블록   을 활용해서 코딩해 주세요.

코딩 레벨 UP! 멋진 작품을 만들어요

WEEK 13 외계인으로부터 지구를 지켜라!

도전! 코딩 마스터 229쪽

완성파일 : [도전]우주전쟁게임.ent

- 시작하기 버튼을 클릭했을 때
- 모양 보이기
- 계속 반복하기
  - 외계인_1 ▼ 모양으로 바꾸기
  - 이동 방향으로 3 만큼 움직이기
  - 화면 끝에 닿으면 튕기기
  - 만일 경계선 ▼ 에 닿았는가? (이)라면
    - 방향을 0° (으)로 정하기
  - 만일 총알 ▼ 에 닿았는가? (이)라면
    - 소리 전자신호음2 ▼ 1 초 재생하기
    - 점수 ▼ 에 10 만큼 더하기
    - 외계인_폭발 ▼ 모양으로 바꾸기
    - 0.2 초 기다리기
    - 모양 숨기기
    - 1 초 기다리기
    - x: -220 부터 220 사이의 무작위 수 y: 0 부터 100 사이의 무작위 수 위치로 이동하기
    - 모양 보이기

- 시작하기 버튼을 클릭했을 때
- 총알원위치 ▼ 신호 보내기
- 계속 반복하기
  - 오른쪽방향키이동
  - 왼쪽방향키이동

- 함수 정의하기 오른쪽방향키이동
  - 만일 오른쪽 화살표 ▼ 키가 눌러져 있는가? (이)라면
    - 이동 방향으로 10 만큼 움직이기
    - 총알원위치 ▼ 신호 보내기

- 함수 정의하기 왼쪽방향키이동
  - 만일 왼쪽 화살표 ▼ 키가 눌러져 있는가? (이)라면
    - 이동 방향으로 -10 만큼 움직이기
    - 총알원위치 ▼ 신호 보내기

276

해설 　미션1　에서 전자신호음을 추가하려면 외계인 오브젝트의 [소리] 탭에서 원하는 신호음을 골라서 추가하고, '총알에 닿았는가?' 조건 블록 바로 아래에 소리 블록 을 넣어주면 됩니다.

　미션2　에서는 우선 함수를 2개 만들어야 하는데, '함수' 블록 꾸러미에서 [함수 만들기]로 추가하여 각각 이름을 정해줍니다. 그리고 원래 코딩했던 부분 중에 '오른쪽 화살표 키가 눌러져 있을 때' 조건 블록과 '왼쪽 화살표 키가 눌러져 있을 때' 조건 블록을 각각 복사하여 붙여넣기 하세요.

WEEK 14 나에게 어울리는 옷을 골라줘!

도전! 코딩 마스터　　　　246쪽

완성파일 : [도전]옷고르기.ent

해설　우선 모든 옷이 코디되는 순간, '여행떠나기' 신호를 보내주도록 만드세요. 따라서 '상의' 오브젝트에서 모든 실행을 마친 후, 신호 보내기 블록 를 추가합니다. '여행떠나기' 신호를 받으면 바뀌는 '장롱' 오브젝트를 선택하고 신호를 받으면 배경이 바뀌다가 마지막에 무작위로 배경을 골라 모양을 바꿀 수 있도록 반복 블록과 연산 블록을 이용합니다. 배경은 장롱 오브젝트의 [모양] 탭에서 원하는 배경을 미리 더 추가해 두세요.

WEEK 15 똑똑한 AI로 색깔을 분류해 보자!

코딩 활용 퀴즈 249쪽

1 ③

2 사람의 건강 정보나 DNA를 학습하는 AI를 활용해 미리 질병을 예측하고 예방할 수 있는 데이터를 제공한다. / 학생들의 흥미, 적성, 관심사 등을 파악하여 그 사람에게 알맞은 학습방법이나 관련 직업 등을 제공한다.

도전! 코딩 마스터 266쪽

완성파일 : [도전]색 분류(인공지능).ent

해설 코딩을 완성하기 위해서는 먼저 '신뢰도'에 대한 개념을 알아야 해요. 앞서 완성한 260쪽의 예제에 ![안녕! 을(를) 4 초 동안 말하기] 와 ![빨강 에 대한 신뢰도] 블록을 활용하여 아래와 같은 코딩 블록을 만들어 봅시다.

이 과정은 내가 업로드한 사진의 신뢰도를 보여줘요. 만약, 빨간색 사진을 업로드했다고 생각해 봅시다. 이때 신뢰도는 사진의 색이 얼마나 빨강에 가까운지 보여주는 지표로, 1에 가까울수록 빨간색에 가깝다고 볼 수 있어요.
우리는 도전 예제에서 이러한 신뢰도 값이 0.7 이상일 때만 색을 분류하기로 했어요. 대체로 신뢰도 값이 0.6 ~ 0.7 이상일 경우 '이 사진은 어떤 색이다.'라고 말할 수 있기 때문이에요. 이것보다 더 완벽한 색의 사진만 분류하고 싶다면 신뢰도의 기준값을 더 높게 입력하면 됩니다.

엔트리 코딩 마스터 완독 인증서

_____ 초등학교 ____ 반 ____ 번

이름 _____

위 학생은 《초등 코딩 엔트리 무작정 따라하기》를
성실하게 이수하였으므로
이 인증서를 수여합니다.

년   월   일

(주)도서출판 길벗

초등학생을 위한 길벗 주니어 IT 무작정 따라하기

점점 더 중요해지는 수행평가, 의무화된 소프트웨어 교육 …
빠르게 변화하는 교육 환경 속에서 우리 아이에게 든든한 힘이 되어줄 IT 능력!
<무작정 따라하기>와 함께 쉽게 익히고 신나게 활용하세요.

〉코딩 공부의 힘! 〈
블록코딩부터 인공지능까지 혼자서도 척척

곽혜미, 에이럭스 연구소 지음
280쪽 | 20,000원

전현희, 주희정, 최민희, 장은주,
쟈스민 지음 | 328쪽 | 19,000원

주희정, 최민희, 강희숙,
전현희 지음 | 320쪽 | 18,000원

송다영, 이다인 지음
200쪽 | 18,000원

〉수행 평가 걱정 끝! 〈
교과 연계 예제로 학교 수행 완벽 대비

권동균, 김수민 지음
324쪽 | 20,000원

이상권, 정일용 지음
280쪽 | 18,000원

이상권, 권동균 지음
240쪽 | 20,000원

이상권, 권동균 지음
208쪽 | 18,000원

ALUX Introduce

2015년 설립된 에이럭스는 국내 최대 규모의 교육 네트워크와 드론&로봇 제작 기술을 보유한 기술 기업입니다. 로봇설계, AI교육 등 30개 이상의 특허 기술을 기반으로 드론, 로봇, 코딩 분야 뿐만 아니라 교육 종사자를 위한 유통&커뮤니티 플랫폼까지 운영하고 있습니다.

" 끊임없는 연구개발(R&D)을 바탕으로 드론 & 로봇 그리고 AI 교육 업계를 리드합니다. "

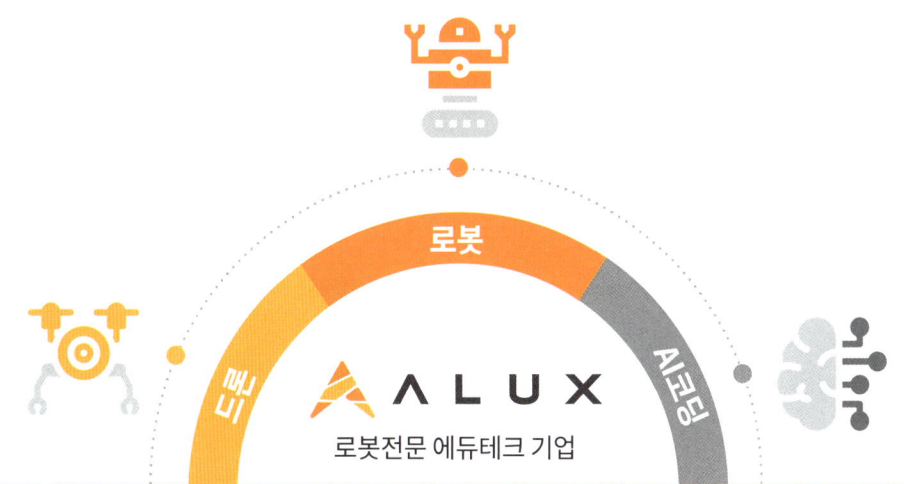

공간지각력	로보틱스	창의력	협업	문제해결력	교과연계
Spatial Perception	RObotics	CReativity	COllaboration	Problem-solving Skills	CurriCular integration

   비누 AI VINU
컴퓨터 연결 없이 코딩 학습이 가능한 스탠드 얼론 코딩 로봇. 세계 최초 언플러그드 교구로써 LCD 화면 탑재. 400여 개의 교과 융합 콘텐츠 보유.
(CES INNOVATION AWARDS 2024)

 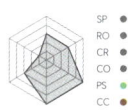  네모 NEMO
네모보드의 가속도, 밝기, 압력 센서와 2가지 출력장치로 교육용 프로그래밍 언어 '스크래치'를 사용해 직접 게임을 만들고 응용할 수 있는 코딩 교구. 쉽고 재미있는 초등학생들의 첫번째 코딩 친구.

   고카 GOCAR
인공지능 시대 자율주행을 체험할 수 있는 코딩 교육 로봇. 컬러, 관성, 배터리, 거리센서와 라인디렉터 등을 이용한 교육과 코딩 명령어의 이해, 스마트 디바이스를 활용한 코딩과 RC카 조정.

 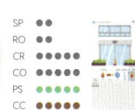  말랑말랑 코딩 여행
튜토리얼 프로그램을 통해 코딩 미션을 해결하며, 게임을 통해 쉽고 재미있게 코딩을 배울 수 있는 피지컬 컴퓨팅 교구. 직접 코딩하고 연결하여 하드웨어로 바로 모션 확인이 가능하여 흥미로운 코딩 수업 가능.

   프로보 커넥트 CONNECT
신개념 특허 기술인 핀 결합방식을 사용하여 상상한 대로 로봇을 조립하고 코딩으로 작동 시킬 수 있는 최고 인기 창의형 코딩 블록 로봇. 국내 최다 판매 기록 보유.

 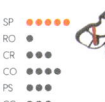  에이스타 드론 A DRONE
독자적인 드론 기술로 국내 개발 및 생산된 제품으로 비행기의 원리와 항공 과학, 코딩 드론에 대해 이해하고, 조종 기술과 코딩을 동시에 익힐 수 있는 교구.
1:1 페어링, 호버링 등 특허 기술들 보유.

 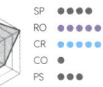  프로보 테크닉 프로보 테크닉
국내 최초 풀메탈 모터를 적용해 강력한 파워와 튼튼한 내구성을 지닌 코딩 조립 로봇. 볼트, 너트 조립 방식으로 전문적이고 세밀한 표현 가능. RF리모콘을 최초 사용하여 채널 간섭없이 최대 30M 동작 가능.

   뉴로캠 NEURO-CAM
인공지능 웹캠으로, 영상 촬영부터 자동 모션 인식을 통해 인공지능 학습의 원리를 학습할수 있음.

GLOBAL Business

세계로 뻗어나가는 하나의 빛 에이럭스 (A + LUX)

"지금도 전세계 아이들은 에이럭스의 제품을 경험하고 함께 성장하고 있습니다."

법인 지사 중국 / 말레이시아, 싱가포르, 일본

수출 국가 미국, 영국, 스위스, 두바이, 헝가리, 브라질, 아랍에미리트, 홍콩, 베트남, 인도네시아, 러시아, 네덜란드, 중국, 말레이시아, 싱가포르, 브루나이, 일본, 몽골, 필리핀

에이럭스 홈페이지

전세계 디지털 네이티브들이 선택한 꿈의 그라운드

GLOBAL PRO ROBOT CHAMPIONSHIP
세계 각국에서 예선 대회를 통해 선발된 학생들이 **로봇&코딩&드론을 겨루는 글로벌 대회**

 **대회개최** 10회 (2024)

 **누적 참가 학생 수** 120,000명

 **참여 초등학교** 2,500개

 **해외 참가국** 7개

 **누적 방문자 수** 380,000명

G-PRC 홈페이지

2024. 11 서울 장충체육관
The G-PRC FINALS